ベイズ統計で
実践モデリング

認知モデルのトレーニング

M. D. リー &
E. - J. ワーゲンメイカーズ 著

井関 龍太 訳 岡田 謙介 解説

北大路書房

Bayesian Cognitive Modeling: A Practical Course.

by

Michael D. Lee and Eric-Jan Wagenmakers

Copyright©2013 by Michael D. Lee and Eric-Jan Wagenmakers

Japanese translation published by

Arrangement with Cambridge University Press

Through The English Agency (Japan) Ltd.

ベイズ推論は多くの科学領域で標準的な分析方法となってきた。しかし，実験心理学及び認知科学の学生や研究者は，ベイズ式アプローチがもたらす新たな刺激的な可能性を完全には活用できていない。教育や自分での学習に使いやすいように本書はベイズ式のモデリングのしかたを実演している。簡潔で要を得た各章は例，練習問題，コンピュータのコード（WinBUGS または JAGS を使い，Matlab と R でサポートする）を提供し，オンラインでの追加サポートもある。統計学の高度な知識は必要なく，ごく初歩から読者は自分でベイズ式の分析を適用したり調整したりすることを促される。本書にはパラメータ推定とモデル選択についての一連の章があり，続いて認知科学からの詳細なケーススタディがある。本書に取り組むことを通して，読者は自分のベイズモデルを作り上げ，自分のデータに適用し，自分の結論を引き出せるようになるだろう。

　マイケル・D・リーは，カリフォルニア大学アーバイン校認知科学部の教授。
　エリック－ジャン・ワーゲンメイカーズは，アムステルダム大学心理学研究法学部の教授。

まえがき

　この本では，www.bayesmodels.com にあるコード，問題への解答，その他の教材と合わせて，ベイズ式のモデリングのしかたが学べる。現代的なコンピュータソフトウェア――特に，WinBUGS プログラム――を使うことで，ベイズ式のモデリングが驚くほど簡単であることがわかるようになる。本書が提供する例題に取り組むことで，自分専用のモデルを組み立て，それを自分のデータに適用し，自分なりの結論を引き出せるようになるはずだ。

　この本は 3 つの原則に基づいている。第一は，**アクセスのしやすさ**の原則。本書の唯一の前提は，コンピュータの動かしかたがわかることだ。統計学や数学の高度な知識は必要ない。第二の原則は，**応用しやすさ**の原則。本書の例は，多くの人が関心をもちそうな認知科学の問題にベイズ式のモデリングがどんなふうに役立つのかの実例となることを意図している。第三の原則は**実用可能性**の原則。本書は，学生が興味と動機づけを維持できるように，実践的な "これさえやれば OK" というアプローチを採用している。

　これら 3 つの原則に即して，この本は純粋に理論的な内容はほとんど扱っていない。したがって，なぜ推論に対するベイズ式の哲学がこれほど抗いがたいものであるのかについてはこの本からは学べないだろう。また，マルコフ連鎖モンテカルロといった，現代のサンプリングアルゴリズムについての込み入った詳細について多くを学ぶこともないだろう（本書はそれらなしでは存在しえないのだけれど）。

　この本の目標は，認知科学におけるベイズ式のモデリングの利用を円滑にし促進することだ。本書全体を通して例題で示すように，ベイズ式のモデリングは認知科学における応用にこの上なく適している。基本的なモデルを構築することも，個人差を加えることも，実質的な事前情報を加えることも，共変量を加えることも，交絡プロセスを加えることも，どれも簡単。ベイズ式のモデリングは柔軟で，認知現象のモデリングに固有の複雑性を尊重している。

　この本を読み終えた後には，統計学についての新しい理解を手に入れるだけでなく（もちろんそのことも有意義だが），プロではあっても非ベイズ派の認知科学者なら夢だけで終えるしかないような統計モデルを実装できる専門的なスキルが身につくことを願っている。

マイケル・D・リー

アーバイン，アメリカ合衆国

エリック−ジャン・ワーゲンメイカーズ

アムステルダム，オランダ

謝辞

本書を執筆する計画は 2006 年に生まれた。それ以降，核となる素材に少しずつ追加と改定がなされていった。改定は，部分的には，情け容赦なく改善を示唆し，誤りを指摘し，一貫性に欠けるところ，不十分なところにわれわれの目を向けさせてくれた学生や同僚の啓発によるものである。ライアン・ネット，アドリアン・ブラソビアヌ，エディ・ダボラー，ヨラム・フォン＝ドライアル，ワウター・クルージン，アレキサンダー・ライ，ジョン・ミヤモト，ジェームズ・ニーゲン，トマス・パルメリ，ジェームズ・プーリー，ドン・フォン＝リーベンズワイ，ヘドリック・フォン＝リーン，J. P. ド＝ライター，アニャ・ソマビラ，ヘレン・スタイングローバー，ウォルフ・ベンペメル，ルード・ウェツォルズにはその建設的なコメントと貢献に特に感謝したい。ドーラ・マッツケにはプログラミングとプロットを手伝ってくれたことについて特にお礼申し上げる。なお残る誤りは著者らの責任である。訂正と誤植のリストは www.bayesmodels.com で見ることができる。リストに載っていない誤りや脱落を見つけたら，ためらわず BayesModels@gmail.com 当てに電子メールを送ってほしい。

本書の素材は認知科学領域におけるわれわれの出版物と無関係ではない。ときどきは，論文が本書の章になったこともある。逆に，本書の章が論文の種になったこともある。ここでは，さまざまな程度において本書で使用したものと似た文章や図を含む公刊論文を挙げておきたい。これらの論文の多くは掲げてある素材の，より包括的で形式的な表現を与えるものとなるだろう。

第一章：ベイズの分析の基礎
- Wagenmakers, E.-J., Lodewyckx, T., Kuriyal, H., & Grasman, R. (2010). Bayesian hypothesis testing for psychologists: A tutorial on the Savage–Dickey method. *Cognitive Psychology, 60*, 158-189.

第六章：潜在混合モデル
- Ortega, A., Wagenmakers, E.-J., Lee, M. D., Markowitsch, H. J., & Piefke, M. (2012). A Bayesian latent group analysis for detecting poor effort in the assessment of malingering. *Archives of Clinical Neuropsychology, 27*, 453-465.

第七章：ベイズ式のモデル比較
- Scheibehenne, B., Rieskamp, J., & Wagenmakers, E.-J. (2013). Testing adaptive toolbox models: A Bayesian hierarchical approach. *Psychological Review, 120*, 39-64.
- Wagenmakers, E.-J., Lodewyckx, T., Kuriyal, H., & Grasman, R. (2010). Bayesian hypothesis testing for psychologists: A tutorial on the Savage–Dickey method. *Cognitive Psychology, 60*, 158-189.

第八章：ガウス分布の平均の比較
- Wetzels, R., Raaijmakers, J. G. W., Jakab, E., & Wagenmakers, E.-J. (2009). How to quantify support for and against the null hypothesis: A flexible WinBUGS

implementation of a default Bayesian t test. *Psychonomic Bulletin & Review, 16,* 752-760.

第九章：二項比率の比較

- Wagenmakers, E.-J., Lodewyckx, T., Kuriyal, H., & Grasman, R. (2010). Bayesian hypothesis testing for psychologists: A tutorial on the Savage-Dickey method. *Cognitive Psychology, 60,* 158 189.

第十章：記憶の保持

- Shiffrin, R. M., Lee, M. D., Kim, W., & Wagenmakers, E.-J. (2008). A survey of model evaluation approaches with a tutorial on hierarchical Bayesian methods. *Cognitive Science, 32,* 1248-1284.

第十一章：信号検出理論

- Lee, M. D. (2008). BayesSDT: Software for Bayesian inference with signal detection theory. *Behavior Research Methods, 40,* 450-456.
- Lee, M. D. (2008). Three case studies in the Bayesian analysis of cognitive models. *Psychonomic Bulletin & Review, 15,* 1-15.

第十三章：超感覚知覚

- Wagenmakers, E.-J. (2012). Can people look into the future? Contribution in honor of the University of Amsterdam's 76th lustrum.
- Wagenmakers, E.-J., Wetzels, R., Borsboom, D., van der Maas, H. L. J., & Kievit, R. A. (2012). An agenda for purely confirmatory research. *Perspectives on Psychological Science, 7,* 627-633.

第十四章：多項過程ツリー

- Matzke, D., Dolan, C. V., Batchelder, W. H., & Wagenmakers, E.-J. (2015). Bayesian estimation of multinomial processing tree models with heterogeneity in participants and items. *Psychometrika, 80,* 205-235.

第十五章：記憶の SIMPLE モデル

- Shiffrin, R. M., Lee, M. D., Kim, W., & Wagenmakers, E.-J. (2008). A survey of model evaluation approaches with a tutorial on hierarchical Bayesian methods. *Cognitive Science, 32,* 1248-1284.

第十六章：リスクテイキングの BART モデル

- van Ravenzwaaij, D., Dutilh, G., & Wagenmakers, E.-J. (2011). Cognitive model decomposition of the BART: Assessment and application. *Journal of Mathematical Psychology, 55,* 94-105.

第十七章：カテゴリー化の GCM モデル

- Lee, M. D. & Wetzels, R. (2010). Individual differences in attention during category learning. In R. Catrambone & S. Ohlsson (Eds.), *Proceedings of the 32nd Annual Conference of the Cognitive Science Society,* pp. 387-392. Austin, TX: Cognitive Science Society.
- Bartlema, A., Lee, M. D., Wetzels, R., & Vanpaemel, W. (2014). A Bayesian

hierarchical mixture approach to individual differences: Case studies in selective attention and representation in category learning. *Journal of Mathematical Psychology*, *59*, 132-150.

第十八章：ヒューリスティック意思決定

- Lee, M. D. & Newell, B. R. (2011). Using hierarchical Bayesian methods to examine the tools of decision-making. *Judgment and Decision Making, 6*, 832-842.

第十九章：数概念の発達

- Lee, M. D. & Sarnecka, B. W. (2010). A model of knower-level behavior in number-concept development. *Cognitive Science, 34*, 51-67.
- Lee, M. D. & Sarnecka, B. W. (2011). Number knower-levels in young children: Insights from a Bayesian model. *Cognition, 120*, 391-402.

もくじ

まえがき　　i
謝辞　　ii

第一部　はじめに　　1

第一章　ベイズの分析の基礎 ……………………………………… 2
1.1　一般原則　　2
1.2　予測　　4
1.3　逐次的更新　　5
1.4　マルコフ連鎖モンテカルロ　　5
1.5　本書の目的　　9
1.6　さらに学ぶために　　10

第二章　WinBUGS ではじめよう ………………………………… 14
2.1　WinBUGS，Matbugs，R，R2WinBUGS のインストール　　14
2.2　アプリケーションの使用　　15
2.3　オンラインヘルプ，他のソフトウェア，有用な URL　　28

第二部　パラメータ推定　　31

第三章　二項分布を使った推論 …………………………………… 32
3.1　比率を推論する　　32
3.2　2つの比率の差　　34
3.3　共通の比率を推論する　　37
3.4　事前と事後の予測　　38
3.5　事後予測　　41
3.6　同時分布　　42

第四章　ガウス分布を使った推論 ………………………………… 47
4.1　平均と標準偏差を推測する　　47
4.2　七人の科学者　　48
4.3　IQ のくりかえし測定　　50

v

第五章　データ解析の例 ································· 52

5.1　ピアソン相関　52
5.2　不確実性を伴うピアソン相関　54
5.3　一致性のカッパ係数　56
5.4　時系列データにおける変化検出　59
5.5　打ち切りデータ　61
5.6　飛行機を再捕獲する　63

第六章　潜在混合モデル ································· 67

6.1　試験の点数　67
6.2　個人差を伴う試験得点　69
6.3　二十の問題　71
6.4　二国クイズ　74
6.5　詐病の評価　77
6.6　詐病における個人差　79
6.7　アルツハイマー患者の再生テストのいかさま　81

第三部　モデル選択 　　　　　　　　　　　　　　　　87

第七章　ベイズ式のモデル比較 ····················· 88

7.1　周辺尤度　88
7.2　ベイズファクター　91
7.3　事後モデル確率　93
7.4　ベイズのアプローチの利点　95
7.5　ベイズのアプローチにとっての難問　96
7.6　サベージ＝ディッキー法　99
7.7　免責事項と要約　102

第八章　ガウス分布の平均の比較 ··················· 104

8.1　一標本比較　105
8.2　順序制約つき一標本比較　107
8.3　二標本比較　109

第九章　二項比率の比較 ···························· 112

9.1　比率の同等性　112
9.2　比率の順序制約つき等価性　114
9.3　被験者内での比率の比較　117
9.4　被験者間の比率の比較　120
9.5　順序制約つきの被験者間比較　123

第四部　ケーススタディ　127

第十章　記憶の保持 ······ 128
10.1　個人差を考えない場合　129
10.2　完全な個人差を考える場合　131
10.3　構造化された個人差を考える場合　133

第十一章　信号検出理論 ······ 137
11.1　信号検出理論　137
11.2　階層的信号検出理論　141
11.3　パラメータ拡張法　144

第十二章　心理物理学的関数 ······ 147
12.1　心理物理学的関数　147
12.2　交絡のもとでの心理物理学的関数　151

第十三章　超感覚知覚 ······ 154
13.1　最適停止の証拠　155
13.2　能力の差についての証拠　158
13.3　外向性の影響についての証拠　160

第十四章　多項過程ツリー ······ 164
14.1　対クラスターの多項過程モデル　164
14.2　潜在特性 MPT モデル　167

第十五章　記憶の SIMPLE モデル ······ 172
15.1　SIMPLE モデル　172
15.2　SIMPLE の階層的拡張　176

第十六章　リスクテイキングの BART モデル ······ 180
16.1　BART モデル　180
16.2　BART モデルの階層的拡張　182

第十七章　カテゴリー化の GCM モデル ······ 185
17.1　GCM モデル　185
17.2　GCM における個人差　188
17.3　GCM における潜在グループ　191

第十八章　ヒューリスティック意思決定 ······ 196
18.1　最良取得　196
18.2　停止　199
18.3　探索　203
18.4　探索と停止　206

もくじ　vii

第十九章 数概念の発達 ·· 209

19.1 N個ちょうだい課題についての知る者レベルモデル 210

19.2 スピードカード課題での知る者レベルモデル 216

19.3 N個ちょうだい課題とスピードカード課題についての知る者レベルモデル 218

ボックス

1.1 なぜすべての統計学者がベイズ主義者でないのか 9

2.1 グラフィカルモデルの記法 16

2.2 計算機サンプリングを理解する必要があるか，理解したいか？ 23

2.3 サンプラーの変更 23

3.1 共役事前分布としてのベータ分布 33

3.2 分布を解釈する 34

3.3 推論の基本的問題 42

3.4 今日の事後分布は明日の事前分布である 43

4.1 精度に対する事前分布 50

4.2 不良設定問題 50

5.1 頻度主義の主観性 52

5.2 ゼロトリック，ワントリック，WBDev 66

6.1 収束を評価し改善する 69

6.2 グラフィカルモデルのスクリプト 70

6.3 未定義の実数の結果 83

7.1 オッカムの剃刀 90

7.2 ベイズ対フィッシャー 92

7.3 尋常でない主張には尋常でない証拠が必要 94

7.4 p値に伴う問題 95

7.5 事前分布についての混乱 97

7.6 事前の感度 98

8.1 サンプルからの密度の推定 109

12.1 汚染のモデリング 153

13.1 テレパシーを語るチューリング 154

13.2 ベイズ式のデータ収集の柔軟性 157

13.3 退屈なベイズ 157

14.1 根本的欠陥 167

15.1 出たとこ勝負性 173

15.2 SIMPLEモデルの修正 176

16.1 応用における価値 182

17.1 息の長い知識 195

19.1 ベイズ式の認知モデルについてのベイズ式の統計解析 215

引用文献 223

解説：ベイズ統計の「いま」（岡田謙介） 231

索引 243

訳者あとがき 246

第一部

はじめに

確率の理論は，基本的にはまさしく常識を
計算に落とし込んだものである。これさえあ
れば，正しき心がある種の本能で感じること
――たいてい説明がつかない――を精密に理
解できるようになる。

――――――――――― ラプラス，1829

第一章

The basics of
Bayesian analysis

ベイズの分析の基礎

1.1 一般原則

　ベイズの分析の一般原則は簡単に理解できる．第一に，不確実性，つまりは"信念の度合い"は確率によって数量化されること．第二に，観測データを使って**事前**の情報あるいは信念を更新し，**事後**の情報あるいは信念に変えること．それでおしまい！

　実際にどうやるのかを確かめるため，以下の例について考えよう．難しさが同じ10個の事実質問からできたテストを受けるとする．推定したいのはあなたの能力だ．その能力をあなたが問題に正しく答える比率 θ と定義する．能力 θ は直接には観測できない．観測できるものはテストの得点だけだ．

　他のことをする前に（たとえば，あなたのデータを見はじめる前に），能力 θ について事前の不確実性を決めなくてはならない．この不確実性は確率分布として表現する必要があり，これを**事前分布**（*prior distribution*）という．今回は，θ は0から1の範囲をとるものとして，あなたのこの題材についての熟知度や問題の困難度についてわれわれは何も知らないとしよう．このとき，"事前分布"は $p(\theta)$ で表すことにするが，どんな θ の値にも等しい確率を割り当てるというのがひとつの順当な設定だろう．この一様分布を図1.1の横破線で示した．

　では，あなたの成績について考えてみよう．10問中9問に正しく回答したとする．この

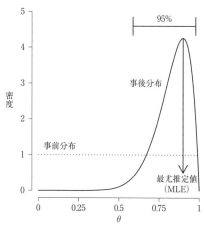

図 1.1　9個の正反応と1個の誤反応を観察した後での比率パラメータ θ についてのベイズ式パラメータ推定．θ の事後分布の最頻値は0.9であり，最尤推定値（MLE）に等しい．95%ベイズ信用区間は0.59から0.98である．

データを見た後で更新されたθについての知識を**事後分布**（*posterior distribution*）$p(\theta \mid D)$によって記述する。ここで，Dは観測データである。この分布はθの値についての不確実性を表しており，とりうるそれぞれの値が真値である相対的な可能性を数量化したものだ。ベイズの法則（Bayes' rule）は，データからの情報——つまり，尤度（likelihood）$p(D \mid \theta)$——を事前分布$p(\theta)$からの情報とどのように組み合わせると事後分布$p(\theta \mid D)$に到達できるのかを定めるもので，

$$p(\theta \mid D) = \frac{p(D \mid \theta) p(\theta)}{\mathrm{p}(D)} \tag{1.1}$$

と表される。この式は，ことばとしてはよく

$$事後確率 = \frac{尤度 \times 事前確率}{周辺尤度} \tag{1.2}$$

と表現される。ここで，周辺尤度（marginal likelihood；すなわち，観測データの確率）について注意してほしいことがある。周辺尤度はパラメータθを伴わないこと，それから，周辺尤度はひとつの数として与えられ，事後分布に含まれる領域の合計が1になることを保証する項であることである。そのため，式1.1は，

$$p(\theta \mid D) \propto p(D \mid \theta) p(\theta) \tag{1.3}$$

という形で書かれることも多い。この式は，事後確率が事前確率と尤度の積に比例することを表している。事後分布はデータを見る前から知っていたこと（すなわち，事前分布の情報）とデータから学んだことの組み合わせである。特に，データがもたらした新しい情報がθの値についての不確実性を減らすことに注目したい（事後分布が事前分布より狭くなることからわかる）。

　図1.1の実線は，一様事前分布をデータによって更新したときに得られた，θについての事後分布を示している。事後分布の中心傾向は，平均，中央値，最頻値によって要約されることが多い。一様事前分布のもとでは，事後分布の最頻値は古典的な最尤推定値（maximum likelihood estimate；MLE）$\hat{\theta} = k/n = 0.9$に一致することがわかる（Myung, 2003）。事後分布の広がりは，事後分布の$(100-x)/2^{\mathrm{th}}$から$(100+x)/2^{\mathrm{th}}$パーセンタイルの間のx%信用区間（credible interval）によってごく容易に捉えることができる。図1.1の事後分布では，θについての95%信用区間は0.59と0.98の間である。このことは，従来型の統計学の信頼区間（confidence interval）とは違い，95%の確信を持ってθの真値が0.59から0.98の間にあるといえることを意味している。

練習問題

練習問題 1.1.1　有名なベイズ統計学者のブルーノ・デ・フィネッティは『確率の理論』という二巻本の大著を出版した（de Finetti, 1974）。たぶん意外だと思うが，第一巻は"確率は存在しない"ということばから始まる。なぜデ・フィネッティがこう書いたかを理解するために，以

下の状況を考えてみよう。ある人が公平なコインを投げ，結果は表か裏になる。コインが表を向けて落ちる確率はいくつだと思うだろうか。ここで，あなたは高度な測定器具を持った物理学者だということにして，コインの位置とコインを宙に投げる直前の筋肉の緊張をどちらも比較的正確に決められるとしよう——このことは確率を変えるだろうか。今度は，ぼんやりとではあるが，あなたは少しだけ未来がわかるとしてみよう（Bem, 2011）。確率はそれでも同じだろうか？

練習問題 I.I.2 著名なベイズ主義者のアンドルー・ゲルマンは，自分のブログに以下のように書いている（2010年3月18日）。"ある確率は他の確率よりも客観的だ。いま私の目の前に転がっているサイコロを振ったときに '6' になる確率... それは約6分の1だ。だが，正確に，ではない。完全に対称なサイコロではないからだ。明日の朝，大学までの道で正確に3回，私が信号に止められる確率はどうか。もちろん，私には正確なところはわからない。だが，これはそういうものだろう。" デ・フィネッティは間違っていて，アンドルー・ゲルマンが明日の朝大学までの道で3回信号に出会う確率は明らかに決まっているといえるだろうか。

練習問題 I.I.3 図1.1は，θについての95%のベイズ信用区間が0.59から0.98の範囲であることを示している。このことは，95%の確信を持ってθの真値が0.59と0.98の間にあるといえることを意味している。あなたが従来型の分析をして，同じ幅の信頼区間を見出したとしてみよう。この区間の従来型統計学の解釈はどんなものだろうか。

練習問題 I.I.4 全問が正誤問題であることがわかっているとしよう。この情報はあなたの事前分布に影響するだろうか。もしそうなら，この事前分布は今度は事後分布にどんなふうに影響するだろうか。

1.2 予測

事後分布θは，あなたが問題に正しく答える確率についてわれわれが知っているすべての情報を含んでいる。この情報を利用するひとつの手段が**予測**（*prediction*）である。

たとえば，新しい5問のセットに出会ったとしよう（すべてこれまでの問題と同じ難しさであるとする）。この新しいセットを使ったときのあなたの成績についての期待はどのように定式化できるだろうか。いいかえると，事後分布$p(\theta \mid n=10, k=9)$ ——とにかく，古いセットからθについてわかっているすべての情報を表している——をどんなふうに利用すれば新しいセット$n^{\mathrm{rep}}=5$問での正答数を**予測**できるだろうか。数学的な解答は，事後分布についての積分$\int p(k^{\mathrm{rep}} \mid \theta, n^{\mathrm{rep}}=5) p(\theta \mid n=10, k=9) \mathrm{d}\theta$を行うことである。ここで，$k^{\mathrm{rep}}$は追加した5問のセットについて予測される正答数である。

計算機的には，この手続きは事後分布からランダムな値θ_iをくりかえしサンプリングし，その値を使って毎回ひとつのk^{rep}を決めることとして考えることができる。最終結果は$p(k^{\mathrm{rep}} \mid n^{\mathrm{rep}}=5, n=10, k=9)$である。これは，追加した5問のセットに基づく可能な正答数の事後予測分布である。重要な点は，事後分布について積分することによって，すべての予測的不確実性が考慮されることである。

練習問題

練習問題 1.2.1 "事後分布について積分する"代わりに，従来型の方法ではよく"プラグイン原理"を使う。この場合，プラグイン原理からは最尤推定値 $\hat{\theta}$ だけに基づいて $p(k^{\text{rep}})$ を予測することになる。なぜこれが一般的にはよくないアイデアなのだろうか？ このことがそれほど大きな問題とはならないような具体的な状況を考えることができるだろうか？

1.3 逐次的更新

　ベイズ的な分析が特にふさわしいのは，ソースの異なる情報を組み合わせたいときである。たとえば，難しさが同じ新しい5問のセットを出されたとしよう。5問のうち3問に正答したとする。この新しい情報は，古い情報とどのように組み合わせることができるだろうか。あるいは，いいかえると，θ についてのわれわれの知識はどのように更新されるだろうか。ベイズの法則に基づけば，新しいセットでの成績から更新すべき事前分布は，古いセットの成績から得られた事後分布である。これは直感にも一致する。すなわち，リンドレーが言うように，"今日の事後分布は明日の事前分布である"（Lindley, 1972, p. 2）。

　しかし，ひとたびすべてのデータが得られたならば，更新を行う順序は重要ではなくなる。すなわち，15問の結果はひとつのまとまりとして分析することもできるし，逐次的にひとつひとつ分析することもできるし，まず10問のセットを最初に分析してから5問のセットを取り上げることもできるし，その逆にすることもできる。これらすべての場合について，最終的な結果，すなわち，θ についての最終的な事後分布は同じである。同じ情報が使えるのであれば，ベイズ推定はその情報が得られた順序とは独立に，同じ結論に達する。ここでも，このことは従来型の統計学における推論とは対照的である。従来型の推論では，逐次的デザインについての推論は非逐次的デザインについての推論とは根本的に異なる（この議論については，たとえば，Anscombe, 1963 を参照）。

　このように，事後分布は関心のあるパラメータについてのわれわれの不確実性を記述する。事後分布は確率の予測にも逐次的更新にも役に立つ——あるいは，ベイズ主義者に言わせれば，そうするのに必要である。今回の二項分布の例の場合には，一様事前分布はパラメータ $\alpha = 1$，$\beta = 1$ のベータ分布である。これを二項尤度と組み合わせると，事後分布としてパラメータ $\alpha + k$ と $\beta + n - k$ のベータ分布が得られる。このように事前分布と事後分布が同じ分布族に属する場合，すなわち，単純な**共役**（*conjugate*）の関係の場合には，事後分布の解析解を得ることが可能である。しかし，関心のある多くの場合において事後分布の解析解は得ることができない。

1.4 マルコフ連鎖モンテカルロ

　一般に，事後分布，あるいは，そのいずれかの要約測度が解析的に得られるのは，限られた範囲の比較的に単純なモデルについてのみである。そんなわけで，長らく研究者がベイズ推定を容易に進めることができたのは，事後分布を閉じた形式（closed form）か，（多くの場合，近似的に）解析的な表現によって利用できるときだけだった。結果として，現実的な

複雑性をもったモデルに関心のある実践家はベイズ推定をあまり使わなかった。この状況は，マルコフ連鎖モンテカルロ（MCMC, e.g., Gamerman & Lopes, 2006; Gilks, Richardson, & Spiegelhalter, 1996）として広く知られるコンピュータ主導のサンプリング方法論の出現によって劇的に変化した。ギブスサンプリングやメトロポリス－ヘイスティングスアルゴリズムといったMCMC技法を使って，研究者は関心のある事後分布からの値の系列を直接的にサンプリングできるようになり，閉じた形式の解析解を得る必要はなくなった。現代の格言として言えば，**ベイズモデルの限界はユーザーの想像力だけだ**。

ベイズ推定の人気の高まりを視覚化するために，図1.2には，Google Scholarによる，"ベイズ（Bayes）"または"ベイズ的な（Bayesian）"という単語をキーワードにした論文の割合を示している（統計学と経済学の具体的なジャーナルに関する同様の分析については，Poirier, 2006を参照）。図1.2の時間軸には，WinBUGSの登場も示してある。WinBUGSは広範囲の統計モデルについてのベイズ的な分析を大幅に促進する多目的プログラムである（Lunn, Thomas, Best, & Spiegelhalter, 2000; Lunn, Spiegelhalter, Thomas, & Best, 2009; Sheu & O'Curry, 1998）。MCMC法はベイズ推定を現代統計学のスリリングで実践的な領域に変えた。

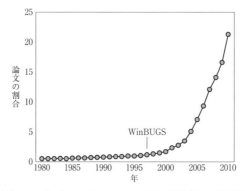

図 1.2 ベイズ推定の人気上昇についてのGoogle Scholarからの眺望。1980年から2010年について"bayes OR Bayesian -author: bayes"という検索に合致した論文の割合を示している。

MCMCを使ったベイズ推定の具体的で簡単な例としては，再度，10問中9問正答という二項分布の例における θ，すなわち，問題に正しく回答する比率についての推論問題を考えてみよう。本書全体を通して，WinBUGSを使ってベイズ推定を行うことでMCMCアルゴリズムを自分でコード化する労力を節約することにしよう[★1]。WinBUGSは研究上のあらゆる問題への応用に役立つわけではないが，認知科学の多くの応用に役に立つ。WinBUGSは学習するのが簡単で，活発な研究者らの大きなコミュニティに支えられている。

★1　この時点で，MCMCアルゴリズムが正確にどのように動くのかを知りたい読者もいるだろう。その他の読者は早くMCMCアルゴリズムを自分で実装したいと感じているかもしれない。MCMCサンプリングの詳細は多くの他の文献で紹介されているので，その話題はここではくりかえさない。以下の書籍の関係する章をお勧めする。複雑さが増す順に挙げておく。Kruschke (2010a), MacKay (2003), Gilks et al. (1996), Ntzoufras (2009), Gamerman & Lopes (2006)。導入的概観には Andrieu, De Freitas, Doucet, & Jordan (2003) がある。インターネットを閲覧し，http://www.youtube.com/watch?v=4gNpgSPal_8 や http://www.learnbayes.org/ などの資料を見つけることもできる。

WinBUGS プログラムには，モデル指定を含むファイル，モデルパラメータの初期値を含むファイル，データを含むファイルを作ることが必要である。このうち，モデル指定ファイルが最も重要である。二項分布の例では，ほしいのは θ の事後分布からのサンプルである。そのための WinBUGS のモデル指定コードは長さ二行である。

```
model {
        theta ~ dunif (0, 1) #データによって更新される一様事前分布
        k ~ dbin (theta, n) #データ；この例では，k = 9とn = 10
}
```

このコードでは，"~"（チルダ記号）は "以下のように分布する" ということを表し，dunif (a, b) はパラメータ a と b をもつ一様分布を，dbin (theta, n) は比率 θ と n 個の観測をもつ二項分布を示している。これらの分布やその他の分布は WinBUGS に組み込まれている。"#"（ハッシュ記号）はコメントに使う。WinBUGS は宣言型言語なので，二行の順序はどちらでもよい。最後に，k と n の値はモデル指定ファイルでは与えないことに注意したい。これらの値はデータの一部であり，別のファイルで指定する。

このコードを実行すると，事後分布 $p(\theta \mid D)$ からの MCMC サンプルの系列を得ることができる。個々のサンプルのそれぞれは直前のサンプルにのみ依存する。そこで，サンプルの系列は全体として**連鎖**（*chain*）と呼ばれる。もっと複雑なモデルだと，連鎖がその初期値から定常分布（stationary distribution）と呼ばれるものに収束するまでに時間がかかる。確実に定常分布から得られたサンプルだけを使い，初期値が結果に影響を及ぼすのを避けるには，収束を診断するのがよい習慣である。これはアクティブな研究領域であり，収束を達成すること，また，収束を診断することに関しては膨大な実践的提言がある（e.g., Gelman, 1996; Gelman & Hill, 2007）。

本書における多数の実際に動かせる例は収束問題を詳細に扱っているが，ここでは3つの重要な概念を挙げておこう。ひとつのアプローチは，複数の連鎖を走らせて，サンプリングした分布に初期値の違いが影響しないか確認することである。もうひとつのアプローチは，最初のほうのサンプルが初期値に敏感であるときに，各連鎖からの最初のサンプルを除外することである。これらの除外したサンプルは**バーンイン**（*burn-in*; **慣らし**）サンプルと呼ばれる。最後に，連鎖において得られるすべてのサンプルを保存しないで，2つごと，3つごと，10ごと，などのようにサンプルの一部分だけを保存することも役に立つことがある。これは**間引き**（*thinning*）として知られる手続きであり，連鎖がパラメータ空間をゆっくりと移動するときに，結果として，MCMC 連鎖における現在のサンプルが先行サンプルに大きく依存するときに役立つ。そのような場合には，サンプリング過程は自己相関している（autocorrelated）という。

たとえば，図 1.3 は，θ についての事後分布から値を取り出すために設定した3つの連鎖の最初の 100 回の反復を示している。明らかに，3つの連鎖は十分に "交じり合って"（mixing）おり，早い時点での収束を示している。連鎖が収束したことを確認した後，サンプルをヒストグラムに図示したり，密度推定値を構成したり，関心のある値を計算したりで

1.4　マルコフ連鎖モンテカルロ　　7

きる．例として示すために，図 1.3 に続く 3 つの連鎖をそれぞれ 3000 回くりかえして走らせた．これにより，θ の事後分布からの合計 9000 のサンプルが得られた．図 1.4 は，この事後分布のヒストグラムを図示している．ヒストグラムが MCMC 連鎖からどのように構成されるのかを視覚化するために，図 1.4 の下半分には MCMC 連鎖を横にして図示している．ヒストグラムは "MCMC 反復" 軸を "θ" 軸に向けてつぶすことで作られる．

図 1.4 の上半分では，細い実線は密度推定値を表している．θ の事後分布の密度推定値の最頻値は 0.89 であるのに対して，95％信用区間は（0.59, 0.98）である．これは図 1.1 に示した解析結果と一致する．

重要な点は，解析解を得るための面倒がベイズ的なパラメータ推定の応用範囲を狭めてき

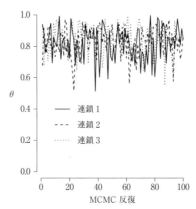

図 1.3 9 個の正反応と 1 個の誤反応を観察した後での，比率パラメータ θ についての 3 つの MCMC 連鎖．

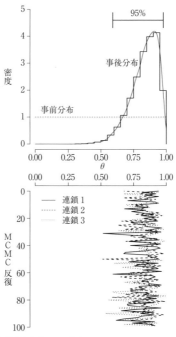

図 1.4 9 個の正反応と 1 個の誤反応を観察した後での，比率パラメータ θ についての MCMC に基づくベイズパラメータ推定．細い実線は当てはめられた密度推定量を示す．この密度推定量に基づくと，θ の事後分布の最頻値は約 0.89，95％ベイズ信用区間は 0.59 から 0.98 であり，図 1.1 の分析結果とかなり一致する．

たが，それがいまでは克服されているということである。MCMC サンプリングを使うと，事後分布を任意の正確さで近似できる。本書は MCMC サンプリングとベイズ推定を使って認知科学のモデルとデータを用いた研究を行う方法を教えるものである。

練習問題

練習問題 1.4.1　Google を使って，ベイズ推定と MCMC サンプリングを使う他の科学分野を調べよう。

練習問題 1.4.2　本文では以下のように述べた。"MCMC サンプリングを使うと，事後分布を任意の正確さで近似できる。"どのようにしたらこれを実現できるか？

ボックス 1.1　なぜすべての統計学者がベイズ主義者でないのか

　"答えは，単に統計学者はベイズのパラダイムが意味することをわかっていないというものである。なぜそうなのだろうか。世界中で，この主題の優れた科目を提供する統計学部を備えた大学はほとんどない。例外的な大学院生だけが指導教員の専門領域を離れて自分で勉強する。二番目の理由は，この主題は標本理論〔頻度主義〕アプローチの訓練を受けた人には理解するのがひどく難しいということがある。... この主題は難しい。このことはベイズを使わない理由になると論じる者もいる。だが，厳格な道徳律を信奉することは怠惰な生活にふけることよりも常に難しい。... 文献をまんべんなく読むことに困難をおぼえ，自分が間違っていることを認められるほどに正直であったなら，あらゆる統計学者はベイズ主義者になるだろう。"（Lindley, 1986, pp. 6-7）

1.5　本書の目的

　本書の目的は，具体例に取り組むことによって，認知科学におけるモデリングの問題にベイズ推定をどのように応用できるのかを示すことである。ベイズ的なデータ分析は，ますます認知科学者からの注目を浴びるようになってきた。これにはもっともな理由がある。

①ベイズ推定は**柔軟**である。このことは，ベイズ的なモデルがデータやモデル化しているプロセスの複雑さを考慮できることを意味している。たとえば，データ分析には，交絡するプロセス，マルチレベル構造，欠測データの説明を含める必要がある。ベイズのアプローチを使うと，こうした追加を行うことも比較的簡単にできる。

②ベイズ推定は**原則主義的**である〔少数の原則をいつも適用する〕。このことは，すべての不確実性が考慮され，捨てられる情報はないことを意味している。

③ベイズ推定は**直感的な結論**をもたらす。このことは，ベイズ推定が規範的であり，合理的主体が入力データに照らしてどのように意見を変えるべきかを規定することを反映する。もちろん，そうはいっても，ときにベイズの結論が驚くべきものであったり，直感に反するものであったりすることもありうる。そんなときは，2つのうちのどちらかだ——分析が適切に実行されていないか（e.g., コード化の間違い，モデル指定の間違い），あなたの

1.5　本書の目的　9

直感を鍛えなおす必要があるかである。

④ベイズ推定は**始めやすい**。このことが意味するのは，本書で使うソフトウェアパッケージがあれば，ベイズ推定はちょっとしたエクササイズですむことが多い（だがいつもそうというわけではない！）ということである。おかげで認知資源が解放されるので，理論とモデルを発展させ，それらをデータに適用して結果を解釈するという本質的な問題により多くの時間を使うことができる。

いまの時点で，あなたはベイズの分析ツールをすぐに関心のある認知モデルに適用したいのにと少しばかり歯ぎしりしているかもしれない。だが，まず基本を押さえる必要がある。そこで，第一部，第二部，第三部が，第四部で提示する，より込み入ったケーススタディの準備になるようにした。第一部，第二部，第三部の"基礎的"材料が認知科学的な文脈を欠いているわけではない。逆に，どうしたら二項分布モデルでも認知科学において有意味な応用を見つけ出せるのかということを強調したつもりだ。

おそらく，この第一章で扱った題材はまだ比較的に抽象的である。たぶんあなたはいま困惑の状態にある。おそらく本書は難しすぎると考えているか，ベイズ推定がどんなふうに自分の研究に役立つのかまだはっきりとはわからないでいるだろう。こうした感情はまったく理解できるものだが，それこそが本書がこの第一章だけでは終わらない理由である。われわれの教育哲学は，読むことによってではなく，行うことによって多くを学ぶというものである。なので，事後分布とは何かがまだ正確にはわからなくても絶望することはない。本書の各章が，本格的なベイズ推定課題の訓練を何度も行うので，最終的には事後分布とは何であるか，また読者がそれを好きになれるかどうかがわかるだろう。もちろん，われわれは読者に事後分布を好きになってもらいたいし，ベイズ統計学が刺激的で，やりがいのある，実に面白いものであることにも気づいてもらいたいと思う。

1.6　さらに学ぶために

このセクションは，さらに学ぶための参考文献を挙げている。まずベイズ主義の教科書と重要な論文を挙げてから，WinBUGS を特に扱ったテキストを示している。また，Smithson (2010) がベイズの手法に関する6冊の入門的教科書のよくできた比較検討を行っていることを記しておく。

1.6.1　ベイズ統計学

このセクションは，われわれが特に有用で啓発的であると信じるベイズの論文と書籍の書誌情報に注釈をつけたものである。

● Berger, J. O. & Wolpert, R. L. (1988). The Likelihood Principle (2nd edn.). Hayward, CA: Institute of Mathematical Statistics.　従来型統計学の限界を理解したい場合に重要な本。洞察に富み面白い。

● Bolstad, W. M. (2007). Introduction to Bayesian Statistics (2nd edn.). Hoboken, NJ:

Wiley. 多くの本がベイズ統計学の入門であると称しているが，"統計学者のための"とか"数理統計学を楽しめる人のための"入門であると表紙に記すことを忘れている。ボルステッドの本はほとんど背景知識を前提としないのでその例外である。

- Dienes, Z. (2008). Understanding Psychology as a Science: An Introduction to Scientific and Statistical Inference. New York: Palgrave Macmillan. 統計学のさまざまな分野の違いをまとめた，推論のための理解しやすい入門書。数理統計学の知識は必要ない。

- Gamerman, D. & Lopes, H. F. (2006). Markov Chain Monte Carlo: Stochastic Simulation for Bayesian Inference. Boca Raton, FL: Chapman & Hall/CRC. 本書はMCMC サンプリングの詳細を論じている。優れた本だが初心者には高度である。

- Gelman, A. & Hill, J. (2007). Data Analysis Using Regression and Multilevel/Hierarchical Models. New York: Cambridge University Press. 本書はベイズ的な回帰モデルのデータへの適用のしかたについての広範な実践ガイドである。WinBUGS のコードが至るところに載っている。アンドルー・ゲルマンは興味深い記事を載せた活発なブログも持っている：http://andrewgelman.com/

- Gilks, W. R., Richardson, S., & Spiegelhalter, D. J. (1996). Markov Chain Monte Carlo in Practice. Boca Raton, FL: Chapman & Hall/CRC. MCMC 研究の古典的な文献。サンプリングに関係するすべての種類のトピックを扱ったたくさんの短い章からなるのが特徴。理論，収束，モデル選択，混合モデルなどを取り上げている。

- Gill, J. (2002). Bayesian Methods: A Social and Behavioral Sciences Approach. Boca Raton, FL: CRC Press. 多くの立場をカバーした優れた本。読者にはいくらかの数理統計学の予備知識が必要。

- Hoff, P. D. (2009). A First Course in Bayesian Statistical Methods. Dordrecht, The Netherlands: Springer. ベイズ推定への明快で優れた導入で，R のコードがついている。数理統計学へのいくらかの慣れが必要。

- Jaynes, E. T. (2003). Probability Theory: The Logic of Science. Cambridge, UK: Cambridge University Press. ジェインは客観的ベイズ統計学の最も熱烈な支持者のひとり。本書は興味深いアイデアと賞賛せずにはいられない議論が満載で，ジェインの辛辣な機知が織り交ぜられている。ただし，すべての内容を理解するにはいくらかの数学的予備知識が必要。

- Jeffreys, H. (1939/1961). Theory of Probability. Oxford, UK: Oxford University Press. ハロルド・ジェフリーズ卿は，推論にベイズ的な方法だけを使った最初の統計学者である。本書は必ずしもやさしく読めるわけではないが，それは部分的には記号法がやや時代遅れなためである。数理統計学のしっかりとした予備知識をすでにもっており，ベイズ的な思考をはっきりつかんでいる人には強くお勧めする。www.economics.soton.ac.uk/staff/aldrich/jeffreysweb.htm を参照。

- Lee, P. M. (2012). Bayesian Statistics: An introduction (4th edn.). Chichester, UK: John Wiley. この優れた書はベイズ推定の要点を単純な例で教えてくれるが，数理統計学の予備知識を必要とする。

- Lindley, D. V. (2000). The philosophy of statistics. The Statistician, 49, 293–337. なぜベイズ推定が正しく，その他大勢が間違っているのかを説くベイズ統計学のゴッドファーザー。ピーター・アーミテージはこの論文を次のように評している。"リンドレーの関心は統計学のまさしく本質に関わるもので，彼の意見は明快に，とどこおりなく，容赦なく展開される。この探求の終わりまで彼についていけない者はどこで降りる必要があるのかを極めて慎重に考えなければならない。さもなくば，いつのまにか帰りのチケットもなしに終着駅にいる自分に気がつくことになるだろう。"

- Marin, J.-M. & Robert, C. P. (2007). Bayesian Core: A Practical Approach to Computational Bayesian Statistics. New York: Springer. 本書は二名の評判のベイズ統計家による優れた本である。この本は美しく活字が組まれており，Rへの導入を含み，多数の意見をカバーしている。数理統計学のしっかりとした知識が求められる。練習問題はてごたえがある。

- McGrayne, S. B. (2011). The Theory that Would not Die: How Bayes' Rule Cracked the Enigma Code, Hunted Down Russian Submarines, and Emerged Triumphant from Two Centuries of Controversy. New Haven, CT: Yale University Press. ベイズ推定の歴史の魅惑的で読みやすい全体像。

- O'Hagan, A. & Forster, J. (2004). Kendall's Advanced Theory of Statistics Vol. 2B: Bayesian Inference (2nd edn.). London: Arnold. ベイズ統計学について一冊だけ読みたいのであれば，本書がよい。本書は数理統計学の予備知識を必要とする。

- Royall, R. M. (1997). Statistical Evidence: A Likelihood Paradigm. London: Chapman & Hall. 本書は他とは違った統計パラダイムを述べ，従来型の統計学の学派の問題点を強調している。統計学の背景知識はさほどなくても内容を理解できる。本書の主な欠点は著者がベイズ主義者でないことである。それでも一読の価値があり，われわれは本書をお勧めする。

1.6.2　WinBUGS のテキスト

- Kruschke, J. K. (2010). Doing Bayesian Data Analysis: A Tutorial Introduction with R and BUGS. Burlington, MA: Academic Press. 本書は，実験心理学者と認知科学者に向けて明確に動いた最初のベイズ主義の本の一冊である。クルシュキはベイズ主義の中心概念を具体例と OpenBUGS のコードで説明する。本書は回帰や ANOVA などの統計モデルに焦点を当て，心理学，認知科学，より一般には経験科学におけるデータ分析に向けたベイズ的アプローチを提供する。

- Lee, S.-Y. (2007). Structural Equation Modelling: A Bayesian Approach. Chichester, UK: John Wiley. 本書の最初のいくつかの章を読んだ後には，なぜ皆が構造方程式モデリングのために WinBUGS を使わないのかが不思議に思えるようになるだろう。

- Lunn, D., Jackson, C., Best, N., Thomas, A., & Spiegelhalter, D. (2012). The BUGS Book: A Practical Introduction to Bayesian Analysis. Boca Raton, FL: Chapman & Hall/CRC Press. 出版社から引用する。"ベイズ的な統計手法は近年データ分析とモデリングに広く用いられるようになった。そして，BUGS ソフトウェアは世界中でベイズ

的な分析の最も人気のあるソフトウェアになった。このソフトウェアをもともと開発したチームによって書かれた The BUGS Book はこのプログラムとその利用についての実践的入門となっている。このテキストは，予測，欠測データ，モデル批判，事前感度を含む BUGS のすべての機能性を完全にカバーしている。また，本書は多数の動作例とさまざまな領域からの広範囲の応用を特徴としている。"

- Ntzoufras, I. (2009). Bayesian Modeling using WinBUGS. Hoboken, NJ: John Wiley. WinBUGS への読みやすい入門である。また，本書は一般化線形モデルを重視しつつ，さまざまなベイズ的なモデリングの例を提示している。詳細な論評については，www.ruudwetzels.com を参照。

- Spiegelhalter, D., Best, N., & Lunn, D. (2003). WinBUGS User Manual 1.4. Cambridge, UK: MRC Biostatistic Unit. 新規ユーザーのための有用なチュートリアルとさまざまなチップス＆トリックを含む WinBUGS への入門である。このユーザーマニュアルは事実上，先にふれた The BUGS Book に取って代わられた形になる。

第二章

Getting started
with WinBUGS

WinBUGS ではじめよう

ドーラ・マッツケと共同執筆

　本書は全体を通して WinBUGS（Lunn et al., 2000, 2009）というソフトウェアを使って練習問題に取り組めるようになっている。WinBUGS パッケージの提供するグラフィカルユーザーインターフェイスを使って練習問題に取り組むこともできるが，Matlab や R といったプログラムを使って WinBUGS とやり取りすることもできる。

　本章では，WinBUGS だけを使って具体例を通して作業することからはじめる。これにより，WinBUGS のインターフェイス，また，ベイズ的なグラフィカルモデル分析に関わる基礎的な理論的・実践的構成要素への導入とする。例を実行してみることで，データを取り扱い分析するための主な手段としては WinBUGS に頼りたく**ない**ということをすぐにわかってもらえるだろう。グラフィカルユーザーインターフェイスを通して WinBUGS を利用することは特に簡単ではないし，研究に必要なデータ操作と視覚化の機能のすべてを利用できるわけでもない。

　その代わりに，Matlab か R を主な研究計算機環境として選び，分析のサンプリング計算の部分を担当する "アドオン" として WinBUGS を使うことをお勧めする。それでも一部のWinBUGS のインターフェイス機能は，特に研究の探索的段階では役に立つ。だが，Matlabか R が基本になるだろう。本書のすべての例についての Matlab と R のコード，WinBUGSのモデルを実装するスクリプトは，いずれも www.bayesmodels.com にて利用できる。

　本章はまず WinBUGS の具体例を取り上げ，Matlab と R の両方から再度それを実行する。特に注意してもらいたいのは，あなたが使いたい研究ソフトウェアを取り上げるセクションである。以降の章は，あなたが Matlab か R のいずれかで作業していること，なおかつ，WinBUGS のインターフェイスの基礎を理解していることを前提としているので，これに備えてほしい。

2.1　WinBUGS，Matbugs，R，R2WinBUGS のインストール

2.1.1　WinBUGS のインストール

　WinBUGS は現在フリーソフトであり，https://www.mrc-bsu.cam.ac.uk/software/bugs/the-bugs-project-winbugs/ で入手できる。パッチを含む最新バージョンをダウンロードし，必ずレジストレーションキーをダウンロードして適用する。本書の練習問題の一部はレジストレーションキーなしでも動くが，動かないものもある。https://www.mrc-bsu.cam.ac.uk/wp-content/uploads/2017/02/winbugs14_unrestricted.zip から直接WinBUGS とレジストレーションキーをダウンロードすることもできる。Windows 7 ユー

ザーへの注意：パッチとレジストレーションキーをインストールする際に，必ず最初に"管理者として実行"オプションを使って WinBUGS を開いておくこと（WinBUGS のアイコンを右クリックするとこのオプションが選べるようになる）。次に，File → New に進み，コード（パッチまたはレジストレーションキー）をコピー&ペーストしてから，Tools → Decode → Decode All を選択する。

2.1.2　Matlab と Matbugs のインストール

Matlab は商用ソフトウェアパッケージで，http://www.mathworks.com/ で入手できる。われわれが知る限り，Matlab のいずれの正規の最新バージョンでも本書の練習問題を実行できるはずである。また，われわれが知る限り，どのツールボックスも必要ない。Matlab が WinBUGS とやり取りできるようにするには，フリーで利用できる matbugs.m 関数をダウンロードし，あなたの Matlab のワーキングディレクトリに配置すればよい。matbugs.m は https://code.google.com/p/matbugs から直接ダウンロードできる。

2.1.3　R と R2WinBUGS のインストール

R はフリーのソフトウェアパッケージで，http://www.r-project.org/ で入手できる。"download R" をクリックし，ダウンロードする場所を選び進めればよい。あるいは，Windows 版の R は http://cran.xl-mirror.nl/ からダウンロードできる。R が WinBUGS とやり取りできるようにするには，R2WinBUGS パッケージをインストールする必要がある。R2WinBUGS パッケージをインストールするには，R を起動して**パッケージメニューのパッケージのインストール**オプションを選択すればよい。好きな CRAN のミラーサイトを選び，パッケージウィンドウの中の R2WinBUGS を選び，OK をクリックする。

2.2　アプリケーションの使用

2.2.1　二項分布を使った例

第一章と同じ，二項過程の成功率の推論に関する単純な例を使って WinBUGS, Matbugs, R2WinBUGS の使い方を説明しよう。二項過程は，何であれ 2 つの結果だけがありうるという状況である。多くの場合，この種の過程にとって重要な推論は，一方の値が他方の値よりもよく起こる比率である。比率についての推論を行うには，この過程が複数回の試行を通してそれぞれの値が何回出てくるかを観察する。

一方の結果（例：成功）が n 試行のうち k 回起こったとしよう。これは既知のデータ，言い換えると，観測データである。関心のある未知の変数は，その結果を生じる比率 θ である。ある試行の結果は他の試行に影響しないと仮定すると，$k \sim \text{Binomial}(\theta, n)$ のように成功の回数 k は二項分布にしたがう。この関係性は，n 試行のうち k 回成功したと観測することによって，比率 θ についてのわれわれの知識を更新できることを意味する。ベイズ的な分析の基本的な発想は，関心のある変数についてわれわれが知っていることと知らないことをつねに確率分布で表現することである。k や n といったデータが，未知の変数についての事前分布を，新しい情報を取り入れた事後分布に更新することを可能にする。

2.2　アプリケーションの使用　　15

この二項分布の例のグラフィカルモデル表現を図 2.1 に示した。ノードはこの問題に関係するすべての変数を表す。グラフ構造により，子ノードが親ノードに依存するという変数間の依存関係を表す。非観測変数は影なし，観測変数は影つき，連続変数は円形のノード，離散変数は四角形のノードで表すという取り決めを使っている。

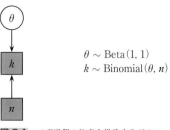

図 2.1 二項過程の比率を推論するグラフィカルモデル。

そこで，k 回の成功と n 回の試行数という観測された離散変数は影つきの四角形のノードで表し，未知の連続変数の比率 θ は影なしの円形のノードで表している。成功の回数 k は試行数 n と成功率 θ に依存するので，n と θ のノードから k のノードへと矢印を引いてある。すべての比率は 0 から 1 の間で等しく起こりうるという事前の仮定からはじめよう。そこで，一様事前分布 $\theta \sim \mathrm{Uniform}(0, 1)$ を仮定する。この分布は $\theta \sim \mathrm{Beta}(1, 1)$ というベータ分布として書くこともできる。

グラフィカルモデルの表現を使うことのひとつの利点は，ベイズ確率モデルの完全かつ解釈可能な表現を利用できることにある。もうひとつの利点は，WinBUGS がグラフィカルモデルを簡単に実装でき，様々な組み込みの MCMC アルゴリズムによってすべての推論を自動的に行えることである。

ボックス 2.1　グラフィカルモデルの記法

　グラフィカルモデルを視覚的に表すための，完全に合意の得られた標準的記法はない。いつでも共通するのは，ノードが変数を表すことと，ノードを結ぶグラフ構造が依存関係を表すことである。また，ほぼつねに共通するのは，プレートを使ってくりかえしを示すことである。こうした中核部分の他には，さまざまな著者と分野の用いるアプローチの中で規則性や家族的類似性はみられるものの，単一の基準があるわけではない。本書では，以下を区別することにする。**連続値**と**離散値**の変数には，それぞれ円と四角形のノードを使う。**観測変数**と**非観測変数**には，それぞれ影つきのノードと影なしのノードを使う。**確率変数**と**確定変数**には，それぞれ一重線と二重線のノードを使う。その他，あるいは，追加の取り決めも可能で，これらが役立つこともある。たとえば，われわれの記法は，データである観測変数（例：ある参加者が実験で行った意思決定）と実験デザインの既知の属性である観測変数（例：ある参加者が遂行する試行の数）を区別しない。確定変数について，確定的であるという機能を表すために，図ではノードではなく二重線の矢印にしようと提案することもできる。

2.2.2　WinBUGS を使う

WinBUGS はユーザーに 3 つのテキストファイルを作ることを求める。データを含むファイル，モデルパラメータの初期値を含むファイル，モデル指定を含むファイルである。本書の二項分布の例に関する WinBUGS のモデルコードは，www.bayesmodels.com からも入手できるが，以下にも示す。

```
# 比率を推論する
model{
        # 比率シータの事前分布
        theta ~ dbeta(1, 1)
        # 観測したカウント
        k ~ dbin(theta, n)
}
```

θ についての一様事前分布は，ここでは，$\theta \sim \text{Beta}(1,1)$ のように実装する。別の指定方法，すなわち，$\theta \sim \text{Uniform}(0,1)$ のほうが直接的に思えるかもしれない。これは，WinBUGSでは dunif(0, 1) と表す。これら2つの分布は数学的には同じものだが，われわれの経験からいえば，ベータ分布による実装のほうが WinBUGS では計算上の問題が少ない。

以下に説明するステップにしたがうことで，このモデルの実装（図2.1に示した）と θ の事後分布からのサンプリングができる。現段階では，これ以上の詳細を気にする必要はない（それらは本書の残りで明らかになるだろう）。いまのところは，単純に以下の教示にしたがって，クリックをはじめるのが一番である。

① 上記のモデル指定テキストをコピーしてテキストファイルに貼り付ける。ファイルを，たとえば，Rate_1.txt という名前で保存する。
② WinBUGS を起動する。File メニューの Open オプションを選んで，適切なディレクトリを選び，モデル指定ファイルをダブルクリックし，上で新しく作ったモデル指定ファイルを開く。ファイルの種類として"txt"を選ぶのを忘れないように。そうでないと，長時間探しまわることになる。ここで，Model メニューの Specification オプションを選んで，モデル指定コードのシンタックスを確認しよう。図2.2に示すように，いったん Specification

図2.2　WinBUGS のモデル指定ツール。

Tool ウィンドウが開いたら，コードの最初の "model" という語を〔マウスでクリックすることで〕反転させてから，check model をクリックする。モデルがシンタックス的に正しく， すべてのパラメータが事前に与えられていれば，"model is syntactically correct" というメッセージが WinBUGS ウィンドウの左下からずっと伸びているステータスバーに現れる。（だが，気をつけてほしい。文字はひどく小さく見づらい。）

③データを含むテキストファイルを作成する。ファイルの中身は以下のようにする。

```
list(
k = 5,
n = 10
)
```

たとえば，Data.Rate_1.txt という名前でこのファイルを保存する。

④データファイルを開いてデータを読み込む。データファイルを開くには，File メニューの Open オプションを選び，適切なディレクトリを選択し，データファイルをダブルクリックする。データを読み込むには，データファイルの先頭の "list" という語を反転させてから Specification Tool ウィンドウの load data をクリックする（図 2.2 を参照）。データがうまく読み込まれると，"data loaded" というメッセージがステータスバーに現れる。

⑤連鎖の回数を設定する。各連鎖は同じデータによる同じモデルの独立の実行だが，それぞれの連鎖には別々の初期値を設定できる[★1]。複数回の連鎖を検討することは，収束についての重要なテストとなる。今回の二項分布の例では，2 回の連鎖を実行することにしよう。連鎖の回数を設定するには，Specification Tool ウィンドウの num of chains とラベルのついたフィールドに "2" と入力すればよい（図 2.2 を参照）。

⑥モデルをコンパイルする。モデルをコンパイルするには，Specification Tool ウィンドウの compile をクリックする（図 2.2 を参照）。 モデルがうまくコンパイルされると，"model compiled" というメッセージがステータスバーに現れる。

⑦非観測変数（このモデルでは，パラメータ θ のみ）の初期値を含むテキストファイルを作成する[★2]。ファイルの中身は以下のようにする。

```
list(
theta = 0.1
)
list(
theta = 0.9
)
```

[★1] 複数回の連鎖を実行することは，WinBUGS がサンプリングにおいて確実に異なる乱数系列を用いるようにするための最良かつ最も容易な手段である。一回の連鎖による分析を複数回行っても，乱数系列が同じになるため同じ結果しか得られない。

[★2] 初期値をユーザーが指定しない場合，WinBUGS は自動的に初期値を作成する。これらの自動的な初期値は事前分布に基づいているが，ときどき数値的な不安定性を生じ，プログラムのクラッシュが起こる。そこで，すべての非観測変数に初期値を割り当てるほうが安全である。特に，グラフィカルモデルの "頂点の" ノードにある変数（親がない変数）には初期値を割り当てたほうがよい。

18　第二章　WinBUGS ではじめよう

各連鎖についてひとつずつの，2つの初期値があることに注意してほしい。ファイルをたとえば Start.values.txt として保存する。

⑧ File メニューの Open オプションを選び，適切なディレクトリを選んで，ファイルをダブルクリックして初期値を含むファイルを開く。最初の連鎖のための θ の初期値を読み込むには，ファイル先頭の "list" という語を反転させ，Specification Tool ウィンドウの load inits をクリックする。すべての初期値がうまく読み込まれると，"model is initialized" というメッセージがステータスバーに現れる。

図 2.3　WinBUGS のサンプルモニターツール。

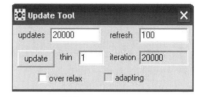

図 2.4　更新ツール。

⑨ 関心のあるパラメータについてサンプリングした値を保存するためにモニターを設定する。θ についてモニターを設定するには，Inference メニューから Samples オプションを選ぶ。いったん Sample Monitor Tool ウィンドウを開いて（図 2.3 を参照），node とラベルのついたフィールドに "theta" と入力し，set をクリックする。

⑩ 記録したいサンプルの数を指定する。これを行うには，まず θ の事後分布から発生させたいサンプルの総数を指定し，次にサンプリング系列の冒頭部分から除外したいバーンイン・サンプルの数を指定しなければならない。記録されるサンプルの数は，サンプルの総数からバーンイン・サンプルの数を引いたものになる。今回の二項分布の例では，いずれのサンプルも除外しないことにし，θ の事後分布から 20,000 のサンプルを取得するよう設定する。記録されるサンプルの数を指定するため，beg とラベルのついたフィールドに "1" と入力し（こうすると，WinBUGS は 1 番目のサンプルから記録を開始する），Sample Monitor Tool ウィンドウの end とラベルのついたフィールドに "20000" と入力する（図 2.3 を参照）。

⑪ 関心のある非観測パラメータの "ライブの" 追跡プロットを設定する。WinBUGS ではサンプリング実行をリアルタイムでモニターできる。これは長いサンプリングを行うとき，デバッグのため，また，連鎖が収束しているかの診断のために役立つ。θ の "ライブの" 追跡プロットを設定するには，Sample Monitor Tool ウィンドウの trace をクリックし（図 2.3 を参照），画面に空のプロットが現れるのを待つ。いったん WinBUGS が事後分布からのサンプリングを開始すると，θ の追跡プロットが画面にライブで現れる。

⑫ 事後分布から発生させたいサンプルの総数を指定する。これは，Model メニューから Update オプションを選ぶことで実行できる。いったん Update Tool ウィンドウが開いたら（図 2.4 を参照），updates とラベルがついたフィールドに "20000" と入力する。たいていの場合，Update Tool ウィンドウに入力した数は，Sample Monitor Tool の end フィールドに入力した数に一致する。

⑬発生させたサンプルからいくつおきにサンプルを記録するかを指定する。たとえば，取り出したサンプルを 2 つおきにのみ記録するといったふうに指定する。この連鎖を "間引く (thin)" 機能が役立つのは，サンプルの系列が独立でなく自己相関があるときである。今回の二項分布の例では，θ の事後分布から発生させたすべてのサンプルを記録する。これを指定するには，Update Tool ウィンドウ（図 2.4 を参照）か，Sample Monitor Tool ウィンドウ（図 2.3 を参照）の thin とラベルがついたフィールドに "1" と入力する。10 番目ごとのサンプルのみを記録するには，thin フィールドを 10 に設定する必要がある。

⑭WinBUGS がいくつのサンプルおきに画面を更新するかを指定する。今回は 100 回おきに更新することにして，Update Tool ウィンドウの refresh とラベルがついたフィールドに "100" と入力する（図 2.4 を参照）。

⑮事後分布からサンプリングする。θ の事後分布からサンプリングするには，Update Tool ウィンドウの update をクリックする（図 2.4 を参照）。サンプリング中は，"model is updating" というメッセージがステータスバーに現れる。いったんサンプリングが終了すると，"update took x s" というメッセージがステータスバーに現れる。

⑯出力形式を指定する。WinBUGS は 2 種類の出力を生成できる。それぞれの出力について新しいウィンドウを開くこともできるし，すべての出力をひとつの長いファイルに貼り付けることもできる。今回の二項分布の例についての出力形式を指定するには，Options メニューから Output options を選択し，Output options ウィンドウの log をクリックする。

⑰事後分布の要約統計量を取得する。θ についてサンプリングした値に基づく要約統計量を取得するには，Inference メニューの Samples オプションを選び，Sample Monitor Tool ウィンドウの stats をクリックする（図 2.3 を参照）。WinBUGS は，ログファイルの θ についての様々な要約統計量を報告するテーブルを貼り付ける。

⑱事後分布をプロットする。θ の事後分布をプロットするには，Sample Monitor Tool ウィンドウの density をクリックする（図 2.3 を参照）。WinBUGS はログファイルに θ の事後分布の "カーネル密度" を貼り付ける[3]。

　図 2.5 に，二項分布の例の結果を含んだログファイルを示す。ログファイルの最初の 5 行は，モデルを指定し初期化するのにかかったステップを表示している。最初の出力項目は，サンプリング中に変数 θ をモニターできるようにするための Dynamic trace プロットであり，連鎖が収束に達するかどうかを診断するのに役立つ。この場合，違う色で示した 2 つの連鎖が互いに重なっているので，収束が達成されているとかなり確信できる[4]。二番目の出力項目は，θ の要約統計量を示した Node statistics の表である。なかでも，この表は，サンプルした θ の値の平均，標準偏差，中央値を示している。最後の出力項目は，θ の事後分布を示した Kernel density プロットである。

---

[3]　カーネル密度は，見栄えよく平滑化したヒストグラムである。ここでは，θ のサンプリングした値についての平滑化したヒストグラムである。

[4]　Dynamic trace プロットは 200 サンプルのみを示していることを注記しておく。サンプルした値の時系列全体をログファイルにプロットするには，Sample Monitor Tool ウィンドウの history をクリックすればよい。

20　第二章　WinBUGS ではじめよう

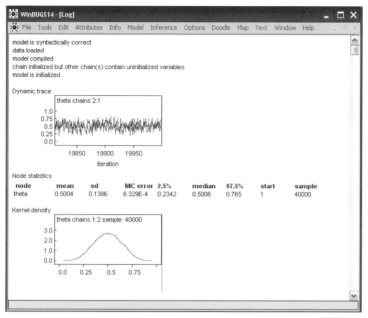

図 2.5　出力ログファイルの例。

WinBUGSはどうやって図2.5の結果を生み出したのだろうか？　今回のモデル指定ファイルは図2.1からのグラフィカルモデルを実装し，n回の観測のうちk回の成功を生み出す一様事前分布による比率θが存在することを主張した。データファイルは観測データを供給し，$k=5$, $n=10$と設定した。そこで，WinBUGSは非観測変数θの事後分布からサンプリングを行った。"サンプリング"は，ひとまとまりの値を生成することを意味しており，任意の特定の値がサンプリングされる相対確率はその値での事後分布の密度に比例するようになっている。　この例については，θの事後サンプルは，0.5006, 0.7678, 0.3283, 0.3775, 0.4126,... といった数の系列である。これらの値のヒストグラムは，θの事後分布の近似となる。

エラーメッセージ

　モデルファイルのシンタックスが間違っていたり，データや初期値がモデル指定と合致しない場合には，WinBUGSは停止しエラーメッセージを出す。　エラーメッセージは，WinBUGSコードをデバックするのに役立つ情報をくれることがある[5]。エラーメッセージは非常に小さな文字でステータスバーの左下隅に表示される。

　たとえば，間違って"割り当て"オペレータ（<-）を使って，比率パラメータθについての事前分布と観測データkの分布を指定してしまったとしよう。

```
model{
        # 比率シータの事前分布
```

---

[5]　ただし，この点に関してWinBUGSがユーザーフレンドリーでたまらないと訴えた人はこれまで誰もいない。多くのエラーメッセージは死海写本を書いたのと同じ人が書いたかのように見える。

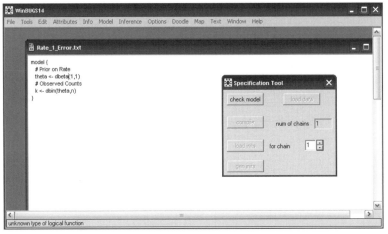

図 2.6 論理演算子を間違えたときに出てくる WinBUGS のエラーメッセージ。ステータスバーの左下の小さな文字に注目。

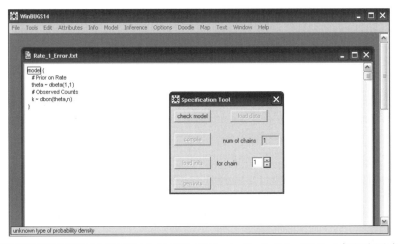

図 2.7 確率密度の指定を間違えたときに出てくる WinBUGS のエラーメッセージ。ステータスバーの左下の小さな文字に注目。

```
    theta <- dbeta(1, 1)
    # 観測したカウント
    k <- dbin(theta, n)
}
```

WinBUGSはチルダ記号"~"を使って事前分布とデータの分布を記述することを要求するので，図2.6に示すように，"unknown type of logical function"というエラーメッセージを出す。別の例として，観測したカウントkの分布をタイプミスし，間違ってkの分布を以下のように指定したとしよう。

```
k ~ dbon(theta, n)
```

WinBUGS は dbon を既知の確率分布としては認識せず，図 2.7 に示すように，"unknown type of probability density" というエラーメッセージを出す[6]。

データファイルのエラーに関しては，データファイルが $k = -5$ と $n = 10$ というデータを含んでいたとしよう。しかし，k は 10 試行のうちの成功の回数であり，二項分布する値であると指定していることに注意してほしい。そのため，WinBUGS は，k の値が 0 から n のあいだにあるはずだと考え，"value of binomial k must be between zero and order of k" というエラーメッセージを出す。

最後に，誤った初期値に関して，2 回目の連鎖についての θ の初期値として 1.5 を選んだとしよう。θ は 10 試行のうち 5 回の成功を得る**確率**であるので，WinBUGS は θ の初期値が 0 から 1 のあいだにあるはずだと考える。そのため，1.5 といった値を指定すると，"value of proportion of binomial k must be between zero and one" というエラーメッセージが出る。

ボックス 2.2　計算機サンプリングを理解する必要があるか，理解したいか？

　一部の人は，WinBUGS がサンプリングの面倒をみてくれる，サンプリングに関わる計算機ルーチンを詳細に理解する必要はないという考えを抱いて，ほっとしているかもしれない。他の人は同じことに気づいて深い不安を抱いているかもしれない。不安になった人には，計算機サンプリングを使ったベイズ推定を詳しく説明してくれるたくさんのベイズのテキストがある。Kruschke（2010a）の第七章で提示される認知科学者のための要約からはじめよう。Andrieu et al.（2003）のチュートリアル式の概観やウェブでフリーで利用できる MacKay（2003）による優れた本の関係する章がそれに続く。それから Gilk et al.（1996）などのより専門的な参考文献に進もう。さらなる情報についてはインターネットで閲覧することもできる。たとえば，http://www.lbreyer.com/classic.html の教育的アプレットや http://www.youtbe.com/watch?v=4gNpgSPal_8 の優れた YouTube チュートリアルがある。

ボックス 2.3　サンプラーの変更

　WinBUGS は，それぞれ，特定の種類の統計的問題に微調整された各種サンプラーを使っている。ときにはデフォルト設定を変更し，Updater/Rsrc/Methods.odc ファイルを編集することに努力を傾ける価値がある。そうした編集は慎重に行う必要があり，デフォルト設定を含むオリジナルの Methods.odc ファイルのコピーを作った上でのみ行うのがよい。サンプラーを変更する利点は，トラップやクラッシュを回避することにある。たとえば，WinBUGS のマニュアルは，適応的な棄却サンプラー DFreeARS に伴う問題はときに対数凸面クラスのために UpdaterDFreeARS という方法を UpdaterSlice に置き換えることによって解決できることにふれている。Windows 7 ユーザーは，Updater/Rsrc ディレクト

★6　Windows マシンでは，エラーメッセージには耳をつんざく"システムビープ音"が伴う。何回かのシステムビープ音を経験したらオフにしたくなるだろうと思う。このやり方についての情報はウェブで調べるか，http://www.howtogeek.com/howto/windows/turn-off-the-annoying-windows-xp-system-beeps/ に直行すればよい。あなたの隣に座っている人も喜んでくれるだろう。

2.2　アプリケーションの使用

リにあるファイルへの変更は保存できないことに注意してほしい。応急措置は以下の通り。ファイルをデスクトップにコピーしてから，コピー後のファイルを編集・保存し，そのファイルを Updater/Rsrc ディレクトリにコピーする。

2.2.3 Matbugs を使う

matbugs 関数を使って Matlab 内から WinBUGS のソフトウェアを呼び出し，WinBUGS サンプリングの結果をさらなる分析のために Matlab の変数に返すことをしてみよう。これを行うためにわれわれが使うコードを以下に示した。

```
% データ
k = 5;
n = 10;
% WinBUGSパラメータ
nchains = 2; % 何回の連鎖か？
nburnin = 0; % サンプラーを何回まわすか？
nsamples = 2e4; % いくつのサンプルを記録するか？
nthin = 1; % どのくらいの頻度でサンプルを記録するか？
% 観測したWinBUGSノードにMatlabの変数を割り当てる
datastruct = struct('k',k,'n',n);
% 非観測変数を初期化する
start.theta= [0.1 0.9];
for i=1:nchains
        S.theta = start.theta(i); % 成功率の初期値
        init0(i) = S;
end
% WinBUGSを使ってサンプリングする
[samples, stats] = matbugs(datastruct, ...
fullfile(pwd, 'Rate_1.txt'),
        'init', init0, 'view', 1, ...
        'nChains', nchains, 'nburnin', nburnin, ...
        'nsamples', nsamples, 'thin', nthin, ...
        'DICstatus', 0, 'refreshrate',100, ...
        'monitorParams', {'theta'}, ...
        'Bugdir', 'C:/Program Files/WinBUGS14');
```

以下のような Matbugs 関数のオプションでソフトウェアへの入力と出力をコントロールする：

● datastruct には，Matlab から WinBUGS へ渡したいデータを含める。

● fullfile には，自分のグラフィカルモデルの WinBUGS スクリプトを含むテキストファイル（すなわち，モデル指定ファイル）の名前を与える。

● view は，WinBUGS の終了をコントロールする。view を 0 に設定すると，WinBUGS はサンプリングの終了時に自動的に閉じる。view を 1 に設定すると，WinBUGS は開いたままになり，サンプリング実行の結果をログ出力ファイルに貼り付ける。WinBUGS

の結果を吟味できるようにするには，ログ出力ファイルを最大化してページの上のほうにスクロールすればよい．あとでWinBUGSからMatlabへ結果を返したい場合には，まずWinBUGSを閉じる必要があることを忘れないでほしい．

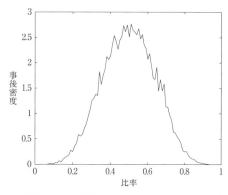

図 2.8　n=10の試行のうちk=5回成功したときの比率θの近似事後分布．20,000の事後サンプルに基づいている．

- refreshrate には，この数を超えたらWinBUGSがディスプレイを更新するサンプルの数を指定する．
- monitorParams には，samples 変数のうちの，モニターしてMatlabに返す変数のリストを与える．
- Bugdir には，WinBUGSソフトウェアの場所を指定する．

その他のオプションで計算サンプリングパラメータの値を決定する：

- init には，非観測変数の初期値を与える．
- nChains には，連鎖の数を与える．
- nburnin には，バーンイン・サンプルの数を与える．
- nsamples には，事後分布から生成するサンプルの記録数を与える．
- thin には，記録した中から取り出すサンプルの数を与える．
- DICstatus には，逸脱情報量規準（Deviance Information Criterion: DIC）統計量を計算するためのオプションを与える（Spiegelhalter, Best, Carlin, & van der Linde, 2002）．DIC統計量は，モデル選択に使うことを意図したものだが，ベイズ統計家の間で広く理論的に受け入れられているわけではない．DICstatus を0に設定すると，DIC統計量は計算されない．1に設定すると，WinBUGSはDIC統計量を計算する．

WinBGUSスクリプトとMatlabはどのように連携して動き，θの事後サンプルを生成するのだろうか？　WinBUGSのモデル指定スクリプトは図2.1のグラフィカルモデルを定義する．Matlabのコードは観測データとθの初期値を与え，WinBUGSを呼び出す．次に，WinBUGSはθの事後分布からサンプルを生成し，Matlabの変数 samples.theta にサンプリングした値を返す．この流れを図2.9（p.28 参照）に示した．これらの生成されたサンプルのヒストグラムは，スクリプト Rate_1.m に示すようなやり方でMatlabを使って描くことができる．ヒストグラムは図2.8のぎざぎざの線のようなみかけになるはずである．事後サンプルの系列に現れる任意の値の確率はその相対的な事後確率によって決まるので，ヒストグラムはθの事後分布の近似である．

事後サンプルの系列の他にも，WinBUGSは有用な要約統計量をMatlabに返す．変数 stats.mean は，それぞれの非観測変数についての事後サンプルの平均であり，非観測変数の事後期待値を近似する．この値は，多くの場合，完全事後分布における全情報の有用な点

2.2　アプリケーションの使用

推定要約となる（ただし，あとの練習問題で検討するように，常にそうなるわけではない）。同様に，stats.std は，それぞれの非観測変数についての事後サンプルの標準偏差である。

最後に，WinBUGS は，変数 stats.Rhat にいわゆる $\hat{R}$ 統計量も返す。これはサンプリング手続きそのものについての統計量であり，事後分布についての統計量ではない。$\hat{R}$ 統計量は Brooks & Gelman（1998）が提唱したもので，収束についての情報を提供する。基本的なアイデアは，2つ以上の連鎖を実行し，連鎖内対連鎖間の分散の比を測るというものである。この比が1に近い場合，独立のサンプリング系列はおそらく同じ解を与えており，結果を信頼する理由になる。

練習問題

練習問題 2.2.1 view についてのセクションをもう一度読んでほしい。上記の Matlab のコードは view=1 を指定している。これは何をしているのだろうか？　コードを view=0 に変えてみよう。何が変わるだろうか？

2.2.4　R2WinBUGS を使う

R2WinBUGS パッケージの bugs() 関数を使うと，R の中から WinBUGS ソフトウェアを呼び出して，さらなる分析のために WinBUGS のサンプリングの結果を R の変数に返すことができる。Windows 7 ユーザーは以下のことに注意してほしい。サンプルが R にうまく返ってくるようにするには，R を"管理者として"実行する必要がある（R のアイコンを右クリックしてこのオプションを表示する）。WinBUGS サンプルを得るためにわれわれが使う R のコードは以下の通りである。

```
setwd("D:/WinBUGS_Book/R_codes") # ワーキングディレクトリの設定 ( 必要なら修正する)
library(R2WinBUGS) # R2WinBUGSパッケージの読み込み
bugsdir <- "C:/Program Files/WinBUGS14" # WinBUGSディレクトリの設定 ( 必要なら修正する)

k <- 5
n <- 10

data <- list("k", "n")
myinits <- list(
        list(theta = 0.1), # 連鎖1の初期値
        list(theta = 0.9)) # 連鎖2の初期値

parameters <- c("theta")

samples <- bugs(data, inits = myinits, parameters,
        model.file = "Rate_1.txt",
        n.chains = 2, n.iter = 20000, n.burnin = 1, n.thin = 1,
        DIC = T, bugs.directory = bugsdir,
        codaPkg = F, debug = F)
```

1 ～ 3行目（つまり，setwd の行と bugsdir の行）　はワーキングディレクトリと WinBUGS のディレクトリを指定しているが，コードを実行するコンピュータに特有のもの

であることに注意してほしい。コードを自分自身のコンピュータで実行したい場合には，これらの行は自分の設定に合うように修正する必要がある[7]。

　上記のオプションの一部はソフトウェアの入力と出力をコントロールするためのものである。

- `data` には，R から WinBUGS に渡したいデータを含める。
- `parameters` には，`samples` 変数の中のモニターしたい，また，R に返したい変数のリストを渡す。
- `model.file` には，グラフィカルモデルの WinBUGS スクリプトを含むテキストファイル（すなわち，モデル指定ファイル）の名前を渡す。ディレクトリとファイル名ではアルファベット以外の記号を使用しないこと（たとえば，"&" や "*"）。また，モデルファイルを含むディレクトリの名前は長すぎないものにする。そうでないと，WinBUGS は "incompatible copy" というエラーメッセージを出す。正しく指定されたモデルファイルを WinBUGS が見つけるのに失敗した場合には，`model.file` の項にパス全体を含めてみるとよい。
- `bugs.directory` には，WinBUGS ソフトウェアの場所を渡す。
- `codaPkg` は，WinBUGS から返る変数の内容をコントロールする。`codaPkg=F`（すなわち，`codaPkg` を `FALSE` に設定する）の場合，WinBUGS はサンプリングを実行した結果を含む変数を返す。`codaPkg=T`（すなわち，`codaPkg` を `TRUE` に設定する）の場合，WinBUGS は WinBUGS の出力と対応するパスの名前を含む変数を返す。これらの出力ファイルには `read.bugs()` という R の関数を使ってアクセスできる。
- `debug` は，WinBUGS の終了をコントロールする。`debug` を `FALSE` に設定すると，WinBUGS はサンプリング終了時に自動的に閉じる。`debug` を `TRUE` に設定すると，WinBUGS は開いたままになり，ログ出力ファイルにサンプリング実行の結果を貼り付ける。WinBUGS の結果を吟味できるようにするには，ログ出力ファイルを最大化してページの上までスクロールするとよい。あとで WinBUGS から R の `samples` 変数に結果を返したい場合には，まず WinBUGS を閉じる必要があることに注意してほしい。一般に，WinBUGS を終了させるまでは再び R を使えるようにならない。

　その他のオプションで計算機のサンプリングパラメータの値を決定する。

- `inits` は，非観測変数に初期値を割り当てる。WinBUGS にこれらの初期値を選ばせたい場合は，`inits=myinits` を `inits=NULL` に置き換えて bugs を呼び出せばよい。
- `n.chains` には，連鎖の回数を渡す。
- `n.iter` には，事後分布から生成するサンプルの数を渡す。
- `n.burnin` には，バーンイン・サンプルの数を渡す。

---

[7]　コードがすぐに動かないときには，ディレクトリを正しく変更したかを確認するとよい。ワーキングディレクトリはモデルファイル（この場合は，`Rate_1.txt`）を含んでいなければならず，`bugsdir` 変数は `WinBUGS14.exe` ファイルを含むディレクトリを参照していなければならない。

- `n.thin` には，記録した中から取り出すサンプルの数を与える。

- `DIC` には，逸脱情報量規準（Deviance Information Criterion: DIC）統計量（Spiegelhalter et al., 2002）を計算するためのオプションを渡す。DIC 統計量は，モデル選択のために使うことを意図したものだが，ベイズ統計家の間で広く理論的に受け入れられているわけではない。DIC を `FALSE` に設定すると，DIC 統計量は計算されない。TRUE に設定すると，WinBUGS は DIC 統計量を計算する[8]。

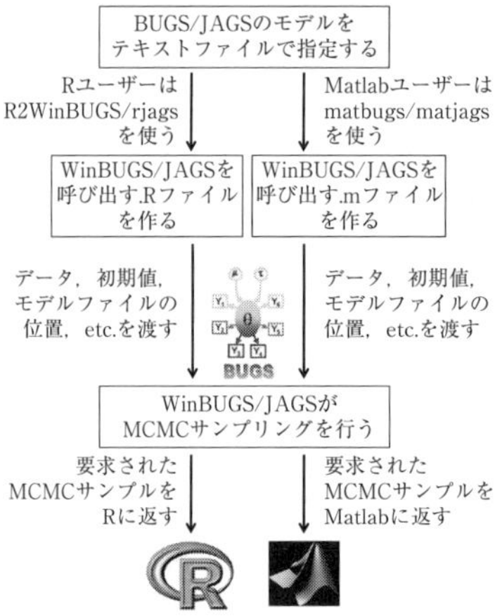

図 2.9 WinBUGS と R（左の流れ）または Matlab（右の流れ）のやり取りを図示したフローチャート。JAGS は WinBUGS と非常によく似たプログラムで，OpenBUGS と JAGS のセクションで説明する。

WinBUGS は，R の変数 `samples` にサンプリングした θ の値を返す。`samples$sims.array` または `samples$sims.list` と入力することでこれらの値にアクセスできる。この流れを図 2.9 に示した。

スクリプト `Rate_1.R` に示すように，R を使ってサンプリングした θ の値のヒストグラムを図示できる。事後サンプルの系列に加えて，WinBUGS は R に有用な要約統計量も返す。これらの要約統計量は，R のプロンプトに `samples` と入力することで見られる。2つ以上の連鎖を走らせると，`samples` コマンドは，Brooks & Gelman（1998）が提案した $\hat{R}$ 統計量も出す。$\hat{R}$ 統計量はサンプリング手続きの収束についての情報を与える。基本的なアイデアは，2回以上の連鎖を走らせ，連鎖内対連鎖間の分散の比を測るというものである。この比が1に近い場合，独立なサンプリング系列はおそらく同じ解を与えており，結果を信頼する理由になる。

練習問題

練習問題 2.2.2 `debug` のセクションをもう一度読んでみよう。上記の R のコードは `debug=F` を指定している。これは何をしているのだろうか？　コードを `debug=T` に変えてみよう。何が変わるだろうか？

2.3　オンラインヘルプ，他のソフトウェア，有用な URL

2.3.1　WinBUGS のオンラインヘルプ

- BUGS プロジェクトのウェブページ（http://www.mrc-bsu.cam.ac.uk/software/bugs/the-bugs-project-bugs-resources-online/）は，ベイズモデリングと WinBUGS ソフトウェアについての様々な論文，チュートリアル素材，講義ノートへの役立つリンクを備えている。

---
[8] 何らかの理由のため，DIC を `FALSE` に設定すると，R と WinBUGS のコミュニケーションに問題が生じることがある。DIC に関心がないときでも DIC を `TRUE` に設定するのが最も安全である。

2.3.2 Mac ユーザーのために

Darwine などのエミュレータを使って Mac で WinBUGS を走らせることができる。われ
われが知る限り，R2WinBUGS を使うにはデュアルコアの Intel ベースの Mac と Darwine
の最新安定バージョンが必要である。とはいえ，WinBUGS を Mac で走らせるのは理想的
ではない。Mac ユーザーには代わりに JAGS を使うことをお勧めする。 執筆時点では，
Mac で WinBUGS を走らせるには以下の情報が役立つ。

- Darwine エミュレータは，www.kronenberg.org/darwine/ で利用できる。
- R プロジェクトのウェブページ（cran.r-project.org/web/packages/R2WinBUGS/
  index.html）にある R2WinBUGS のレファレンスマニュアルは，Mac での R2WinBUGS
  の走らせ方についての説明を備えている。
- R2WinBUGS を Mac で走らせるためのさらなる情報は，ggorjan.blogspot.com/2008/10/
  running-r2winbugs-on-mac.html と idiom.ucsd.edu/~rlevy/winbugsonmacosx.pdf か
  ら得られる。
- Matlab や R のインターフェイスを使って Mac で WinBUGS を走らせるためのさらなる
  情報は，http://www.helensteingroever.com と www.ruudwetzels.com/macbugs から
  得られる。

2.3.3 Linux ユーザーのために

Wine や CrossOver などのエミュレータを使うことで Linux で WinBUGS を走らせること
ができる。

- BUGS プロジェクトのウェブページは，Linux での WinBUGS の走らせ方（www.mrc-
  bsu.cam.ac.uk/bugs/faqs/contens.shtml） と Matlab のインターフェイスを使っての
  WinBUGS の走らせ方（www.mrc-bsu.cam.ac.uk/bugs/winbugs/remote14.shtml） に
  ついての様々な例へのリンクを備えている。
- R プロジェクトのウェブページ上の R2WinBUGS レファレンスマニュアル（cran.
  r-project.org/web/packages/R2WinBUGS/index.html） は，Linux での R2WinBUGS
  の走らせ方の説明を備えている。

2.3.4 OpenBUGS, Stan, JAGS

本書は主に WinBUGS で作業することを想定している。しかし，グラフィカルモデルから
MCMC サンプルを生成するのには他のソフトウェアもある。OpenBUGS，Stan（Stan
Development Team, 2013），JAGS（Plummer, 2003）のいずれも，WinBUGS よりはインス
トールと実行の際の問題が少ないので特に Mac と Linux のユーザーには魅力的だろう。
OpenBUGS，Stan，JAGS のモデルコードは WinBUGS に非常によく似ているので，あるプ
ログラムから別のプログラムへの移行は一般に簡単である。本書の例のほとんどは JAGS で
も動くように努力した。われわれの経験では，WinBUGS よりも JAGS のほうがサンプリン
グがずっと速いことが多い。

- OpenBUGS は http://www.openbugs.net/w/ から入手できる。
- Stan は http://mc-stan.org/ から入手できる。

- JAGS は http://mcmc-jags.sourceforge.net/ から入手できる。

- R で JAGS とやり取りできるようにするには，rjags パッケージか，R2jags パッケージをインストールする必要がある。rjags パッケージの最新版を確実にインストールするには，まず Google で rjags CRAN を検索し，http://cran.r-project.org/web/packages/rjags/index.html などのウェブサイトに行き，Windows を使っているのであればパッケージの zip ファイルをダウンロードするのが最も安全な方法である。R を起動して，**パッケージ**メニューに行き，**ローカルにある zip ファイルからのパッケージのインストール...** を選び，先ほどダウンロードしたパッケージの zip ファイルを選べばよい。インストールが成功したか確認するには，library(rjags) と R プロンプトに入力する。R2jags パッケージをインストールするのには，標準的なインストール手続きが使える。R を起動して，パッケージメニューの**パッケージのインストール**オプションを選べばよい。好きな CRAN ミラーを選んで，**パッケージウィンドウの R2jags** を選び，OK をクリックすればよい。

- Matlab で JAGS とやり取りできるようにするには，フリーで利用できる matjags.m 関数をダウンロードして，Matlab のワーキングディレクトリに置けばよい。matjags.m は http://psiexp.ss.uci.edu/research/programs_data/jags/ から直接ダウンロードできる。

第二部

パラメータ推定

今日の事後分布は明日の事前分布である。

———————— リンドレー, 2000, p. 301

第三章

Inferences with binomials

二項分布を使った推論

3.1 比率を推論する

最初の問題で，第二章の入門的な例を完結させよう。この問題は，二項分布過程についての潜在的な成功率の推論だった。グラフィカルモデルを図 3.1 に再度示した。影つきのノードは既知の値を示し，影なしのノードは未知の値を表すこと，円形のノードは連続値に対応し，正方形のノードは離散値に対応することを思い出してほしい。

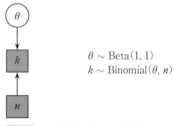

$\theta \sim \text{Beta}(1, 1)$
$k \sim \text{Binomial}(\theta, n)$

図 3.1 二項過程の比率 θ を推論するグラフィカルモデル。

このグラフィカルモデルにおける推論の目的は，n 回の試行のうちに k 回の成功を観測したときの成功率 θ の事後分布を求めることである。分析は，すべての可能な成功率は 0 から 1 のあいだの値を等しい可能性でとる，という事前の仮定からはじまる。これは，$\theta \sim \text{Uniform}(0, 1)$ という一様事前分布に対応する。また，$\theta \sim \text{Beta}(1, 1)$ のようにベータ分布として表現しても同じである。

スクリプト `Rate_1.txt` は，WinBUGS にこのグラフィカルモデルを実装する。このスクリプトは，www.bayesmodels.com から入手できるが，以下にも示す。

```
# 比率を推論する
model{
        # 比率シータについての事前分布
        theta ~ dbeta(1, 1)
        # 観測した回数
        k ~ dbin(theta, n)
}
```

www.bayesmodels.com から入手できる Matlab 用のコード `Rate_1.m` と R 用の `Rate_1.R` は，$k = 5$ と $n = 10$ に設定してあり，WinBUGS を呼び出してグラフィカルモデルからのサンプリングを行う。そうすると，WinBUGS は Matlab や R に θ からの事後サンプルを返す。Matlab や R のコードは，成功率 θ の事後分布のプロットも行う。サンプルのヒストグラムは，図 3.2 のぎざぎざの線のような見かけになる。

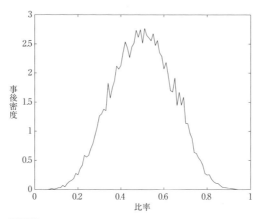

図 3.2 $n=10$ 試行のうち $k=5$ 回の成功での比率 θ の事後分布。

ボックス 3.1　共役事前分布としてのベータ分布

　成功率 θ について $\theta \sim \text{Beta}(\alpha, \beta)$ という事前分布を使うことのうまい点のひとつは，自然な解釈ができるということである。α と β の値は，それぞれ，"事前の成功"と"事前の失敗"の回数として解釈できる。つまり，$\theta \sim \text{Beta}(3, 1)$ の事前分布を用いることは，事前に 4 回の観測がなされ，そのうち 3 回が成功であったという事前情報をもっていることに対応する。あるいは，もっと詳しくいえば，$\theta \sim \text{Beta}(3, 1)$ からはじめることは，$\theta \sim \text{Beta}(1, 1)$ からはじめてそのあと 2 回の成功が得られたというデータを加えることと同じである（つまり，2 つめのシナリオの事後分布は最初のシナリオの事前分布と同じである）。ベイズの分析がいつもそうであるように，推論は事前情報をもってはじまり，より多くの情報を利用できるようになるたびにその情報は更新される——不確実な情報を表す確率分布を変えることによって。事前から事後に進む際に，尤度関数（この場合は，二項分布）が分布の種類（この場合は，ベータ分布）を変えないときは，それらは"共役（conjugate）"関係にあると言う。この特性は計算を扱いやすくするので，解析的アプローチによるベイズ推定において大きな価値がある。ただ，本書で強調する計算機的アプローチではそれほど重要ではない（サンプリング法はパラメータ分布と尤度関数のさらに一般的な関係性を扱うことができるため）。だが，共役関係は事前分布の設定において自然な意味を与えるので，計算機的アプローチにおいてもなお有用である。

練習問題

練習問題 3.1.1　$n=10$ 回の試行のうち $k=5$ 回成功の場合の θ の事後分布について慎重に考えてみよう。見ための印象では，成功率 θ が 0.4 よりは高いが 0.6 よりは低い確率の推定値はいくつだろうか？　あなたはその推定値にどうやって達したのだろうか？

練習問題 3.1.2　$n=10$ 回の試行のうち $k=5$ 回成功の場合の θ の事後分布についてもう一度考えてみよう。見ための印象では，成功率 θ が 0.7 ではなく 0.5 に等しい確率はどのくらいだろうか？　あなたはその推定値にどうやって達したのだろうか？

練習問題 3.1.3　データを $k=50$，$n=100$ に変えて推論を行い，成功率 θ の事後分布を $k=5$，n

= 10 のときのオリジナルの分布と比べてみよう。

練習問題 3.1.4 $k=50$, $n=100$ と $k=5$, $n=10$ の両方の場合について考えたのと同じように，Matlab の nsamples 変数，または，R の n.iter 変数を変更することで，さらに多くのサンプルで分析を再度行ってみよう（たとえば，10 倍多くしてみるなど）。これには少々時間がかかると思うが，理解を深めるための重要なポイントである。事後分布の広さ（すなわち，比率パラメータ θ の不確実性の表現）をコントロールしているのは何だろうか？ 事後分布の近似の質（すなわち，図のヒストグラムのスムーズさ）をコントロールしているのは何だろうか？

練習問題 3.1.5 データを $k=99$, $n=100$ に変えて，成功率 θ の事後分布の形状について議論してみよう。

練習問題 3.1.6 データを $k=0$, $n=1$ に変えて，この推論がベイズ式アプローチについてどんなことをあらわすのかを議論しよう。

3.2　2つの比率の差

今度は，n_1 回の試行のうち k_1 回の成功を生じるプロセスと n_2 回の試行のうち k_2 回の成功を生じるプロセスという，2 つのそれぞれ異なるプロセスがあると考えることにしよう。まず，それぞれの背後にある成功率は違っており，それらが別々の潜在変数 θ_1 と θ_2 に対応すると仮定する。データから推定される，これらの成功率の値，および成功率の差 $\delta = \theta_1 - \theta_2$ にわれわれは関心がある。

この問題のグラフィカルモデル表現を図 3.3 に示した。今回の記法では，確定変数 (deterministic variable) δ を二重線のノードで示している。確定変数は，他の変数によって定義される変数であり，その分布も他の変数から継承する。計算論的には，確定ノードは不要である——すべての推論は確定変数を定義する変数でもって行える——が，これらを含めておくとモデルの意味を伝えるうえで概念的に非常に役立つことが多い。

ボックス 3.2　分布を解釈する

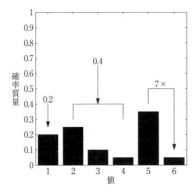 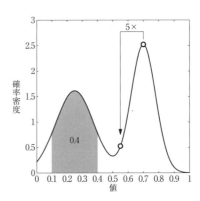

ベイズ推論の本質は確率分布を使って不確実性を表現することなので，確率質量関数と確率密度関数を解釈できることが重要だ。確率質量関数は有限個の値をとる離散変数のためのもので，確率密度関数は無限に多くの値をとる連続変数のためのものである。左の図は，6 つの値をもつ，ある変数についての確率質量関数を表している。それぞれのバーはそ

の値をとる確率を表している。たとえば，値1の確率は0.2である。値の範囲の確率はその確率の和であるので，値が2から4の間に含まれる確率は0.4である。2つの確率の比は，ある値が別の値よりもどれだけ起こりやすいかを求める操作なので，値5は値6の7倍起こりやすいといえる。そして，すべての確率の和（すなわち，バーの高さを互いに積み重ねたもの）は常に1である。右の図は，0から1の値をとる，ある変数についての確率密度関数を示している。曲線の下側の領域は常に全体で1である。このことは，個々の点の密度が1を超えることがありうる（そして，よくそうなる）ことを意味している。個々の点の密度は確率としては解釈できない。だが，ある範囲の値をとる確率は，その範囲の曲線の下側の領域によって求めることができる。右の図では，0.1から0.4の間の値をとる確率は0.4である。そして，比はやはり相対的な意味で解釈できる。よって，0.7という値は0.55という値の5倍起こりやすいといえる。

スクリプト Rate_2.txt は WinBUGS にこのグラフィカルモデルを実装する。

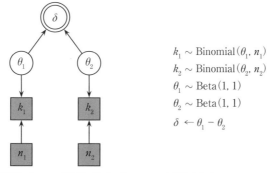

図 3.3 2つの二項過程の比率の差 $\delta = \theta_1 - \theta_2$ を推論するグラフィカルモデル。

```
# 2つの比率の差
model{
    # 観測したカウント
    k1 ~ dbin(theta1, n1)
    k2 ~ dbin(theta2, n2)
    # 比率に対する事前分布
    theta1 ~ dbeta(1, 1)
    theta2 ~ dbeta(1, 1)
    # 比率の差
    delta <- theta1 - theta2
}
```

コード Rate_2.m と Rate_2.R は，$k_1 = 5$，$k_2 = 7$，$n_1 = n_2 = 10$ に設定してあり，WinBUGS を呼び出し，グラフィカルモデルからのサンプリングを行う。WinBUGS は Matlab または R に θ_1, θ_2, δ からの事後サンプルを返す。成功率がどのくらい違うのかということが主なリサーチクエスチョンであるとすれば，δ が最も関心のある変数である。δ の事後分布を図3.4に示した。

δ の事後分布の完全情報をうまく要約できるやり方はたくさんある。ここでの Matlab と

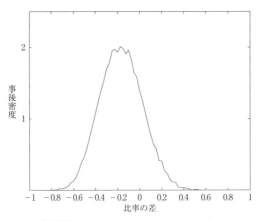

図 3.4 2つの比率の差 $\delta = \theta_1 - \theta_2$ の事後分布。

Rのコードは事後サンプルから以下のような情報を出力する。

- 事後分布の期待値の近似となる，平均値。この要約統計量は，真値に近い単一の値を取り出そうとするもので，真値から大きく離れているほど多くのペナルティがつけられる。統計学的には，二次損失のもとでの点推定値に一致する。
- 事後最頻値の近似となる，事後サンプルの最大密度の値。この要約統計量は，最も得られそうな単一の値を取り出すことを目指すものである。これは最大事後（Maximum A Posteriori, MAP）推定値として知られるもので，"平坦な"事前分布のもとでは最尤推定値（Maximum Likelihood Estimate, MLE）と同じである。統計学的には，二値損失のもとでの点推定値に一致する。最頻値の推定には各事後サンプルの尤度関数の評価が必要であるので，MatlabやRで少々の事後処理作業が必要になる。
- 事後分布の値が大きい50％と値が小さい50％とを区切る値，すなわち，真ん中にある値である，中央値。統計学的には，線形損失のもとでの点推定値に一致する。
- 95％信用区間。これは，95％のサンプルが入る上限と下限の値に対応する。したがって，95％の事後分布密度を含む事後分布の境界の近似となる。MatlabやRのコードを修正すれば95％以外の基準の信用区間も出力できる。

今回の問題については，返り値のサンプルから推定した δ の平均はおよそ -0.17，最頻値はおよそ -0.17，中央値はおよそ -0.17，95％信用区間はおよそ $[-0.52, 0.21]$ である。

練習問題

練習問題 3.2.1 $k_1 = 8$, $n_1 = 10$, $k_2 = 7$, $n_2 = 10$ に設定したデータを，$k_1 = 80$, $n_1 = 100$, $k_2 = 70$, $n_2 = 100$ に設定したデータと比べてみよう。コードを走らせる前に，より多くの試行を加えることが δ の事後分布に及ぼす効果を予測してみよう。

練習問題 3.2.2 $k_1 = 0$, $n_1 = 1$, $k_2 = 0$, $n_2 = 5$ にしたデータを試してみよう。δ の事後分布の形を説明できるだろうか。

練習問題 3.2.3 δ の事後分布のいろいろな要約統計量（すなわち，点推定値，信用区間）が適

切なのはどんな文脈においてだろうか．また，完全な事後分布を示すのが重要なのはどんなときだろうか．

3.3 共通の比率を推論する

続けて 2 つの二項過程について考えよう．それぞれ，n_1 試行と n_2 試行のうち k_1 回と k_2 回成功しているが，今度はどちらの二項過程の背後にある成功率も同じであるとしよう．このことは，ただひとつの成功率 θ しかないことを意味する．

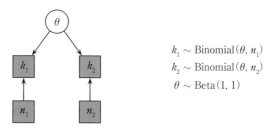

図 3.5 　 2 つの二項過程の共通の比率 θ を推論するグラフィカルモデル．

この問題のグラフィカルモデル表現を図 3.5 に示した．

これと等価なグラフィカルモデルを，プレート記法を使って図 3.6 に示した．プレートは，モデル全体の中に独立なグラフ構造のくりかえしを囲む，閉じた長方形である．この場合，プレートは 2 つずつの観測カウントと試行数を囲んでいる．潜在成功率 θ はひとつだけなので（すなわち，同じ確率がどちらの二項過程の背後にもあると考える），プレートの内側にはなく，反復はされない．プログラム言語（WinBUGS 自体もプログラム言語である）になじみが深い人には，プレートは "for ループ" のようなものと捉えるとわかりやすいかもしれない．

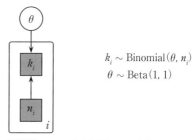

図 3.6 　プレート記法を使った，複数の二項過程の背後にある共通の比率 θ を推論するグラフィカルモデル．

スクリプト Rate_3.txt は，WinBUGS にこのグラフィカルモデルを実装する．

```
# 共通の比率を推論する
model{
    # 観測カウント
    k1 ~ dbin(theta, n1)
    k2 ~ dbin(theta, n2)
    # 単一の成功率シータについての事前分布
    theta ~ dbeta(1, 1)
}
```

コード Rate_3.m または Rate_3.R は，k_1，k_2，n_1，n_2 を設定し，WinBUGS を呼び出して

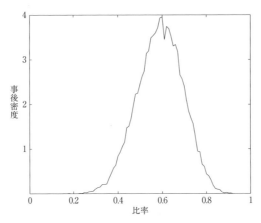

図 3.7 2つの二項過程の共通の比率 θ の事後分布。

グラフィカルモデルからサンプリングを行う[1]。このコードは図 3.7 に示すような共通の成功率についての事後分布のプロットも作る。

> **練習問題**
>
> **練習問題 3.3.1** $k_1=14$, $n_1=20$, $k_2=16$, $n_2=20$ というデータを試してみよう。共通の成功率 θ についての推論はどんなふうに報告できるだろうか。
>
> **練習問題 3.3.2** $k_1=0$, $n_1=10$, $k_2=10$, $n_2=10$ というデータを試してみよう。この分析からは，共通の成功率 θ についてどんな推論が行われるだろうか？ あなたはこの推論を信じますか？
>
> **練習問題 3.3.3** $k_1=7$, $n_1=10$, $k_2=3$, $n_2=10$ というデータセットと $k_1=5$, $n_1=10$, $k_2=5$, $n_2=10$ というデータセットを比べてみよう。前の問題にならって，なぜこの比較がこんな結果になるのかを自分が理解しているか確かめておこう。

3.4 事前と事後の予測

　ベイズの分析のひとつの理解のしかたは，ベイズの法則はモデルの非観測パラメータと観測データの架け橋を与えてくれるというものである。この架け橋の最も便利な点は，データによってパラメータについての不確実性（確率分布で表される）を更新できることである。だが，この架け橋は双方向の行き来を扱うことができるので，パラメータとデータを関連づける可能性はたくさんある。実際，4つの分布が利用できて，それらはすべて重要かつ有用である。

- 第一に，パラメータに対する**事前分布**（*prior distribution*）は，それが表す心理学的変数についてのわれわれの当初の仮定や知識の状態を捉えたものである。
- 第二に，**事前予測分布**（*prior predictive distribution*）は，モデルと現在の知識の状態

---

[1] Rのコードは debug=T を指定していることを断っておく。これはサンプリング情報をRに返すには WinBUGS を閉じる（最小化ではない）必要があるからである。"updates took x s" というメッセージがステータスバーに現れたら WinBUGS の推定が終わったしるしである。

を前提としたときにどんなデータが期待されるのかをわれわれに教えてくれる。事前予測分布はデータについての分布であり，データを観測する前に，観測されうる結果についての相対的な確率を与える。

- 第三に，パラメータに対する**事後分布**（*posterior distribution*）は，データがもたらす証拠によって事前情報を更新した後での，心理学的変数についてのわれわれの知識を捉えたものである。
- 最後に，**事後予測分布**（*posterior predictive distribution*）は，もともとのモデルに，観測したデータによって更新した現在の知識の状態を加えた場合に，どんなデータが期待されるのかをわれわれに教えてくれる。ここでも，事後予測分布は，データについての分布であり，データが得られた後での，観測されうる結果についての相対的な確率を与える。

これらの分布の例として，背後にあるひとつだけの成功率を推論するという単純な問題にもどろう。図3.8は，図3.1と同じグラフィカルモデルを示している。

スクリプト Rate_4.txt は，このグラフィカルモデルを WinBUGS に実装し，事後分布だけでなく，事前分布，事前予測分布，事後予測分布についてのサンプリングを行う。

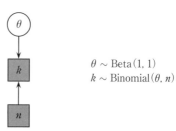

図 3.8 二項過程の比率 θ を推論するグラフィカルモデル。

```
# 事前と事後の予測
model{
        # 観測データ
        k ~ dbin(theta, n)
        # 成功率シータについての事前分布
        theta ~ dbeta(1, 1)
        # 事後予測分布
        postpredk ~ dbin(theta, n)
        # 事前予測分布
        thetaprior ~ dbeta(1, 1)
        priorpredk ~ dbin(thetaprior, n)
}
```

事後予測サンプリングは，実際の観測データと同じ二項分布を使って予測データをサンプリングする変数 postpredk によって行われる。事前分布からのサンプリングができるようにするためにダミー変数 thetaprior を使う。このダミー変数は，われわれが実際に推論を行う変数と同じものだが，それ自体はデータとは独立なので更新は行われない。事前予測サンプリングは，同じ二項分布を使ってデータをサンプリングするが，過去の成功率に依存する変数 priorpredk によって行われる。

コード Rate_4.m と Rate_4.R は，観測データを $n=15$ 回の観測のうち $k=1$ 回の成功に設定して，WinBUGS を呼び出しグラフィカルモデルからのサンプリングを行う。このコードは，4つの分布を生成する。パラメータ空間における2つ（θ の事前分布と事後分布）とデー

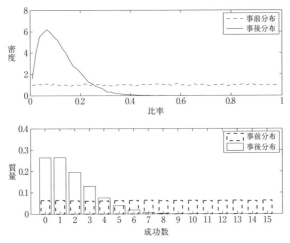

図 3.9 $n=15$ 試行のうち $k=1$ 回の成功というデータに基づく，成功率 θ の事前分布と事後分布（上のパネル），成功数のカウントについての事前予測分布と事後予測分布（下のパネル）。

タ空間における 2 つ（k についての事前予測分布と事後予測分布）である。図 3.9 のようなものが出てくるはずである。

> **練習問題**

練習問題 3.4.1 事前分布，事後分布，事前予測分布，事後予測分布について，また，それらが互いにどのように関係するのか（たとえば，なぜ図 3.9 の上の図が折れ線グラフなのに対して下の図は棒グラフなのか？）について，確実に理解しておこう。これらのアイデアの理解はベイズ式の解析の理解の鍵となる。k と n 両方の値を変えた他のデータセットを試すことで自分の理解を確かめてみよう。

練習問題 3.4.2 $\theta \sim \mathrm{Beta}(1, 1)$ から $\theta \sim \mathrm{Beta}(10, 10)$，$\theta \sim \mathrm{Beta}(1, 5)$，$\theta \sim \mathrm{Beta}(0.1, 0.1)$ に変えることで，θ についての他の事前分布を試してみよう。出てきた図を使ってこれらの事前分布がもつ仮定と，それらが同じデータにどのように働きかけて事後推論と予測を生み出すのかを理解しよう。

練習問題 3.4.3 予測分布は観測されたデータとまったく同じ実験に限られることなく，推測したモデルパラメータから予測を行える任意の実験の文脈で使える。今回の単純な二項分布の設定では，たとえば，予測分布は $n' \neq n$ の観測であるという点で異なる別の実験によっても見出すことができる。グラフィカルモデル，すなわち，Matlab または R のコードを変更し，このより一般的な場合を実装してみよう。

練習問題 3.4.4 2009 年の 10 月，トゥロウというオランダの新聞がナイメーヘン市のラドバウンド大学の学生である H. トロンペッターの行った研究を報じた。卒業論文で，トロンペッターは養護施設で暮らす 121 名の高齢者にインタビューした。これら 121 名の高齢者のうち，24 名（約 20%）は担当レジデントに脅かされたことがあると答えた。トロンペッターは，彼女の研究は小規模すぎて信頼性のある結論を下せないという示唆を拒絶した。"もし私がもっとたくさんの人と話したとしても，結果はせいぜい 1〜2% しか変わらないでしょう"。トロンペッターは正しいだろうか？ コード `Rate_4.m` か `Rate_4.R` を使って，`dataset` 変数（Matlab の場合）ま

たはkとnの値（Rの場合）を変えて，比率パラメータと脅し回数についての事前予測分布と事後予測分布を求めよう．これらの分布をもとに考えて，トロンペッターの主張に賛成だろうか？

3.5 事後予測

　事後予測分布の重要な利用法のひとつとして，モデルの記述的な適切さをチェックするということがある．事後予測分布は，パラメータの事後分布に基づいた，モデルがどんなデータを期待するかという予測の集合とみなすことができる．この予測がすでに観測されたデータと合致しない場合には，そのモデルは記述的に不適切である．

　モデルの適切さをチェックするというこのアイデアを説明するための例として，2つの二項過程の背後にある共通の比率を推測する問題に戻ろう．図 3.10 はグラフィカルモデルを示しているが，これは図 3.5 と同じものである．

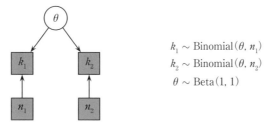

図 3.10 2つの二項過程の背後にある共通の比率 θ を推論するグラフィカルモデル．

　スクリプト Rate_5.txt は，WinBUGS にこのグラフィカルモデルを実装し，事後予測分布のサンプリングを与える．

```
# 共通の比率を事後予測分布とともに推論する
model{
    # 観測カウント
    k1 ~ dbin(theta, n1)
    k2 ~ dbin(theta, n2)
    # 単一の比率シータについての事前分布
    theta ~ dbeta(1, 1)
    # 事後予測分布
    postpredk1 ~ dbin(theta, n1)
    postpredk2 ~ dbin(theta, n2)
}
```

　コード Rate_5.m と Rate_5.R は，観測データを $n_1 = 10$ 回の観測のうち $k_1 = 0$ 回の成功と $n_2 = 10$ 回の観測のうち $k_2 = 10$ 回の成功に設定する（練習問題 3.3.2 で考えたのと同じ）．このコードは，図 3.11 に示すように，成功率についての事後分布と事後予測分布からのサンプリングを行う．

　左の図は，2つの二項過程についての共通の成功率 θ の事後分布を示したもので，密度は

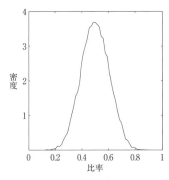 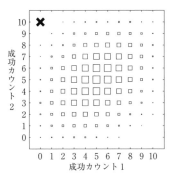

図 3.11　10 回の観察のうち 0 回と 10 回成功した場合についての 2 つの二項過程の共通の比率 θ の事後分布（左のパネル）と事後予測分布（右のパネル）。

0.5 付近の値になっている．右の図は，2 つの成功回数に関するモデルの事後予測分布を示している．それぞれの四角形の大きさは，それぞれの成功回数の観測の可能な組み合わせに対して与えられた予測量に比例する．この例で観測された実際のデータは 2 つのカウントについて 0 回と 10 回の成功だが，図ではこれを ×印で示している．

> **練習問題**

練習問題 3.5.1　なぜ左の図の事後分布はそもそも一次元的に表され，右の図の事後予測分布はそもそも二次元的に表されているのだろうか？

練習問題 3.5.2　観測データと事後予測分布の関係性に基づいて，モデルの記述的な適切さについて何を結論できるだろうか？

練習問題 3.5.3　パラメータ θ について何を結論できるだろうか？

> **ボックス 3.3　推論の基本的問題**
>
> "推論と帰納の基本的問題は，過去のデータを使って未来のデータを予測することである．天体の運動についての膨大な観測は，天体の未来の位置の計算を可能にする．薬物についての臨床研究は，薬物を処方した患者の予後を医師が検討することを可能にする．ときには，不確実なデータは未来でなく過去にある．歴史家は手持ちの証拠を使って記録が欠けているところで何が起こったのかを評価する．刑事裁判は事後の証拠に基づいて起こったであろうことを審問する．"（Lindley, 2000, p. 304）

3.6　同時分布

ここまでは，成功の回数 k と総観測数 n は既知だが，背後にある成功率 θ は未知であると仮定してきた．このことは，われわれのパラメータ空間が一次元的であったことを意味する．データから学べるすべてのことは，成功率 θ の個々の値についての相対確率を表す，ひとつの確率分布に組み込まれる．

しかし，認知科学（そして，さらに一般）における多くの問題では，2 つ以上の未知の変

数に関心があったり，それらが交互作用していたりすることがある。こうした一般的な性質の単純な場合として，成功率 θ と総数 n がともに未知であるような二項過程がある。すると，問題は，成功回数 k からこれらを同時に推論することになる。

ボックス 3.4　今日の事後分布は明日の事前分布である

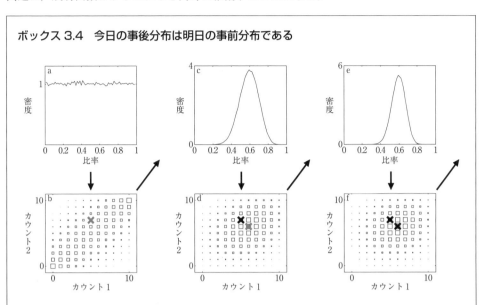

　パラメータについての事前情報は事後情報に変換できる．ゆえに，データについての事前予測情報を事後予測情報に変換できるというアイデアは，どこまでも続けていける。ベイズのアプローチにおいては，より多くの情報が利用できるほど（たいていはより多くのデータを集めるほど），パラメータと予測分布についての不確実性は自然に更新されていく。以下の図は，図 3.10 の共通モデルに一連のデータを組み込んだ場合を示している。図の "a" は共通の成功率についての一様事前分布を示している。"b" は，10 試行のうち成功が 2 回の事前予測分布を示している。灰色の×印は観測したデータに対応する。これはまだ組み込まれていないが，事前予測分布と比較できる。"c" は今度はデータを組み込んだ成功率についての事後分布を示し，"d" は結果としての事後予測分布を示している。今回は最初のデータが組み込まれているのでこの事後予測分布の中の黒の×印で示してある。新しい 2 つめのデータセットは灰色の×印の形になっており，だいたい近い位置にいる。これらの新しいデータは，"e" では成功率に対する事後分布に組み込まれ，"f" の事後予測分布に至る。このプロセスは同じように続けることができる。"c" の成功率パラメータに対する分布が最初のデータセットに対してどのような事後分布になり，第二のデータセットについてどのような事前分布となるのかに気をつけてほしい。このことは，リンドレーのベイズ派のモットー "今日の事後分布は明日の事前分布である" につながる。

　問題を具体的にするため，戸別に調査用紙の束を配布する 5 人の助手がいると考えてみよう。それぞれの束には同じ n 部の調査用紙が入っていることはわかっているが，部数そのものはわからない。部数に関して利用できる唯一の情報は，最大の束は $n_{max} = 500$ であるので，n は 1 から n_{max} の間にあるに違いないということである。

　この問題では，調査用紙の回収率がいくらかということもわからない。だが，回収率が同

$$k_i \sim \text{Binomial}(\theta, n)$$
$$\theta \sim \text{Beta}(1, 1)$$
$$n \sim \text{Categorical}(\underbrace{\frac{1}{n_{\max}}, \ldots, \frac{1}{n_{\max}}}_{n_{\max}})$$

図 3.12 成功数 $k_1, \ldots k_m$ となった m 回の観察からの n と θ についての同時推論のためのグラフィカルモデル。

じになると信じてもよさそうなくらい，十分にランダムなやり方で選んでそれぞれの助手が家々に配布すると仮定しよう。この共通の回収率について一様事前分布を設定する——$\theta \sim \text{Beta}(1, 1)$——のが適切であることも仮定する。

各助手の回収した調査用紙の観測数から n と θ についての推論を同時に行うことができる。調査用紙そのものは回収したときに配った助手によって同定できると仮定すると，データは各助手について 1 つずつ，合計 $m=5$ の形のカウント（それぞれについて回収した調査用紙の部数）となる。

この問題についてのグラフィカルモデルを図 3.12 に示した。スクリプト Survey.txt は WinBUGS にこのグラフィカルモデルを実装する。カテゴリカル分布（有限の名義的結果変数に確率を与える）を使ったことに注意してほしい。

```
# 観測した回収数から回収率と調査用紙の数を推論する
model{
    # 観測した回収数
    for (i in 1:m){
        k[i] ~ dbin(theta, n)
    }
    # 回収率シータと部数nについての事前分布
    theta ~ dbeta(1, 1)
    n ~ dcat(p[])
    for (i in 1:nmax){
        p[i] <- 1/nmax
    }
}
```

コード Survey.m または Survey.R は，$k = \{16, 18, 22, 25, 27\}$ というデータを使って，WinBUGS を呼び出しグラフィカルモデルからのサンプリングを行う。図 3.13 は，n と θ についての同時事後分布を散布図として示し，それぞれの周辺分布をヒストグラムとして示している。

同時事後分布が周辺事後分布よりも多くの情報をもつことは明らかである。このことは非常に重要である。これは，周辺分布を見ただけでは，なされた推論について完全な説明ができず，ミスリーディングな説明をもたらすこともあるということを意味している。

同時事後分布がより多くの情報をもっていることを理解するための直感的な，グラフィカルなやり方は，同時事後分布が周辺分布の積でうまく近似できるかどうかを確かめることである。無視できない周辺密度をもつ n についてのヒストグラムから，ひとつの点をサンプ

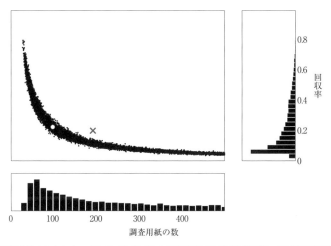

図 3.13 $m=5$ 個の観測カウントと $k=$ {16, 18, 22, 25, 27} での回収率 θ と調査用紙の数 n の同時事後分布。ヒストグラムは周辺密度を示す。×印は同時事後分布の期待値を示し，円は最頻値（すなわち，最大尤度）を示す。期待値も最頻値も事後サンプルから推定したもの。

リングすることを想像してみよう（たとえば，$n=300$）。同様に，無視できない周辺密度をもつ θ についてのヒストグラムから，ひとつの点をサンプリングすることも想像してみよう（たとえば，$\theta=0.4$）。この 1 組の選択は，同時事後密度空間におけるひとつの点に対応する。ここで，この過程を何度も何度もくりかえすことを想像してほしい。結果として得られる散布図は，明らかに，図 3.13 の同時事後散布図と異なるはずだ。このように，同時分布は，周辺分布からは利用できない情報をもっている。

この例では，なぜ同時事後分布が明確な非線形構造をとるのかは直感的に明らかである。20 部の調査用紙が回収される場合について考えられるひとつのパターンは，約 50 部の調査用紙しかなかったが 40％ が回収されたというものである。別の可能性としては，500 部の調査用紙があったがわずか 4％ の回収率であったというものである。一般に，数と回収率は互いにトレードオフの関係になり，したがって，図 3.13 にみるような同時事後分布が得られる。

> **練習問題**

練習問題 3.6.1 この例の基本的な教訓は，モデルパラメータについて同時事後分布を考えることに意味がある場合が少なくないということである。この場合には，周辺事後分布はおそらくミスリーディングである。もしかすると，さらにミスリーディングであるのは，よく利用される（そして，完全に適切であることの多い）同時分布の点推定値である。図 3.13 の×印は，サンプルから推定したものとしての同時事後分布の期待値を示している。この期待値は任意の事後分布集団によるパラメータ空間の領域にすら位置していないことに注目してほしい。この値に意味はあるだろうか？

練習問題 3.6.2 図 3.13 の円は，同時事後サンプルからの最頻値（すなわち，尤度を最大にするサンプル）の近似値を示している。この値に意味はあるだろうか？

練習問題 3.6.3 ほんの少しだけ変更したデータ，$k=$ {16, 18, 22, 25, 28} を試してみてほしい。このことは同時事後分布，周辺事後分布，期待値，最頻値をどのように変えるだろうか？ あな

たが最頻値に満足していたとしたら，今回もそうだろうか？

練習問題 3.6.4 トレースプロットの中の一連のサンプルに注目するなら，ある程度の自己相関がはっきりしてくる。サンプルは系統的なしかたで高低の値を"掃き出し"ており，サンプルがその直前の値に依存することを示している。このことは，事後サンプルは同時事後分布から独立に取り出されるという理想的な状況からは遠い。サンプリングを間引いて試してみよう。Matlab では nthin = 100，R では n.thin = 100 と設定することで，100 番目ごとのサンプルだけを取り上げることにしよう。計算時間を適度なものにするために，疎にした後に集めるサンプルの数を 500 のみに減らすことにする（すなわち，全体で 50,000 のサンプルを走らせるので，疎にした後は 500 が残る）。一連のサンプルは間引くことによって見た目にどのように違ってくるだろうか？[2]

★2 R2jags ユーザーのための注釈。本書執筆時点では，R2jags は一回の連鎖を走らせるとつねに sims.array オブジェクトの値を間違ってランダム化する。このエラーが修正されるまでは，複数の連鎖を走らせるのが無難である（少なくとも自己相関の検討に関心があるときには）。以下の URL の最後のほうの投稿も参照してほしい。
http://sourceforge.net/p/mcmc-jags/discussion/610037/thread/cc61b820/?limit=50#83b4

第四章

Inferences with Gaussians

ガウス分布を使った推論

4.1 平均と標準偏差を推測する

　もっとも一般的な推論問題のひとつは，ガウス分布（正規分布，中心分布，マクスウェル分布としても知られる）にしたがうデータを仮定して，独立な観測データからなる標本からこの分布の平均と標準偏差を推測するというものだろう。

　この問題のグラフィカルモデル表現を図 4.1 に示した。データは n 個の観測値 $x_1, \ldots, x_n$ である。ガウス分布の平均は μ，標準偏差は σ である。WinBUGS はガウス分布を平均と精度によってパラメータ化しており，平均と分散，もしくは平均と標準偏差によるパラメータ化をしない。これらの量は，分散が σ^2，精度が $\lambda = 1/\sigma^2$ という単純な関係にある。

　ここでは，μ についての事前分布はわずかしか情報をもたないようにしてある。つまり，事前分布は平均についての情報をほとんどもたないようにし，推論が主としてデータに依存するようにした。具体的には，0 を中心とするガウス分布だが，精度が非常に小さく（つまり，非常に分散が大きい），データの平均について広い範囲に事前確率を与える。目標がパラメータを推定することであるときには，この種のアプローチへの異論はあまり出ない。

　標準偏差（または分散，精度）に事前分布を設定するのは少々厄介な話で，確実に異論が多く出る。標準偏差の範囲を合理的に設定できるような，データの尺度を決める情報がある場合，その範囲に一様分布を設定することを Gelman（2006）は推奨している。今回の最初の例では，データはどれも小さく，標準偏差の上限を 10 に設定すればすべての可能性をカバーできる程度であると仮定することにしよう。

　スクリプト `Gaussian.txt` は，WinBUGS にこのグラフィカルモデルを実装する。標準偏差 `sigma` を精度パラメータ `lambda` へ変換してガウス分布からのサンプリングを行うことに注意してほしい。

$\mu \sim \text{Gaussian}(0, 0.001)$
$\sigma \sim \text{Uniform}(0, 10)$
$x_i \sim \text{Gaussian}(\mu, \frac{1}{\sigma^2})$

図 4.1 ガウス分布によって生成されたデータの平均と標準偏差を推論するためのグラフィカルモデル。

```
# ガウス分布の平均と標準偏差を推論する
model{
        # ガウス分布からデータを取り出す
        for (i in 1:n){
                x[i] ~ dnorm(mu, lambda)
        }
        # 事前分布
        mu ~ dnorm(0, .001)
        sigma ~ dunif(0, 10)
        lambda <- 1/pow(sigma, 2)
}
```

コード Gaussian.m および Gaussian.R は人工データを生成し，グラフィカルモデルを適用してデータから推論を行う。このコードはグラフもその他の出力も出さない。だた，結果を分析するのに必要な情報のすべてが返り値 samples と stats に入っている。

練習問題

練習問題 4.1.1　平均と標準偏差が期待する値になるように変えたり，いくつのデータを観測するかを変えたりして，いくつかのデータセットを試してみよう。

練習問題 4.1.2　μ と σ の同時事後分布をプロットしてみよう。つまり，μ のサンプルを σ のサンプルに対してプロットしてみよう。同時事後分布の形を解釈してみよう。

練習問題 4.1.3　ガウス分布の標準偏差は 1.0 だとわかっているが，データから平均を推論したいとしてみよう。これは現実的な問いかけである。たとえば，標準偏差を知ることは，検査ツールを使って何らかの心理的特性を測定する際のノイズを知ることに相当する。ここで，x_i という値は同じ人に対して繰り返し測定した値であり，その平均があなたが推測しようとしている特性であるとしよう。WinBUGS のスクリプトと Matlab あるいは R のコードを修正してこの推測ができるようにしてみよう。改定後のグラフィカルモデルはどうなるだろうか？

練習問題 4.1.4　ガウス分布の平均は 0 だとわかっているが，データから標準偏差を推測したいとしてみよう。これもまた現実的な問いかけである。測定に伴う誤差は不偏であるので，その平均または平均値は 0 だとわかっているが，測定ツールにどのくらいのノイズがあるかは不確かであるとする。ここで，標準偏差を推測することは，ツールのノイズ度合いを推測する賢明な手段である。再度，WinBUGS のスクリプトと Matlab または R のコードを修正してこの推測ができるようにしてみよう。今回，改定後のグラフィカルモデルはどうなるだろうか？

4.2　七人の科学者

この問題は MacKay（2003, p. 309）によるものである。彼は他のいろいろなやり方と合わせてベイズ式の解答にも取り組んでいるが，グラフィカルモデリングアプローチをまったく使っておらず，計算機的なサンプリング法にもよっていない。

実験スキルが大きく異なる七人の科学者が，全員同じ量について測定を行う。彼らは，x = {-27.020, 3.570, 8.191, 9.808, 9.603, 9.945, 10.056} との答えを得た。直感的には，最初の二人

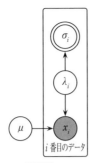

$\mu \sim \text{Gaussian}(0, 0.001)$
$\lambda_i \sim \text{Gamma}(0.001, 0.001)$
$\sigma_i \leftarrow 1/\sqrt{\lambda_i}$
$x_i \sim \text{Gaussian}(\mu, \lambda_i)$

図 4.2 七人の科学者問題のためのグラフィカルモデル。

の科学者がひどく適性を欠いた測定者であり，この量の真の値はおそらく 10 をわずかに下回るくらいであることは明らかであるように思える．主要な問題は，この測定からわれわれが行える推論を教えてくれるような，測定される量についての事後分布を導くことである．副次的な問題は，七人の科学者の測定スキルについての何がしかを推論することである．

この問題を解くひとつの手段としてのグラフィカルモデルを図 4.2 に示した．ここでの仮定は，すべての科学者はガウス分布にしたがう測定を行うが，標準偏差に違いがあるというものである．しかし，彼らは全員同じ量を測定しているので，それぞれのガウス分布は同じ平均をもち，異なるのは標準偏差だけである．

われわれは標準偏差に事前分布を割り当てるのにこれとは違ったアプローチを使ってきたことに注意してほしい．前に図 4.1 で示した例では一様分布を使った．図 4.2 に示した今回の例では，精度の事前分布にガンマ分布を使う．これはもうひとつの標準的なアプローチであり，魅力的な理論的動機をもっているが，Gelman（2006）は批判的に論じている．

スクリプト SevenScientists.txt は，図 4.2 のグラフィカルモデルを WinBUGS に実装する．

```
# 七人の科学者
model{
        # 共通の平均を持つが精度は異なるガウス分布からデータを取り出す
        for (i in 1:n){
                x[i] ~ dnorm(mu, lambda[i])
        }
        # 事前分布
        mu ~ dnorm(0, .001)
        for (i in 1:n){
                lambda[i] ~ dgamma(.001, .001)
                sigma[i] <- 1/sqrt(lambda[i])
        }
}
```

このグラフィカルモデルは精度に事前分布を実装するが，標準偏差の尺度への再パラメータ化も行う（re-parameterize）ことに注意してほしい（再パラメータ化をすると解釈がより簡単になることが多い）．

コード SevenScientists.m または SevenScientists.R は，七人の科学者データをグラフィカルモデルに適用する。

練習問題

練習問題 4.2.1　Matlab か R のコードを使って事後サンプルを取り出し，測定した量の値と七人の科学者の正確さについての結論に到達しよう。

練習問題 4.2.2　図 4.2 のグラフィカルモデルを変更して，標準偏差について図 4.1 でしたのと同じように一様事前分布を使ってみよう。この一様事前分布の上限が推論に及ぼす効果を実験してみよう。

ボックス 4.1　精度に対する事前分布

Gamma(0.001, 0.001) の事前分布を精度パラメータに割り当てるという慣習は，理論的には，尺度不変（scale invariance）の議論に動機づけられたものである。尺度不変は，データの測定尺度を変えても推論に影響がないように事前分布を選ぶことを意味する。精度 λ に対する不変の事前分布は，$\log \sigma$ の一様分布に対応する。つまり，$p(\sigma^2) \propto 1/\sigma^2$，すなわち，Gamma($a \to 0$, $b \to 0$) の分布である。しかし，この不変の事前分布は**非正則**（*improper*）である（つまり，曲線の下側の領域が有界でない）。このことは，この分布が実際にはひとつの分布ではなく，〔複数ある〕分布列の極限であることを意味する（Jaynes, 2003 を参照）。WinBUGS は正則な分布の使用を要求する。そこで，Gamma(0.001, 0.001) の事前分布を，理論的に動機づけられた非正則な事前分布に対する適切な近似のために使う。このことは，推論が本質的に恣意的な値 0.001 に敏感であるかどうかという問題をもたらし，ときに 0.01 や 0.1 などの他の小さな値を使うと WinBUGS でより安定したサンプリングが得られる場合がある。

ボックス 4.2　不良設定問題

"事前情報を特定しそこなったなら，推論という問題は，まるでデータを指定しそこなったかのように，間違って出されたものにすぎなくなる"（Jaynes, 2003, p. 373）

4.3　IQ のくりかえし測定

この例では，ある人々の IQ を推定する方法を考える。それぞれの人が複数回の IQ 検査を受けている。データは $i = 1, \cdots, n$ 名の人と $j = 1, \cdots, m$ 回のくりかえしテスト得点についての測度 x_{ij} である。

くりかえし測定されるテスト得点間の差は，平均 0 で精度は未知のガウス誤差として分布すると仮定する。ある人のテスト得点のガウス分布の平均は潜在的な真の IQ に相当する。この値はそれぞれの人で違っているだろう。ガウス分布の標準偏差は，ある人に内在する IQ の値を測定する際の検査ツールの正確さに相当する。この値は，検査それ自体の特性であると考えられるので，すべての人について同じであると仮定する。

50　第四章　ガウス分布を使った推論

この問題についてのグラフィカルモデルを図 4.3 に示した。IQ 尺度についてはかなりのことがわかっているので，平均と標準偏差についての事前分布をこの知識を使って設定することが適切である。事前分布設定の最初の試みとして（これらは練習問題で改定する），単純に，実際の IQ 値が 0 から 300 の間のどこかに等しい確率でみられ，標準偏差は 0 から 100 の間のいずれかの値であると仮定しよう。

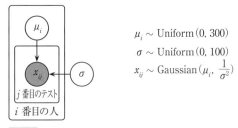

図 4.3 くりかえし測定からの IQ を推測するためのグラフィカルモデル。

$\mu_i \sim \text{Uniform}(0, 300)$
$\sigma \sim \text{Uniform}(0, 100)$
$x_{ij} \sim \text{Gaussian}(\mu_i, \frac{1}{\sigma^2})$

スクリプト IQ.txt は WinBUGS にこのグラフィカルモデルを実装する。

```
# IQ のくりかえし測定
model{
        # 平均は異なるが精度は共通のガウス分布からデータを取得する
        for (i in 1:n){
                for (j in 1:m){
                        x[i, j] ~ dnorm(mu[i], lambda)
                }
        }
        # 事前分布
        sigma ~ dunif(0, 100)
        lambda <- 1/pow(sigma, 2)
        for (i in 1:n){
                mu[i] ~ dunif(0, 300)
        }
}
```

コード IQ.m または IQ.R は，テスト得点が (90, 95, 100)，(105, 110, 115)，(150, 155, 160) となる 3 名の人に相当するデータセットを生成し，グラフィカルモデルをこれに適用する。

> **練習問題**

練習問題 4.3.1 それぞれの人の μ_i について事後分布を使って IQ を推定しよう。IQ 検査の精度について何がいえるだろうか？

練習問題 4.3.2 ここで，平均 μ_i についてより現実的な事前の仮定を使おう。理論的には，IQ の分布は平均 100, 標準偏差 15 になるはずである。このことは，mu[i] ~ dunif(0, 300) に代わって，mu[i] ~ dnorm(100, .0044) の事前分布を使うことに相当する（$1/15^2 = 0.0044$ なので）。WinBUGS のスクリプトにこの変更を行い，推定を再度実行しよう。平均の変更によって与えられた IQ の推定値はどうなるだろうか？ なぜそうなるのだろうか？

練習問題 4.3.3 上の二段階（つまり，μ_i に両方の事前分布を用いる）を，(94, 95, 96)，(109, 110, 111)，(154, 155, 156) という得点からなる，新しいが以前のものとも密接に関係するデータセットにくりかえしてみよう。事前分布の仮定の違いはこれらのデータの IQ 推定にどんなふうに影響するだろうか？ なぜ以前のデータと同じパターンにしたがわないのだろうか？

第五章

データ解析の例

Some examples
of data analysis

5.1　ピアソン相関

　ピアソンの積率相関係数は，通常 r で表され，2つの変数間の関係の測度として広く用いられている。この係数は -1（完全な負の線形関係を表す）から $+1$（完全な正の線形関係を表す）の範囲をとる。0の値は線形関係がないことを表す。ふつう，相関係数 r は単独の点推定値として，おそらくは頻度主義的な有意性検定[★1] とあわせて報告される。

　だが，相関を測定するのに単にひとつの数を使うのではなく，r についての事後分布を使い，それぞれの相関のレベルがどのくらいありえそうかを示すほうがよい。これを試みる手段として，頻度主義の信頼区間の方法と，漸近的近似に基づくさまざまな解析的なベイズの結果がある（e.g., Donner & Wells, 1986）。計算機的アプローチを用いることの利点は，仮定を柔軟に行えることである。相関についての任意の事前の仮定に基づく相関係数の推論を可能にするグラフィカルモデルを設定することができる。

　これを実現するグラフィカルモデルのひとつを図5.1 に示した。観測データは i 番目の観測について $x_i = (x_{i1}, x_{i2})$ の形をとり，相関係数の背後にある理論にしたがって，多変量ガウス分布から取り出されたものとしてモデル化する。この分布のパラメータは，2つの変数についての平均 $\mu = (\mu_1, \mu_2)$ と標準偏差 $\sigma = (\sigma_1, \sigma_2)$，および2つの変数を結びつける相関係数 r である。

ボックス 5.1　頻度主義の主観性

　"今日に至ってもどこかしらで伝統的な論理を年々教え続け，それを'客観的'であると持ち上げ，ベイズ主義者に'主観的'であるという咎を負わせるといったことがどうしてできるのか不思議である。伝統主義者は存在しないデータセットと，原則的に観測不能な限界のある頻度についてのファンタジーに夢中になっており——一方で関係のある事前情報は無視しており——，他人に'主観性'を押しつけられるような立場にはない。"（Jaynes, 2003, p. 550）

　図5.1 では，標準偏差は比較的に情報の少ない逆平方根ガンマ分布を割り当てられている。

★1　頻度主義，または，伝統的な統計学は認知科学者みんなにとってなじみ深いものだ。頻度主義の鍵概念には，p 値，検定力，信頼区間，タイプ I エラー率がある。科学的な推論にとっては，頻度主義アプローチはよく言って非効率的，わるく言えばミスリーディングであるとわれわれは信じている。

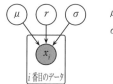

$$\mu_1, \mu_2 \sim \text{Gaussian}(0, 0.001)$$
$$\sigma_1, \sigma_2 \sim \text{InvSqrtGamma}(0.001, 0.001)$$
$$r \sim \text{Uniform}(-1, 1)$$
$$\boldsymbol{x}_i \sim \text{MvGaussian}\left((\mu_1, \mu_2), \begin{bmatrix} \sigma_1^2 & r\sigma_1\sigma_2 \\ r\sigma_1\sigma_2 & \sigma_2^2 \end{bmatrix}^{-1}\right)$$

図 5.1 相関係数を推測するためのグラフィカルモデル。

これは，精度にガンマ分布を置くことに等しい（セクション 4.2 の七人の科学者の例でやったのと同じである）。相関係数そのものは，その可能な範囲に対して一様事前分布を与えられている。これらの選択はどれも簡単に修正できるが，すぐにできる変更のひとつは，0 周辺の密度がより濃くなるように相関の事前分布を設定することである。

スクリプト Correlation_1.txt は，WinBUGS にこのグラフィカルモデルを実装する。

```
# ピアソン相関
model{
    # データ
    for (i in 1:n){
        x[i, 1:2] ~ dmnorm(mu[], TI[,])
    }
    # 事前分布
    mu[1] ~ dnorm(0, .001)
    mu[2] ~ dnorm(0, .001)
    lambda[1] ~ dgamma(.001, .001)
    lambda[2] ~ dgamma(.001, .001)
    r ~ dunif(-1, 1)
    # 再パラメータ化
    sigma[1] <- 1/sqrt(lambda[1])
    sigma[2] <- 1/sqrt(lambda[2])
    T[1, 1] <- 1/lambda[1]
    T[1, 2] <- r*sigma[1]*sigma[2]
    T[2, 1] <- r*sigma[1]*sigma[2]
    T[2, 2] <- 1/lambda[2]
    TI[1:2, 1:2] <- inverse(T[1:2, 1:2])
}
```

コード Correlation_1.m または Correlation_1.R には 2 つのデータセットが入っている。どちらも x 軸の意味判断課題（たとえば，"クジラは魚ですか？"）の反応時間と y 軸の IQ 測度との関係についての疑似データで，意思決定の単純な測度と一般知能の間の相関を求めるものである。

Matlab と R のコードの最初のデータセットについては，図 5.2 に示した結果が得られる。左のパネルはローデータの散布図を示している。右のパネルは r の事後分布と標準的な頻度主義の点推定値をあわせて示している。

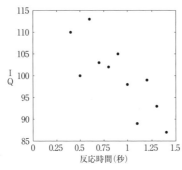
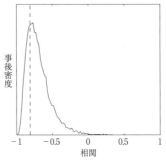

図 5.2 相関係数のデータ（左パネル）と事後分布（右パネル）。破線は頻度主義の点推定値を示す。

> **練習問題**

練習問題 5.1.1 Matlab と R のコードの二番目のデータセットは，図 5.2 からの最初のデータセットを二回くりかえしたものである。dataset=2 と設定して，これらのくりかえしデータを検討することにして，r についての事後分布の違いを解釈してみよう。

練習問題 5.1.2 μ_1 と μ_2 の事前分布は適切であるといえるだろうか？

練習問題 5.1.3 現在のグラフィカルモデルは，2つの変数——$x_i = (x_{i1}, x_{i2})$——からの値が完全に正確に観測されることを仮定している。これは問題のある仮定だろうか？ 現在のアプローチをどのように拡張すればより現実的な仮定にできるだろうか？

5.2 不確実性を伴うピアソン相関

今度は前のセクションの最後の問題で問いかけた問題に取り組み，変数の正確な値について不確実性があるときの相関について考えることにしよう。個々の測定値が反応時間だとすれば，物理量であり優れた測定ツールが存在するので，多くの場合，極めて正確に測定される。しかし，IQ は心理量であり，IQ 検査のような測定ツールはそれほど正確ではないので，IQ の測定はそれほど厳密なものではなさそうである。測定の不確実性を，変数間の相関の評価に組み込むほうがよい（e.g., Behseta, Berdyyeva, Olson, & Kass, 2009）。

この不確実性を含めるための単純なアプローチを採用したのが図 5.3 のグラフィカルモデルである。観測データは，i 番目の人の反応時間と IQ 測度について $x_i = (x_{i1}, x_{i2})$ の形をとる。だが，これらの観測は，今回はその人についての観測されることのない真の反応時間と IQ——$y_i = (y_{i1}, y_{i2})$ で表す——を中心とするガウス分布から標本抽出されたものとする。そして，これらの真の値は，以前の図 5.1 のモデルで x がそうであったように，多変量ガウス分布から取り出したものとしてモデル化する。

測定の精度は，観測データをガウス分布から取り出す $x_{ij} \sim \text{Gaussian}(y_{ij}, \lambda_j^e)$ という式の中の $\lambda^e = (\lambda_1^e, \lambda_2^e)$ によって捉えられる。図 5.3 のグラフィカルモデルは，これらの精度が既知であることを仮定する。

スクリプト Correlation_2.txt は上に示したグラフィカルモデルを WinBUGS に実装する。

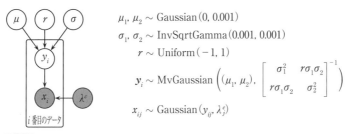

図 5.3 測定に特有の不確実性があるときの相関係数を推測するためのグラフィカルモデル。

```
# 測定に不確実性があるピアソン相関
model{
        # データ
        for (i in 1:n){
                y[i, 1:2] ~ dmnorm(mu[], TI[,])
                for (j in 1:2){
                        x[i, j] ~ dnorm(y[i, j], lambdaerror[j])
                }
        }
        # 事前分布
        mu[1] ~ dnorm(0, .001)
        mu[2] ~ dnorm(0, .001)
        lambda[1] ~ dgamma(.001, .001)
        lambda[2] ~ dgamma(.001, .001)
        r ~ dunif(-1, 1)
        # 再パラメータ化
        sigma[1] <- 1/sqrt(lambda[1])
        sigma[2] <- 1/sqrt(lambda[2])
        T[1, 1] <- 1/lambda[1]
        T[1, 2] <- r*sigma[1]*sigma[2]
        T[2, 1] <- r*sigma[1]*sigma[2]
        T[2, 2] <- 1/lambda[2]
        TI[1:2, 1:2] <- inverse(T[1:2, 1:2])
}
```

コード Correlation_2.m または Correlation_2.R は，前のセクションと同じデータを使うが，測定の不確実性についての仮定が異なるので違う分析になっている。この新たな分析では，測定の不確実性はそもそもは標準偏差によって表現されるが，再パラメータ化されて精度としてグラフィカルモデルに与えられると仮定する。具体的な仮定は，反応時間について $\sigma_1^e = 0.3$（正確に測定されることが多いと思われる），IQ について $\sigma_2^e = 1$（これは考えられる値のうち最小のものに近いので，IQ も正確に測定されるという仮定である）というものである。この仮定に基づく結果を図 5.4 に示した。左のパネルは，ローデータの散布図に，仮定した標準偏差 σ_1^e と σ_2^e によって定量化した不確実性を表すエラーバーをあわせて示したものである。右のパネルは，r の事後分布に，標準的な頻度主義の点推定値をあわせて示したものである。

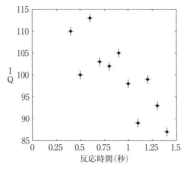
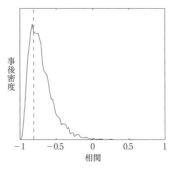

図 5.4 測定における不確実性を示すエラーバーを含むデータ（左パネル）と相関係数の事後分布（右パネル）。破線は頻度主義の点推定値を示す。

> **練習問題**

練習問題 5.2.1 図 5.4 で得られた結果を，前に同じデータを使って図 5.2 で得られた結果（測定の不確実性を考慮しないモデル）と比べよう。

練習問題 5.2.2 IQ 測定について $\sigma_2^c = 10$ に変えた，2 つめのデータセットでの結果を出そう。これらの結果を $\sigma_2^c = 1$ を仮定して得られた結果と比べよう。

練習問題 5.2.3 図 5.3 のグラフィカルモデルは，それぞれの変数の不確実性が既知であると仮定している。この仮定をどうゆるめたら不確実性が未知な場合に対応させることができるだろうか？

練習問題 5.2.4 図 5.3 のグラフィカルモデルは，それぞれの変数の不確実性がすべての観測について同じであると仮定している。この仮定をどうゆるめたら，たとえば，極端な IQ は標準的な分布の中程度の IQ よりも低い正確さで測定されるといった場合に対応させることができるだろうか？

5.3 一致性のカッパ係数

　物理科学，生物科学，行動科学，社会科学といった分野での重要な統計的推論の問題として，ある意思決定方法が他の方法とのどのくらいよく一致するかを決めたいことがある。なかでも，興味深い特別な場合として，二値判断のみを想定し，意思決定の一方の方法を客観的に真の判断を与える方法であると考え，もう一方の方法でその近似を目指す場合がある。この問題は医学でよく起こる。診断のための安価で容易に実施できる方法が，より高価で複雑な"黄金基準"の方法とどのくらい一致するかという観点で評価するときなどである。

　この問題について，両方の意思決定方法が n 個の独立な評価を行うとき，データ y は 4 つ組のカウントの形を取る。すなわち，両方の方法が "1" と判定する a 個の観測，客観的な方法は "1"，代用的方法は "0" と判定する b 個の観測，客観的な方法は "0"，代用的方法は "1" と判定する c 個の観測，どちらの方法も "0" と判定する d 個の観測であり，$n = a + b + c + d$ である。

　これらのデータを使った一致性の評価にはさまざまな伝統的な統計的測度が提唱されてきた（ただし，ベイズ式のアプローチについては，Basu, Banerjee, & Sen, 2000; Broemeling,

2009 を参照）。　有益な概観を与えてくれるのは，Agresti（1992），Banerjee, Capozzoli, McSweenery, & Sinha（1999），Fleiss, Levin, & Paik（2003），Kraemer（1992），Kraemer, Periyakoil, & Noda（2004），Shrout（1998）　である。　しかし，　すべての測度の中でも，Uebersax（1987）の "一致性を測定するための選択の統計量としてカッパ係数が一般に勧められる"（p. 140）という結論がいまなお正しいというのが順当である。

　Cohen（1960）のカッパ統計量は，観測された一致度

$$p_o = \frac{a+d}{n}$$

を，偶然のみから期待される一致度

$$p_e = \frac{(a+b)(a+c)+(b+d)(c+d)}{n^2}$$

（すなわち，　第一の方法が "1" と判定する全確率を第二の方法が "1" と判定する全確率と掛け，これに第二の方法が "0" と判定する全確率と第一の方法が "0" と判定する全確率を掛けたものを加える）と比べて推定するもので，

$$\kappa = \frac{p_o - p_e}{1 - p_e}$$

によって与えられる。カッパ係数は−1から+1の尺度上の値をとり，0.4未満の値は偶然と比べて "芳しくない" 一致度と解釈され，0.4から0.75の値は偶然よりも "まあまあよい" 一致度，0.75以上は偶然よりも "優れた" 一致度と解釈されることが多い（Landis & Koch, 1977）。一致性の測度としてのカッパ係数にとって鍵となる発想は，偶然による一致についての補正を行うことである。

　ベイズ版のカッパ係数のグラフィカルモデルを図5.5に示した。鍵となる潜在変数は，α，β，γ である。比率 α は黄金基準の方法が "1" と判定する比率である。このことは，$(1-\alpha)$ は黄金基準の方法が "0" と判定する比率であることを意味する。比率 β は，黄金基準の方法が "1" と判定するときに，代用的方法も "1" と判定する比率である。比率 γ は，黄金基準の方法が "0" と判定するときに，代用的方法が "0" と判定する比率である。β と γ を解釈するもっともよい方法は，それぞれ "1" と "0" の判定についての，代用的方法が黄金基準と一致する比率と考えることである。

　比率 α，β，γ を使うと，どちらの方法も "1" と判定する確率 $\pi_a = \alpha\beta$，黄金基準は "1" と判定するが代理法は "0" と判定する確率 $\pi_b = \alpha(1-\beta)$，黄金基準は "0" と判定するが代理法は "1" と判定する確率 $\pi_c = (1-\alpha)(1-\gamma)$，どちらの方法も "0" と判定する確率 $\pi_d = (1-\alpha)\gamma$ を計算することができる。

　これらの確率は，今度は，観測データ y（a, b, c, d のカウントからできている）がどのように生じるのかを記述する。それらは n 試行の多項分布から得られる。ここで，試行ごとに a のカウントを生じる確率は π_a であり，b のカウントを生じる確率は π_b であり，以下同様に続く形になっている。

5.3　一致性のカッパ係数　57

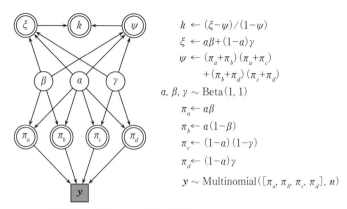

図 5.5 一致性のカッパ係数を推測するためのグラフィカルモデル。

そのため，データ y を観測すると，鍵となる比率 α, β, γ についての推測が可能になる。図 5.5 のグラフィカルモデルの残りの変数は，偶然を補正した一致性のカッパ測度と同様の形にするために必要なやり方でこれらの比率を表現しなおしたものにすぎない。変数 ξ は一致性の比率を測るもので，$\xi = \alpha\beta + (1-\alpha)\gamma$ である。変数 ψ は，偶然によって生じる一致性の比率を測るもので，$\psi = (\pi_a + \pi_b)(\pi_a + \pi_c) + (\pi_b + \pi_d)(\pi_c + \pi_d)$ であり，α, β, γ の関数としても表現できる。最後に，κ は偶然を補正した一致性の測度で -1 から $+1$ の尺度上の値をとり，$\kappa = (\xi - \psi)/(1 - \psi)$ によって与えられる。

スクリプト Kappa.txt は，WinBUGS にこのグラフィカルモデルを実装する。

```
# 一致性のカッパ係数
model{
        # 潜在的比率
        # 客観的方法が"1"と判定する比率
        alpha ~ dbeta(1, 1)
        # 客観的方法が"1"と判定するときに代用的方法が"1"と判定する比率
        beta ~ dbeta(1, 1)
        # 客観的方法が"0"と判定するときに代用的方法が"0"と判定する比率
        gamma ~ dbeta(1, 1)
        # 各カウントの確率
        pi[1] <- alpha*beta
        pi[2] <- alpha*(1-beta)
        pi[3] <- (1-alpha)*(1-gamma)
        pi[4] <- (1-alpha)*gamma
        # カウントデータ
        y[1:4] ~ dmulti(pi[], n)
        # 導出される測度
        # 代用的方法が客観的方法と一致する比率
        xi <- alpha*beta+(1-alpha)*gamma
        # 偶然の一致性の比率
        psi <- (pi[1]+pi[2]) * (pi[1]+pi[3]) + (pi[2]+pi[4]) * (pi[3]+pi[4])
        # 偶然を補正した一致性
        kappa <- (xi-psi)/(1-psi)
}
```

コード Kappa.m または Kappa.R には，以下の練習問題で述べる複数のデータセットが含まれており，WinBUGS でグラフィカルモデルからのサンプリングができる。

練習問題

練習問題 5.3.1　インフルエンザ臨床試験。Poehling, Griffin, & Dittus（2002）は，発熱または呼吸器症状で入院した 233 名の子どものサンプルを使ってインフルエンザのスピード臨床検査を評価したデータを報告した。インフルエンザにかかっていることがわかっている 18 名の子どものうち，代用的方法は 14 名を同定し，4 名を診断しそこなった。インフルエンザにかかっていないことがわかっている 215 名の子どものうち，代用的方法は 210 名を正しく棄却したが 5 名を誤って同定した。これらのデータは，$a=14$，$b=4$，$c=5$，$d=210$ に対応する。関心のある変数の事後分布を調べ，科学的結論に到達してみよう。つまり，臨床試験のコンサルタントになったつもりでやってみよう。顧客に対する 2，3 文の"お持ち帰りメッセージ"ふうの結論はどんなものになるだろうか？

練習問題 5.3.2　聴力喪失評価試験。Grant（1974）は，聴力喪失の養護教諭評価の適切性を専門家評価と関係づけて評価することを意図して，就学前母集団のスクリーニングからのデータを報告した。専門家によって聴力喪失であると評価された子どものうち，20 名が養護教諭によって正しく同定され，7 名は見逃された。専門家が聴力喪失でないと評価した子どものうち，417 名は養護教諭によって正しく診断されたが 103 名は誤って聴力喪失であると診断された。これらのデータは，$a=20$，$b=7$，$c=103$，$d=417$ に対応する。再度，関心のある変数の事後分布を調べ，科学的結論に到達してみよう。ここでは，顧客に対する 2，3 文の"お持ち帰りメッセージ"ふうの結論はどんなものになるだろうか？

練習問題 5.3.3　希少疾病。稀な医学的状態を検出するための安価なツールをテストしていると考えてほしい。170 名の患者をスクリーニングしたところ，この検査の結果は，157 名は当の医学的状態にないが，13 名はその状態にあることを示した。のちに高額な現地調査評価は，実際にはどの患者も当の医学的状態にはなかったことを明らかにした。これらのデータは，$a=0$，$b=0$，$c=13$，$d=157$ に対応する。カッパ係数をこれらのデータのグラフィカルモデルに適用し，安価なツールの有用性についての結論に到達しよう。このデータセットはどこが特殊だろうか，また，そのことはベイズのアプローチについて何を明らかにするだろうか？

5.4　時系列データにおける変化検出

このケーススタディは近赤外線分光データについてのもので，注意欠陥多動障害（ADHD）の成人の注意課題時の前頭葉活動を酸化ヘモグロビンのカウントによって測定する。関心のあるモデリング上の問題は，注意課題によってカウントの時系列に変化が生じると予想されることである。統計上の問題は，この変化を同定することである。これを実現するため，いくつかの強い仮定を行うことにしよう。特に，カウントは，常に分散は同じだが，ある特定の時点で平均が変化するガウス分布から得られたものであると仮定する。そこで，主な関心は，この変化点についての推論を行うことにある。

図 5.6 は，変化点を検出するためのグラフィカルモデルを示している。観測データは，i 番目のサンプルについての時点 t_i でのカウント c_i である。観測されていない変数 τ は，変化

5.4　時系列データにおける変化検出　　59

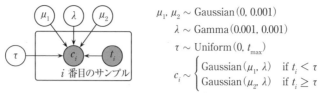

図 5.6 時系列におけるひとつの変化点を検出するためのグラフィカルモデル。

が起こる時点であり，カウントの平均が μ_1 であるか μ_2 であるかをコントロールする。変化点については可能な時点の全範囲に対する一様事前分布を仮定し，平均と精度には汎用的な情報量の少ない事前分布を与える。

スクリプト ChangeDetection.txt は，このグラフィカルモデルを WinBUGS に実装する。

```
# 変化検出
model{
    # データをガウス分布から得る
    for (i in 1:n){
        c[i] ~ dnorm(mu[z1[i]], lambda)
    }
    # グループ平均
    mu[1] ~ dnorm(0, .001)
    mu[2] ~ dnorm(0, .001)
    # 共通の精度
    lambda ~ dgamma(.001, .001)
    sigma <- 1/sqrt(lambda)
    # どちら側が変化点の時点か？
    for (i in 1:n){
        z[i] <- step(t[i] - tau)
        z1[i] <- z[i] + 1
    }
    # 変化点についての事前分布
    tau ~ dunif(0, n)
}
```

step 関数の使いかたに注意してほしい。この関数は，実引数が 0 以上の場合には 1 を，そうでない場合には 0 を返す。しかし，変数 z1 は，mu の指示変数として機能するものなので，1 か 2 の値をとる必要がある。これが z を z1 に変換する理由である。このコードを学習して，step 関数がこの例でどのように働いているのかをしっかり理解してほしい。

コード ChangeDetection.m または ChangeDetection.R は，このモデルを近赤外線分光データに適用する。一様サンプリングが仮定されているので，$t = 1, \cdots, 1178$ である。

コードはシンプルな分析を行い，τ, μ_1, μ_2 の事後分布の平均を求め，その要約点による推論をローデータに重ねてプロットする。結果は図 5.7 のようになる。時系列データそのものはぎざぎざの黒い線で示している。μ_1 と μ_2 によって与えられる，変化前と変化後のレベルについての事後平均の期待値を水平線によって示している。τ の事後平均によって与えられる，変化点の期待値は $t = 800$ ののやや手前の時点であり，ここで変化前レベルと変化後

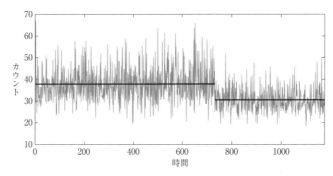

図 5.7 時系列データにおける変化点の同定。時系列はぎざぎざの線で示してあり（これらはモデル化しようとしている観測データであることに注意してほしい。MCMC サンプリングからの連鎖ではない）、期待される変化点を挟んで、変化前と変化後のレベルを2つの水平線を重ねて示している。

レベルのプロットが分かれている。

> **練習問題**

練習問題 5.4.1 変化点，平均，共通する標準偏差の事後分布を描いてみよう。

練習問題 5.4.2 図 5.7 は，変化点（これは2つの水平線が出会う時点である）を示すために事後分布の平均を直線で表している。このようなプロットの手続きがミスリーディングになる状況を考えることができるだろうか？

練習問題 5.4.3 このモデルを1つではなく2つの変化点を持つデータセットに適用することを考えてみよう。何が起こるだろうか？

5.5 打ち切りデータ

2005年4月13日から，韓国の全州市在住の68歳の女性チャ・サスーンさんは，運転免許の筆記試験に合格しようと何度も挑戦した。韓国では，この試験は50個の四択問題からなっている。合格するには，100点満点のうち少なくとも60点の得点が必要だ。そこで，各正答は2点に相当し，合格するには少なくとも30問に正答する必要があると考えよう。

チャ・サスーンさんを国際的に有名にしたのは，彼女がこのテストに949回連続で不合格になり，のべ4,200USドルに相当する出願料を支払った事実である。ついに950回目の挑戦で，チャ・サスーンさんは必要最小限の30問に正答し，とうとう筆記試験に合格した。775回目の失敗の後，2009年2月，チャ夫人はロイター通信社に"ねばり強く追い続ければ目標は達成できると信じています。だから，私のように，夢をあきらめないでほしい。強くなって，最善を尽くしてください"と語った。

最後の950回目の挑戦でチャ・サスーンさんは30問に正しく回答したことがわかっている。加えて，通信社は，949回の失敗した挑戦において，正答数は15から25の範囲であったことを報告している。この知識を武器にしたならば，チャ・サスーンさんが任意のひとつの問題に正答する潜在的な確率 θ について何が言えるだろうか？ 各問題は同程度の難しさで，チャ・サスーンさんは過去の挑戦から学習しないものとわれわれは仮定することに注意しておいてほしい。

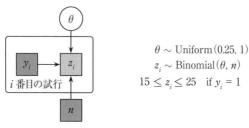

図 5.8 観測データと打ち切られたデータから比率を推測するためのグラフィカルモデル。

チャ・サスーンさんのデータが特殊なのは，失敗した挑戦についての正確な得点がわからないからである。これらの得点は 15 から 25 の範囲にあることしかわからない。統計学的な言い方をすれば，これは下からも上からも打ち切りのある（censored）データである。われわれは Gelman & Hill（2007, p. 405）の示唆したアプローチにしたがい，打ち切りデータを扱う問題に WinBUGS を適用する。

図 5.8 は，打ち切りデータを扱うためのグラフィカルモデルを示している。変数 z_i は最初の 949 回の非観測の挑戦と最後の観測された挑戦の両者の結果を表す。このことは，z_i は一度だけ観測され，他の機会には観測されなかったことを意味する。この種の変数は**部分的に観測された**（*partially observed*）変数として知られ，グラフィカルモデルでは，完全に観測されたノードを表す暗い影と完全に非観測のノード（あるいは，最新のノード）を表す影なしの中間に当たる，薄い影によって表現される。

変数 y_i は，単純な二値的指示変数であり，i 番目の挑戦が観測されたか否かを表す。下限 $z^{lo}=15$ と上限 $z^{hi}=25$ は，非観測の挑戦について既知の打ち切り区間を与える。最後に，$n=50$ は試験の問題数である。つまり，y_i が打ち切られた挑戦を表すときには $z_i \sim$ Binomial $(\theta, n)_{I(z^{lo}, z^{hi})}$ であり，また，最後の既知の得点については z_i は打ち切られておらず $z_{950}=30$ である。ある問題に対する正答率 θ には 0.25 から 1 の間の一様事前分布が与えられるが，これは最低でも 4 分の 1 は偶然正答するだろうという仮定に対応する。

スクリプト ChaSaSoon.txt は，WinBUGS にこのグラフィカルモデルを実装する。

```
# チャ・サスーン打ち切りデータ
model{
    for (i in 1:nattempts){
        # データが非観測であればy[i]=1, そうでなければy[i]=0
        z.low[i] <- 15*equals(y[i], 1)+0*equals(y[i], 0)
        z.high[i] <- 25*equals(y[i], 1)+n*equals(y[i], 0)
        z[i] ~ dbin(theta, n)I(z.low[i], z.high[i])
    }
    # 比率シータについての一様事前分布
    theta ~ dbeta(1, 1)I(.25, 1)
}
```

equals コマンドの使いかたに注意してほしい。このコマンドは，実引数が一致するときには 1，不一致のときには 0 を返す。したがって，y[i]=1 のとき，つまり，打ち切りデー

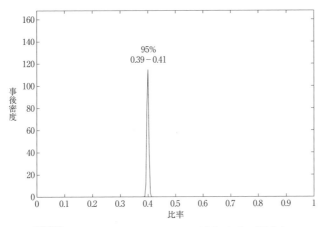

図 5.9 チャ・サスーンさんが問題に正しく答える比率の事後密度。

タのときには，z.low[i] は 15 に，z.hi[i] は 25 に設定される。y[i]=0 のときには，z.low[i] は 0 に，z.hi[i] は n に設定される。次に，これらの z.low[i] と z.hi[i] の値を適用し，WinBUGS の I（"interval"）コマンドを使ってテスト得点を生成する二項分布を打ち切る。このように，equals を使って "case" または "if-then-else" に相当するモデルのロジックを実装する。

コード ChaSaSoon.m または ChaSaSoon.R は，チャ・サスーンさんからのデータにこのモデルを適用する[★2]。θ の事後密度を図 5.9 に示す。この密度は比較的にピークが高く見える。950 回の結果のうち 949 回の実際の得点はわからないにもかかわらず，それでもなおわれわれは θ について多くを推論できるのである。

練習問題

練習問題 5.5.1 あなたはチャ・サスーンさんが当て推量だけで試験に通過したと思うだろうか？

練習問題 5.5.2 データのあるとわかっている間隔を，15 ～ 25 から広げたらどうなるだろうか？

練習問題 5.5.3 失敗した挑戦の回数を減らしたら何が起こるだろうか？

練習問題 5.5.4 チャ・サスーンさんの最終得点を 30 から増やしたら何が起こるだろうか？

練習問題 5.5.5 すべての得点はただひとつの成功率をもつ二項分布にしたがうという仮定は，このデータについての優れたモデルだと思うだろうか？

5.6 飛行機を再捕獲する

複数の分野で現れる興味深い推論の問題として，全数調査はできないが抜き取り調査はくりかえし行える場合に母集団の大きさを推定するというものがある。たとえば，目標は，広

★2 一部のコンピュータでは，WinBUGS は "value of binomial z[950] must be greater than lower bound（二項分布 z[950] の値は下限よりも大きくなければなりません）" という謎めいたエラーメッセージをしつこく返す。このエラーの修正のしかたがわかったら知らせてもらえるとうれしい。そうでないとしたら，われわれに言えるのは，別のコンピュータでコードを実行したほうがよいということだけだ。

い森林地帯にいる，全数は調べられない動物の数を推定することかもしれない。あるいは，目標は，全員を数えることは不可能だが，何人の学生がキャンパスにいるかを判定することかもしれない。または，目標は，知っているすべての単語を挙げてもらうことは現実的でないが，ある人が知っているある言語の単語はいくつかを調べることかもしれない。

この問題に対する，賢明なサンプリングアプローチは，捕獲−再捕獲法（capture-and-recapture method）によって与えられる。基本的なアイデアは，ある時点で1セットの標本を捕獲（つまり，同定する，タグ付けする，さもなくば記憶する）し，その後に別の標本を集めるというものである。2つめの標本のうち，最初の標本にも含まれていた個体の数は，母集団サイズに関する情報となる。高い再捕獲数は母集団が小さいことを示唆し，低い再捕獲数は母集団が大きいことを示唆する。

おそらく，このアプローチのもっとも単純なバージョンは，t を未知の母集団サイズ，x を第一標本のサイズ（すなわち，捕獲したユニット数），n を第二標本のサイズ，そのうち k ユニットの部分集合は第一標本にもいた（すなわち，再捕獲したユニット数）とすることで定式化できる。つまり，最初の x 頭の動物をタグ付けしたり，x 名の人を思い出したり，x 個の単語を産出したりした後で，第二の標本をとると，n 個体中 k 個体が再度見つかったという場合である。

カウントを関連づけ，母集団サイズ t についての推論を行うための統計的手法は，超幾何分布（hypergeometric distribution）に基づくものである。サイズ t の母集団から最初に捕獲された個体数が x であり，標本サイズ n の中で再捕獲された k 個体が見つかる確率は，

$$\Pr(K = k) = \binom{x}{k}\binom{t-x}{n-k} \Big/ \binom{t}{n}$$

である。直感的にこれを説明すると，第二の標本は，t 個体の母集団から（第二の標本で）n 個体を取り出したとき，（第一の標本で捕獲した）x 個体中の k 個体が再捕獲されており，残りの $t-x$ 個体中の $n-k$ 個体が再捕獲されていなかった場合ということになる。このことを定式化する別の手段は，再捕獲数 k を超幾何分布からのサンプル，すなわち，

$$k \sim \text{Hypergeometric}(n, x, t)$$

とすることである。

これらのアイデアを具体化するため，ある小さな航空会社が会社で何機の航空機を所有しているかを推定する問題を考えてみよう。ある日の空港で，あなたはその航空会社の飛行機のうちの10機が隣のゲートに停まっているのを見て，尾翼の一意の識別番号を記録した。数日後，別の空港で，あなたは同じ会社の飛行機のうちの5機を見かけた。それらの飛行機の尾翼番号を見ると，5機のうち4機が前回のリストに含まれていた。これは，$x=10$，$k=4$，$n=5$ の捕獲−再捕獲問題である。

この問題に対するベイズのアプローチとしては，t に事前分布を設定し，適当な尤度関数として超幾何分布を利用する。概念的には，このことは，図5.10のグラフィカルモデルが表すように $k \sim \text{Hypergeometric}(n, x, t)$ を意味する。ベクトル α によって，可能なすべて

の母集団個体数に任意の事前確率質量を与えることができる。$x+(n-k)$ 個体が存在することがわかっているので，事前分布の合理的な選択のひとつは，$x+(n-k)$ から $t^{\max}$ のあらゆる可能性が同程度であるとすることであろう。ここで，$t^{\max}$ は可能な母集団の常識的な上限である。たとえば，航空機問題では，おそらくその会社が持てる最大数は 50 機であ

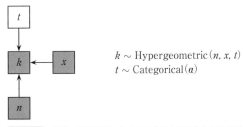

図 5.10 捕獲—再捕獲データから母集団を推測するためのグラフィカルモデル。

$k \sim \text{Hypergeometric}(n, x, t)$
$t \sim \text{Categorical}(a)$

ろうと考えることにすると，$t^{\max}=50$ である。

概念的には単純だが，図 5.10 のグラフィカルモデルの実装には難点がある。問題は，WinBUGS が超幾何分布を提供しないことである。しかし，提供されずとも，尤度関数をWinBUGS で表現できる分布であれば実装は可能である。これは，いわゆる"ワントリック"か"ゼロトリック"のいずれかを用いることで実行できる[★3]。これらのトリックは，ポアソン分布とベルヌーイ分布の単純な特性に依拠するものである。ポアソンまたはベルヌーイ分布の中で新しい分布の尤度関数を実装し，1 または 0 の値がサンプリングされるよう強制することで，実際に生成されるサンプルが望む分布からのものになることを示すことができる。

スクリプト Planes.txt は，ゼロトリックを使って図 5.10 のグラフィカルモデルをWinBUGS に実装する。超幾何分布のための対数尤度表現の実引数をどのように構成してphi を定義しているのか，また，定数 C をどのように使うとポアソン分布が確実に正の値で使われるようになるのかに注意してほしい。

```
# 飛行機
model{
    # ゼロトリックを経由した超幾何尤度
    logterm1 <- logfact(x)-logfact(k)-logfact(x-k)
    logterm2 <- logfact(t-x)-logfact(n-k)-logfact((t-x)-(n-k))
    logterm3 <- logfact(t)-logfact(n)-logfact(t-n)
    C <- 1000
    phi <- -(logterm1+logterm2-logterm3)+C
    zeros <- 0
    zeros ~ dpois(phi)
    # 母集団サイズについての事前分布
    for (i in 1:tmax){
        tptmp[i] <- step(i-(x+n-k))
        tp[i] <- tptmp[i]/sum(tptmp[1:tmax])
    }
    t ~ dcat(tp[])
}
```

★3 JAGS でゼロトリックやワントリックを使うには，モデル定義ブロック内ではなく，データ定義ブロック内で zeros または ones の割り当てを行うこと。

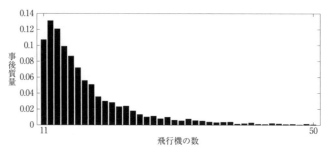

図 5.11 50 機以下であることが既知である飛行機の数についての事後質量。第一サンプルが $x = 10$ 機，第二サンプルで $n = 5$ のうち $k = 4$ 機を再度見かけた捕獲－再捕獲実験に基づく。

コード Planes.m または Planes.R は，このモデルを $x = 10$, $k = 4$, $n = 5$ のデータに適用する。その際，$x + (n - k) = 11$ から $t_{\max} = 50$ の間のすべての可能なサイズについて一様な確率質量を与える事前分布を用いる。t についての事後分布を図 5.11 に示す。第二の標本の 5 機のうち 4 機がオリジナルの 10 機の集合から得られたものなので，推論は，11 機よりも多いということはそうはなさそうだというものになる。これは直感にも合っている。

ボックス 5.2　ゼロトリック，ワントリック，WBDev

ゼロトリックとワントリックは極めて有効で，多くの場合，実装も比較的簡単だが，概念的には理解がやや難しい。鍵となる洞察は，Poisson(ϕ) からの 0 のサンプルの負の対数尤度は ϕ であり，同様に，Bernoulli(θ) からの 1 のサンプルの負の対数尤度は θ であるというものである。そこで，$\log \phi$ または θ を適切に設定し，1 か 0 が観測されるよう強制することで，ϕ や θ によって定義された分布からのサンプリングが効果的に進む。

WinBUGS で利用できる分布や関数へのより複雑な拡張には，WinBUGS Development Interface（WBDev: Lunn, 2003）を使う必要がある。これは，ユーザーが関数や分布を Pascal で書けるようにするアドオンプログラムである。Wetzels, Lee, & Wagenmakers (2010) は，新しい分布や関数を定義する簡単な実例を含む WBDev のチュートリアルを提供している。より詳細な認知科学の応用例については，Wetzels, Vandekerckhove et al. (2010) が意思決定の期待－感情価モデルを WBDev の関数として，Vandekerckhove et al. (2011) がドリフト拡散モデルを WBDev の分布として実装している。これらの応用のいずれも WBDev なしでは実現できなかっただろう。

練習問題

練習問題 5.6.1　第二標本で再度見る飛行機の数を $k = 4$ から $k = 0$ に変えてみよう。今回は母集団サイズについてどんな推論ができるだろうか？

練習問題 5.6.2　$k = 4$ のときと $k = 0$ のときとでは，上限 $t_{\max} = 50$ は最終結論にどのくらい影響を及ぼすだろうか？ $k = 4$ と $k = 0$ の両方について $t_{\max} = 100$ の場合を試して自分なりの答えを考えよう。

練習問題 5.6.3　図 5.11 の事後分布群が得られた場合，同じ台数の飛行機を後日別の空港で新たに見かけたとしよう。t の適切な事前分布はどんなものになるだろうか？

第六章
潜在混合モデル

Latent-mixture models

6.1 試験の点数

15名の人が40問の○×問題からなる試験を受け，それぞれ，21，17，21，18，22，31，31，34，34，35，35，36，39，36，35問，正解したとしよう．これらの点数は，最初の5名は当て推量で答えたに過ぎないが，残り10名にはある程度の知識があったことを示唆している．

この方向性に沿って統計的推論を行うひとつの手段は，2つの異なる人々のグループがあると仮定することである．これらのグループは正答率が異なり，当て推量群は0.5の確率，知識群は0.5よりも大きい確率で正答する．各人が第一のグループに属するか第二のグループに属するかは，2つの値のみをとりうる潜在的な非観測変数である．このアプローチを用いるなら，目的は，各人がどのグループに属するか，知識群の正答率はいくつかを推論することとなる．

これを実行するためのグラフィカルモデルを図6.1に示した．i番目の人の正答数は，$n = 40$問中k_i問とする．i番目の人が各問題に正答する確率は比率θ_iである．この比率は，その人が当て推量群である場合のψか，知識群である場合のϕかのいずれかである．i番目の人がどちらの群に属するかは，二項指示変数z_iによって決まる．この変数はi番目の人が当て推量群である場合には$z_i = 0$，知識群である場合には$z_i = 1$となる．

各指示変数が事前に0または1である確率は等しいと仮定する．すなわち，事前分布はz_i

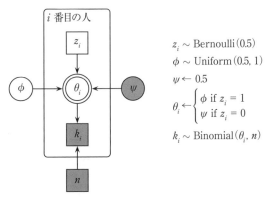

図6.1 試験問題の回答の際に正解する比率の異なる2つの潜在グループのどちらに属するかを推測するためのグラフィカルモデル．

$\sim$ Bernoulli(1/2) となる。当て推量群については，正答率は $\psi = 1/2$ であると仮定する。知識群については，1/2 よりも確率の大きいすべての正答率が等しく生じるという事前分布，$\phi \sim$ Uniform(0.5, 1) を使う。

このタイプのモデルは**潜在混合**モデル（*latent-mixture* model）として知られる。2つの異なる過程が組み合わさったり混ざったりしてデータが生み出されると仮定し，また，その混合の重要な性質は非観測，すなわち潜在的であると仮定するからである。この場合には，混じり合っている2つの成分は当て推量による過程と知識に基づく過程であり，各人がどちらのグループに属するかは潜在的である。

スクリプト Exam_1.txt は WinBUGS にこのグラフィカルモデルを実装する。

```
# 試験得点
model{
        # 各人は2つの潜在的グループのうちのひとつに属する
        for (i in 1:p){
                z[i] ~ dbern(0.5)
        }
        # 第一の群は当て推量する
        psi <- 0.5
        # 第二の群は未知の高い正答率を持つ
        phi ~ dbeta(1, 1)I(0.5, 1)
        # データは各人のグループ割り当てによって与えられる比率によって二項分布にしたがう
        for (i in 1:p){
                theta[i] <- equals(z[i], 0)*psi+equals(z[i], 1)*phi
                k[i] ~ dbin(theta[i], n)
        }
}
```

コード Exam_1.m または Exam_1.R は，このモデルを用いて，どちらのグループに属するかについての推論と知識群の正答率についての推論を行う。

練習問題

練習問題 6.1.1 事後分布からこの問題について何らかの結論を導いてみよう。誰がどのグループに属するのか，そのことにどのくらい信頼をもてるのか？

練習問題 6.1.2 このコードでは，人々の2つのグループへの割り当ての初期値はランダムなので，実行するたびに異なる。このことがサンプリングからの最終的な結果に影響しないことを確認しよう。

練習問題 6.1.3 40点のうち28点を取った人をこの試験の追加受験者として含めてみよう。z についての事後分布は何を教えてくれるだろうか？ 今度は，さらに4名，40点のうち全員が28点の人を追加してみよう。これらの追加受験者が推論にもたらす変化を説明してみよう。

練習問題 6.1.4 第二のグループの成功率についての事前分布を全体範囲が0から1の一様分布に変えると，すなわち，当て推量による成績よりも低くなることを認めると，何が起こるだろうか？

練習問題 6.1.5 全員がいずれかのグループに同じくらいの確率で所属するという最初の予測を

変更して，人々は一般に当て推量はしない，つまり，（たとえば）$z_i \sim \text{Bernoulli}(0.9)$ であると予測すると，何が起こるだろうか？

6.2 個人差を伴う試験得点

前節の例は，サンプリングによって，混じり合った出所から得られたデータをどのようにモデル化し，これらの潜在的なグループの特性を推論できるかを示した。だが，こと今回のモデルは，少なくともひとつの大きな弱点をもっている。それは，知識群のすべての人々が問題に対して厳格に同じ正答率をもつと仮定する点である。

知識群に個人差を認める直接的なやり方は，モデルを階層的に拡張することである。このことは，知識群の人々のそれぞれについての正答率をアーチ状の分布から取り出すことを伴う。この"個人差"分布についての便利な（ただし完璧ではない）選択肢にガウス分布がある。これは個人のばらつきについての自然な統計モデルである（少なくとも，より豊かな理論がない場合には）。だが，0以下および1以上の正答率を認めてしまうという問題点もある。これに対処するためのエレガントではないが実践的で効果的な手段は，単純にサンプリングされた正答率を妥当な範囲に制約することである。

このアイデアを実装したグラフィカルモデルを図6.2に示した。このモデルは，i 番目の人について知識群の正答率 ϕ_i を与えることによって，オリジナルのモデルを拡張している。これらの正答率は，平均 μ，精度 λ のガウス分布から引き出されたものである。平均 μ は 0.5 から 1.0 の一様事前分布によって与えられるが，これは知識群の人は偶然以上の正答率をもつというもともとの仮定と一致する。

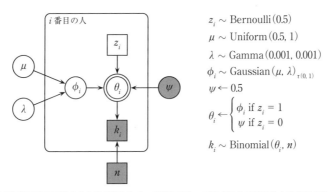

図 6.2 試験問題の回答の際に正解する比率の異なる2つの潜在グループのどちらに属するかを推測するためのグラフィカルモデルで，知識群における個人差を認めるもの。

ボックス 6.1 収束を評価し改善する

完璧な世界では，一回の MCMC 連鎖で事後分布からのサンプリングが即座にはじまり，計算上の唯一の問題は十分に正確な近似のためには何回の連鎖が必要になるかということだけだろう。現実はたいていこの理想的な事態のようにはならず，潜在混合モデルは収束チェックを必要とすることで悪名が高い。なので，ここでいくつかのチェックポイントを挙げておくのがいいだろう（Gelman, 1996; Gelman & Hill, 2007 も参照）。

基本原則は，サンプリング過程が収束したときには，相当に異なる初期値から始めた連鎖でも互いに区別できないはずだ，というものである。この要求に基づけば，連鎖は定数である平均のまわりをばらつくはずであり，もしゆっくり上下にドリフトした場合には問題が起きていることの手がかりとなる。また，サンプリング過程が収束した場合，それぞれの個別の連鎖は"太った毛虫"のような見かけになるはずである。この見た目は，連続する値が比較的に独立であるときに生まれるからである。収束を形式的に判定するには，$\hat{R}$統計量（Gelman & Rubin, 1992）が広く用いられている。これは，基本的には連鎖内分散に対する連鎖間分散の測度であり，したがって，1に近い値が収束を意味する。経験則として，1.1よりも大きな値は（濃厚に）疑わしい。もしあなたがここまでのモデリング練習問題においてWinBUGSがMatlabやRに返すrhat値にあまり注意を払っていなかったなら，ここからはこの値のチェックをはじめるとよい。

　収束しないときには，WinBUGSでどんなモデルについても容易に実装できる3つの基本的な救済策がある。第一は，単純に，より多くのサンプル，または，より多くの連鎖を集め，収束を待つ（そして待ち望む）ことである。第二は，バーンイン・サンプル（除外する連鎖のはじめのほうのサンプル）の数を増やすことである。このことが効果的なのは，別々の連鎖が初期値に敏感で収束に時間がかかる場合である。この場合の動作例をセクション11.2に示した。第三は，n個ごとにひとつを残すことでサンプルを**間引く**ことである。このことが効果的であるのは，連鎖に自己相関があり，サンプル間に独立性がない場合である。この実例をセクション3.6に示した。WinBUGSで収束を改善するためには，モデルそのものを変えることを伴う，より高度な方法もある。**パラメータ拡張**法の実例をセクション11.3と14.2に示した。

ボックス 6.2　グラフィカルモデルのスクリプト

　WinBUGSにグラフィカルモデルを実装するスクリプトは，手続き的というよりも，宣言的なものである。このことは，コマンドの順序が何ら影響を与えないことを意味している。スクリプトが実行するすべては，グラフィカルモデルにおける観測変数と非観測変数を定義し，それらがどのように分布するか，互いにどのように関係するかを指定することである。これは本質的にはプロセスというよりは構造の問題であり，したがって順序は問題にならない。実践的には，たとえば，Exam_2.txtのようなスクリプトでは，k[i]，z[i]，phi[i]を定義するのに別々のループは必要でない。それらをひとつのfor(i in 1:p)ループ内に配置してもまったく同じグラフィカルモデルが定義される。しかし，ときに，グラフィカルモデルの別々の部分を別々のループを使って実装するほうが概念的に明確になることがある。

スクリプトExam_2.txtは，WinBUGSにこのグラフィカルモデルを実装する。

```
# 個人差のある試験得点
model{
        # 各人のグループ割り当てによって与えられる比率
        for (i in 1:p){
```

```
        theta[i] <- equals(z[i], 0)*psi+equals(z[i], 1)*phi[i]
        k[i] ~ dbin(theta[i], n)
}
# 各人は2つの潜在グループの一方に属する
for (i in 1:p){
        z[i] ~ dbern(0.5)
}
# 2番目のグループは個人差を認める
for (i in 1:p){
        phi[i] ~ dnorm(mu, lambda)I(0, 1)
}
# 1番目のグループは当て推量する
psi <- 0.5
# 2番目のグループの平均，精度（そして標準偏差）
mu ~ dbeta(1,1)I(.5,1) # >0.5の平均成功率
lambda ~ dgamma(.001, .001)
sigma <- 1/sqrt(lambda)
# 2番目のグループの事後予測分布
predphi ~ dnorm(mu, lambda)I(0, 1)
}
```

このコードは知識群の推測ガウス分布から正答率を引き出す変数 predphi を含むことに注意してほしい。

コード Exam_2.m または Exam_2.R は，どちらのグループに属するか，知識群の各人の成功率，知識群の弓型ガウス分布の平均と標準偏差についての推論を行う。

練習問題

練習問題 6.2.1　階層モデルと個人差を認めないオリジナルのモデルの結果を比べてみよう。

練習問題 6.2.2　変数 predphi の事後分布を解釈してみよう。この分布は mu についての事後分布とどのように関係するだろうか？

練習問題 6.2.3　どんな意味で，このケーススタディにおける人々のグループへの潜在的な割り当てをモデル選択の形で考えることができるだろうか？

6.3　二十の問題

10 名の人からなるグループがある講義に出席し，そのあとで 20 の問題に答えたとしよう。どの回答も正答もしくは誤答のいずれかである。データのパターンを表 6.1 に示した。この正答と誤答のパターンから，2つのことを推論したい。第一は，各人がどれだけしっかりとこの講義に注意を向けていたかである。第二は，それぞれの問題がどのくらい難しかったかである。

これらの推論を行うためのひとつのやり方は，人の注意度と問題の難しさがどのように組み合わさって，問題に正しく答えられる確率全体が出てくるのかについてのモデルを特定することである。非常に単純なモデルのひとつは，各人は講義のある部分をしっかりと聴講し，各問題はその人が講義で当該のポイントを聴いていた場合にある確率で正しく答えられると

表 6.1　10 名の人の 20 問についての正答と誤答

	A	B	C	D	E	F	G	H	I	J	K	L	M	N	O	P	Q	R	S	T
人1	1	1	1	1	0	0	1	1	0	1	0	0	1	0	0	1	0	1	0	0
人2	0	1	1	0	0	0	0	0	0	0	0	0	0	0	0	0	0	0	0	0
人3	0	0	1	0	0	1	1	0	0	0	0	1	0	0	0	0	0	0	0	0
人4	0	0	0	0	0	0	1	0	1	1	0	0	0	0	0	0	0	0	0	0
人5	1	0	1	1	0	1	1	1	0	1	0	0	1	0	0	0	0	1	0	0
人6	1	1	0	1	0	0	0	1	0	1	0	1	1	0	0	1	0	1	0	0
人7	0	0	0	0	0	0	0	0	0	0	1	0	0	0	0	0	0	0	0	0
人8	0	0	0	0	0	0	0	0	0	0	0	0	0	0	0	0	0	0	0	0
人9	0	1	1	0	0	0	1	0	1	0	0	1	0	0	0	0	0	1	0	1
人10	1	0	0	0	0	0	1	0	0	1	0	0	1	0	0	0	0	0	0	0

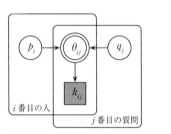

$p_i, q_j \sim \text{Beta}(1, 1)$

$\theta_{ij} \leftarrow p_i q_j$

$k_{ij} \sim \text{Bernoulli}(\theta_{ij})$

図 6.3　講義を聴講している比率と問題の困難度を推測するためのグラフィカルモデル。

仮定するものである。

このアイデアを実装したグラフィカルモデルを図 6.3 に示した。このモデルのもとで，i 番目の人が聴講している確率を p_i，関連する情報を聴いていた場合に j 番目の問題に正しく答えられる確率を q_j とすると，i 番目の人が j 番目の問題に正しく答える確率は単純に $\theta_{ij} = p_i q_j$ である。i 番目の人が j 番目の問題に正しく答えた場合には $k_{ij}=1$，そうでない場合には $k_{ij}=0$ とすると，観測された正答と誤答のパターンは確率 θ_{ij} のベルヌーイ分布から取り出せる。

スクリプト TwentyQuestions.txt は，WinBUGS にこのグラフィカルモデルを実装する。

```
# 二十の問題
model{
    # 各回答の成功度はベルヌーイ試行である
    for (i in 1:np){
        for (j in 1:nq){
            k[i, j] ~ dbern(theta[i, j])
        }
    }
    # 正答率は問題と人の比率の積である
    for (i in 1:np){
        for (j in 1:nq){
            theta[i,j] <- p[i]*q[j]
        }
```

```
        }
        # 人と問題の事前分布
        for (i in 1:np){
                p[i] ~ dbeta(1, 1)
        }
        for (j in 1:nq){
                q[j] ~ dbeta(1, 1)
        }
}
```

コード TwentyQuestions.m または TwentyQuestions.R は，このモデルを使って表 6.1 の
データについての推論を行う。

練習問題

練習問題 6.3.1 いろいろな人がどのくらいよく聴講していたかについて，また，いろいろな問
題の難しさについての結論を引き出してみよう。あなたが推論の基礎にしている，周辺事後分
布は直感的にもっともらしいものに思えるだろうか？

練習問題 6.3.2 ここで，何らかの理由で回答のうち 3 つが記録されなかったとしてみよう。欠
測データのある新しいデータセットは，表 6.2 に示す形を取ることになる。ベイズ推論は，観測
データを生成したのと同じ確率モデルを使うことによって，これらの欠測値についての予測を
自動的に行う（すなわち，"空欄を埋める"）。欠測データは Matlab では nan（"not number"），
R では NA（"not available"）として入力される。変数 k をサンプリングのときにモニターする
変数に含めることで，欠測値についての事後の値がわかる。つまり，統計モデルと利用可能な
データを用いて，欠測値がとりうるそれぞれの値に対して，その相対的な得られやすさについ
ての情報が得られる。Matlab または R のコードをひと通り見て，以上のすべてが第二のデータ
セットにどのように実装されるかを検討してほしい。コードを実行し，3 つの欠測値についての
事後分布を解釈してほしい。理にかなった推論だろうか？

練習問題 6.3.3 積の項 $\theta_{ij} = p_i q_j$ の観点からある問題でのある人の正確さを決めることは非常に
理解しやすいが，心理測定学的モデルでは人の能力と問題の難しさの交互作用についての他の

表 6.2 10 名の人の 20 問についての正答，誤答と欠測

	問題																			
	A	B	C	D	E	F	G	H	I	J	K	L	M	N	O	P	Q	R	S	T
人1	1	1	1	1	0	0	1	1	0	1	0	0	?	0	0	1	0	1	0	0
人2	0	1	1	0	0	0	0	0	0	0	0	0	0	0	0	0	0	0	0	0
人3	0	0	1	0	0	0	1	1	0	0	0	0	1	0	0	0	0	0	0	0
人4	0	0	0	0	0	0	1	0	1	1	0	0	0	0	0	0	0	0	0	0
人5	1	0	1	1	0	1	1	1	0	1	0	0	1	0	0	0	0	1	0	0
人6	1	1	0	1	0	0	0	1	0	1	0	1	1	0	0	1	0	1	0	0
人7	0	0	0	0	0	0	0	0	0	0	1	0	0	0	0	0	0	0	0	0
人8	0	0	0	0	?	0	0	0	0	0	0	0	0	0	0	0	0	0	0	0
人9	0	1	1	0	0	0	0	1	0	1	0	0	1	0	0	0	0	1	0	1
人10	1	0	0	0	0	0	1	0	0	1	0	0	1	0	0	0	0	?	0	0

6.3 二十の問題   73

モデルが用いられる。たとえば，ラッシュモデル（e.g., Andrich, 1988）は，$\theta_{ij} = \exp(p_i - q_j) \,/\, (1 + \exp(p_i - q_j))$ を用いる。ラッシュモデルを実装するようにグラフィカルモデルを変更してみよう。

6.4 二国クイズ

あるグループの人々が歴史クイズを出されて，各人の各回答は正答または誤答として得点化されるとする。人々の一部はタイ人，一部はモルドバ人である。問題の一部はタイの歴史についてのものであり，モルドバ人よりもタイ人が答えを知っていそうな問題である。残りの問題はモルドバの歴史についてのものであり，タイ人よりもモルドバ人が答えを知っていそうな問題である。

誰がタイ人で誰がモルドバ人なのかはわからず，問題の内容もわからない。われわれが持っているデータのすべてを表6.3に示した。データをただ眺めるのに少し時間を取ってから，どの人が同じ国から来た人なのか，どの問題が彼らの国と関係するのかを推測してほしい。

これらの推論を形式的に行うための優れた手段のひとつは，2種類の回答があると仮定することである。人の国籍が問題の起源と合致する場合，回答は高い確率で正しい。ある人が他の国について尋ねられた場合には，回答は極めて低い確率で正しい。

このアイデアを実装したグラフィカルモデルを図6.4に示した。正答率 α はある国からのある人がその国の歴史についての問題に正しく答える（高いと予想される）確率である。正答率 β はある人が他の国の歴史についての問題に正しく答える（低いと予想される）確率である。正答率についての知識を捉えるために，事前確率は，`alpha ~ dunif(0, 1)` および `beta ~ dunif(0, alpha)` と定義することによって，事前確率を $\alpha \geq \beta$ に制約する。あるパラメータの事前分布を他の（未知で，推測する）パラメータから指定するので，一見したところ，このやり方は不適切であるように見えるかもしれない。概念的には，このシンタックスは，$\alpha \geq \beta$ であるような α と β に対する**同時**事前分布を指定する（やや不器用な）やり方であると考えると明確になる。グラフィカルには，(α, β) についてのパラメータ空間は単位正方形をなし，指定される事前分布は正方形の半分，対角線 $\alpha = \beta$ の一方の側である。

表6.3 8名の人の8問についての正答と誤答

	問題							
	A	B	C	D	E	F	G	H
人1	1	0	0	1	1	0	0	1
人2	1	0	0	1	1	0	0	1
人3	0	1	1	0	0	1	0	0
人4	0	1	1	0	0	1	1	0
人5	1	0	0	1	1	0	0	1
人6	0	0	0	1	1	0	0	1
人7	0	1	0	0	0	1	1	0
人8	0	1	1	1	0	1	1	0

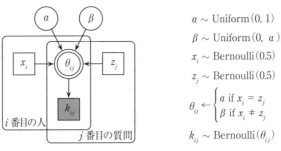

図 6.4 人と問題の出身国を推測するためのグラフィカルモデル。

グラフィカルモデルの残りの部分では，二項指示変数 x_i が今回も i 番目の人を一方の国に割り当て，z_i は同様に j 番目の問題を一方の国に割り当てる。i 番目の人が j 番目の問題に正しく回答する確率は θ_{ij} であり，この確率は国の割り当てが合致する場合には単純に α であり，合致しない場合には β である。最後に，回答が正しいか否かを示す実際のデータ k_{ij} は比率 θ_{ij} のベルヌーイ分布にしたがう。

スクリプト TwoCountryQuiz.txt は WinBUGS にこのグラフィカルモデルを実装する。

```
# 二国クイズ
model{
    # 正答する確率
    alpha ~ dunif(0, 1) # 合致する
    beta ~ dunif(0, alpha) # 合致しない
    # 人と問題のグループ所属
    for (i in 1:nx){
        x[i] ~ dbern(0.5)
        x1[i] <- x[i]+1
    }
    for (j in 1:nz){
        z[j] ~ dbern(0.5)
        z1[j] <- z[j]+1
    }
    # グループごとのそれぞれの人と問題の組み合わせでの正答率
    for (i in 1:nx){
        for (j in 1:nz){
            theta[i, j, 1, 1] <- alpha
            theta[i, j, 1, 2] <- beta
            theta[i, j, 2, 1] <- beta
            theta[i, j, 2, 2] <- alpha
        }
    }
    # データは比率によってベルヌーイ分布する
    for (i in 1:nx){
        for (j in 1:nz){
            k[i, j] ~ dbern(theta[i, j, x1[i], z1[j]])
        }
    }
}
```

コード TwoCountryQuiz.m または TwoCountryQuiz.R は，このモデルを使って表6.3のデータについての推論を行う。

練習問題

練習問題 6.4.1　x[i]，z[j]，alpha，beta の事後分布を解釈してみよう。形式的推論はあなたのもともとの直感と一致するだろうか？

練習問題 6.4.2　正答率についての事前分布が，国が一致する場合としない場合の尋ねられている事柄についての知識を正しく捉えているのは，$\alpha \geq \beta$ という順序制約を課したおかげだ。コードを変更して，事前分布 alpha ~ dbeta(1, 1) と beta ~ dbeta(1, 1) を用いることによって，この情報が含まれないようにしてみてほしい。不適切な（おそらくは直感に反する）結果が得られるまで，同じデータに対して何回かの連鎖を実行してほしい。そのときに出会うであろう問題は，モデル不定性，または，ラベルスイッチングとして知られるものである。この問題を説明し，なぜそれが起こるのかを議論しよう。

練習問題 6.4.3　今度は，さらに3名の人が遅れて部屋に入ってきて，クイズに取り組みはじめたとしてみよう。そのうちの一人（遅刻者1）は最初の4つの問題に回答し，次の人（遅刻者2）は最初の問題だけに回答し，最後の新人（遅刻者3）はまだ鉛筆を削っており，クイズを始めていなかった。この状況は，表6.4のように，更新されたデータセットとして表現できる。モデルが遅刻した人々の国籍について，また，やり終えていない問題に正しく答えるか否かについて行う推論を解釈しよう。

練習問題 6.4.4　最後に，今度は10名の新しい人々についての正答得点を与えられたとしよう。彼らのデータは以前には利用できなかったが，われわれが調べていたのと同じグループの人々の一部である。更新されたデータを表6.5に示す。モデルが新たな人々の国籍について行う推論を解釈してみよう。遅刻した人々についての推論と彼らがやり終えていない問題に正しく答えるか否かを再度検討してみよう。モデルが3番目の遅刻者について引き出す推論はあなたの直感と合致するだろうか？　ここには，問題がひとつある。どうしたら修正できるだろうか？

表6.4　8名の人と3名の遅刻者の8問についての正答，誤答と欠測

| | 問題 | | | | | | | |
	A	B	C	D	E	F	G	H
人1	1	0	0	1	1	0	0	1
人2	1	0	0	1	1	0	0	1
人3	0	1	1	0	0	1	0	0
人4	0	1	1	0	0	1	1	0
人5	1	0	0	1	1	0	0	1
人6	0	0	0	1	1	0	0	1
人7	0	1	0	0	0	1	1	0
人8	0	1	1	1	0	1	1	0
遅刻者1	1	0	0	1	?	?	?	?
遅刻者2	0	?	?	?	?	?	?	?
遅刻者3	?	?	?	?	?	?	?	?

第六章　潜在混合モデル

表 6.5 8名の人と3名の遅刻者と10名の新しい人の8問についての正答，誤答と欠測

	問題							
	A	B	C	D	E	F	G	H
新しい人1	1	0	0	1	1	0	0	1
新しい人2	1	0	0	1	1	0	0	1
新しい人3	1	0	0	1	1	0	0	1
新しい人4	1	0	0	1	1	0	0	1
新しい人5	1	0	0	1	1	0	0	1
新しい人6	1	0	0	1	1	0	0	1
新しい人7	1	0	0	1	1	0	0	1
新しい人8	1	0	0	1	1	0	0	1
新しい人9	1	0	0	1	1	0	0	1
新しい人10	1	0	0	1	1	0	0	1
人1	1	0	0	1	1	0	0	1
人2	1	0	0	1	1	0	0	1
人3	0	1	1	0	0	1	0	0
人4	0	1	1	0	0	1	1	0
人5	1	0	0	1	1	0	0	1
人6	0	0	0	1	1	0	0	1
人7	0	1	0	0	0	1	1	0
人8	0	1	1	1	0	1	1	0
遅刻者1	1	0	0	1	?	?	?	?
遅刻者2	0	?	?	?	?	?	?	?
遅刻者3	?	?	?	?	?	?	?	?

6.5 詐病の評価

　前のセクションからの知識を利用して，今度は人がテストでいかさまをしているかどうかを検出するという実践的な問題について考えよう。たとえば，交通事故に遭った人は，著しい記憶喪失などの認知障害のふりをすることによって保険会社から経済的保障を得ようとするかもしれない。これらの人々は障害の程度を測定することを目的とした記憶テストに向き合ったときに，意図的に成績を下げるかもしれない。この行動は詐病と呼ばれるが，この場合には，実際の健忘によって示されるよりもずっと低い成績が得られるかもしれない。たとえば，詐病者は偶然よりも相当に低い成績になることもあるだろう。

　もっとも，詐病はつねに容易に検出されるわけではないが，とはいえ潜在混合モデリングによって自然に取り扱うことができる。このアプローチを使うと，それぞれの人が2つのカテゴリーのどちらに属するのか——詐病している人，正直もしくは誠実な人——を推論できるし，この分類のそれぞれにおける信頼度を定量化できる。

　それぞれ $p=22$ の実験参加者が記憶テストに回答する，詐病に関する実験研究について考えてみよう（Ortega, Wagenmakers, Lee, Markowitsch, & Piefke, 2012）。あるグループの参加者は最善を尽くすように言われた。この人々は誠実な参加者である。他のグループの参加者は意図的に健忘症を装うことによって低い成績を取るように言われた。この人々は詐病者である。全部で $n=45$ のテスト項目のうち，参加者は 45, 45, 44, 45, 44, 45, 45, 45,

6.5　詐病の評価　77

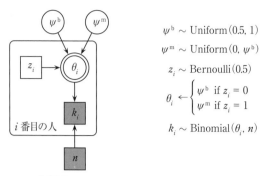

図 6.5 詐病の検出のためのグラフィカルモデル。

45, 45, 30, 20, 6, 44, 44, 27, 25, 17, 14, 27, 35, 30 問正答した。これは実験研究なので，最初の10名の参加者は誠実であり，そのあとの12名の参加者は詐病をするよう教示されていたことがわかっている。

最初の分析は直接的なものであり，図6.5に示すグラフィカルモデルを使う。すべての誠実な参加者は同じ能力を持っており，各問題への正答率は一定の ψ_b という値であることを仮定する。詐病者については，問題への正答率は ψ_m によって与えられ，$\psi_b > \psi_m$ である。

スクリプト Malingering1.txt は，WinBUGS にこのグラフィカルモデルを実装する。

```
# 詐病
model{
        # 各人は2つの潜在的グループのいずれかに属する
        for (i in 1:p){
                z[i] ~ dbern(0.5)
                z1[i] <- z[i]+1
        }
        # 誠実群は未知の，偶然以上の成功率をとる
        psi[1] ~ dunif(0.5, 1)
        # 詐病群は未知の，誠実群以下の成功率をとる
        psi[2] ~ dunif(0, psi[1])
        # データは各人についてグループ比率による二項分布をとる
        for (i in 1:p){
                theta[i] <- psi[z1[i]]
                k[i] ~ dbin(theta[i], n)
        }
}
```

psi[2] の dunif 定義の制約に注意してほしい。これは $\psi_b > \psi_m$ であることを保証することによって，不定性やラベルスイッチング問題に陥ることを防ぐためのものである。

コード Malingering1.m または Malingering1.R はこのモデルをデータに適用する。

> **練習問題**

練習問題 6.5.1 各人がどちらのグループに属するかについての結論はどうなるだろうか？ すべての参加者が教示にしたがっていただろうか？

6.6 詐病における個人差

ここまでのように，グループのメンバー全員が同じ正答率をもつと仮定することには限界があると思われる。そこで，今度は各群の i 番目の参加者は独自の正答率 θ_i をとると仮定する。θ_i はグループレベルの分布による制約を受ける。セクション 6.2 では，グループレベルのガウス分布を用いた。このアプローチに伴う問題は，値が 0 から 1 の範囲の外側にもありうる点だった。これらの値はセクション 6.2 では単に打ち切ったが，これは技術的にはあまり正しくないし，また確実にエレガントではない[1]。

複数の代案のうちのひとつは，グループレベルの分布をガウス分布ではなく，$\text{Beta}(\alpha, \beta)$ と仮定することである。ベータ分布は 0 から 1 の区間で定義されるので，正答率の自然な境界と対応する。そこで，今回はそれぞれの個々の二項正答率パラメータがグループレベルのベータ分布によって制約されるというモデルを作る。この完全なモデルはベータ–二項分布として知られる (e.g., Merkle, Smithson, & Verkuilen, 2011; J. B. Smith & Batchelder, 2010)。

ベータ分布からのパラメータ α と β をグループ平均 $\mu = \alpha / (\alpha + \beta)$ 及び（分布のばらつきが増えると減少するという意味において）精度とみなすことのできる測度 $\lambda = \alpha + \beta$ に変換することは有用である。このとき，誠実な参加者のグループ平均である μ_b と詐病者のグループ平均である μ_m の両方に一様事前分布を割り当てることが簡単である。しかし，この割り当ては，$\mu_b > \mu_m$ であるというわれわれの知識を反映していない。この知識を捉えるために，以前のモデルでしたように dunif(0, mubon) と定義することもできる。

しかし，今回のモデルでは，別のアプローチを採用しよう。まず，μ_m を μ_b と差分パラメータの加算組み合わせとして定義する。すなわち，$\text{logit}(\mu_m) = \text{logit}(\mu_b) - \mu_d$ である。これはロジット尺度の加算組み合わせであり，ベータ–二項分布モデルで慣習的なものであることをおぼえておいてほしい。ロジット変換は $\text{logit}(\theta) \equiv \ln(\theta / (1 - \theta))$ として定義され，0 から 1 の範囲をとる正答率尺度の値を $-\infty$ から ∞ の範囲をとるロジット尺度の値に変換する。ロジット変換を図 6.6 に示した。この図は，確率 0.5 に対応するロジットの値が 0 のときと確率 0.95 に対応するロジット確率 2.94 のときの 2 つの具体例を含んでいる。

$\mu_d \sim \text{Gaussian}(0, 0.5)_{\mathcal{I}(0, \infty)}$ という事前分布は，ガウス分布のうち正の値をとる部分である。このことは，誠実参加者のグループ平均がつねに詐病者のそれよりも確実に大きいようにする。最後に，詐病のベース率 ϕ （以前は 0.5 に固定した）を今回は 0.5 付近を中心とする比較的広いベータ事前分布に割り当てたことに注意してほしい。このことは，モデルがデータを使ってどちらのグループに入るかを推論すると同時にベース率について学習することを意味している。

以上のアイデアを実装するグラフィカルモデルを図 6.7 に示した。スクリプト Malingering_2.txt は，WinBUGS にこのグラフィカルモデルを実装する。

---

[1] WinBUGS は I(,) 記法によって打ち切りと切断をひとまとめに扱うが，この扱いは技術的問題の原因となる。JAGS はこれら 2 つの関連する概念を整合的に取り扱う点で優れている。

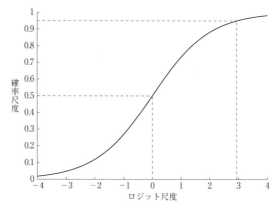

図6.6 ロジット変換。確率は0から1の範囲をとり，ロジット変換を使って実数の集合全体に射影される。

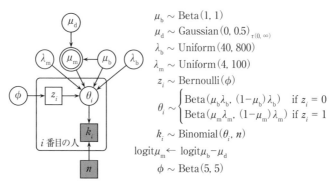

$\mu_b \sim \text{Beta}(1, 1)$
$\mu_d \sim \text{Gaussian}(0, 0.5)_{T(0, \infty)}$
$\lambda_b \sim \text{Uniform}(40, 800)$
$\lambda_m \sim \text{Uniform}(4, 100)$
$z_i \sim \text{Bernoulli}(\phi)$
$\theta_i \sim \begin{cases} \text{Beta}(\mu_b \lambda_b, (1-\mu_b)\lambda_b) & \text{if } z_i = 0 \\ \text{Beta}(\mu_m \lambda_m, (1-\mu_m)\lambda_m) & \text{if } z_i = 1 \end{cases}$
$k_i \sim \text{Binomial}(\theta_i, n)$
$\text{logit}\mu_m \leftarrow \text{logit}\mu_b - \mu_d$
$\phi \sim \text{Beta}(5, 5)$

図6.7 詐病参加者と誠実な参加者からなる2つの潜在グループのどちらに属するかを推測するためのグラフィカルモデル。

```
# 個人差のある詐病
model{
    # 各人は2つの潜在的なグループのいずれかに属する
    for (i in 1:p){
        z[i] ~ dbern(phi) # phiはベース率である
        z1[i] <- z[i]+1
    }
    # ベース率に関する比較的無情報な事前分布
    phi ~ dbeta(5, 5)
    # データは各人のグループ割り当てによって与えられる比率による二項分布にしたがう
    for (i in 1:p){
        k[i] ~ dbin(theta[i, z1[i]], n)
        theta[i, 1] ~ dbeta(alpha[1], beta[1])
        theta[i, 2] ~ dbeta(alpha[2], beta[2])
    }
    # グループ平均と精度への変換
    alpha[1] <- mubon * lambdabon
    beta[1] <- lambdabon * (1-mubon)
    # ロジット尺度の加算性
    logit(mumal) <- logit(mubon) - mudiff
    alpha[2] <- mumal * lambdamal
    beta[2] <- lambdamal * (1-mumal)
    # 事前分布
```

```
        mubon ~ dbeta(1, 1)
        mudiff ~ dnorm(0, 0.5)I(0,) # 正になるように強制
        lambdabon ~ dunif(40, 800)
        lambdamal ~ dunif(4, 100)
}
```

コード Malingering_2.m または Malingering_2.R によって，いずれのグループに属するかと 2 つのグループの正答率についての結論を引き出すことができる。

練習問題

練習問題 6.6.1 推測した詐病の比率は，参加者に与えられた教示についての情報と一致するだろうか？

練習問題 6.6.2 詐病のベース率は 10% であるとわかっていると仮定しよう。WinBUGS スクリプトを変更してこの知識を反映させよう。どんな違いが予想されるだろうか？

練習問題 6.6.3 参加者 1，2，3 は確実に誠実であるとわかっていると仮定しよう。コードを変更してこの知識を反映させよう。

練習問題 6.6.4 新たな実験参加者を追加すると考えてほしい。この参加者が正しく答えられる問題数がいくつのときに，どちらのグループに属するかの推論が最大限に不確実になるだろうか？

練習問題 6.6.5 ロジット変換の代わりに dunif(0, mubon) のアプローチを用いることによって，ラベルスイッチング問題を解決してみよう。

練習問題 6.6.6 なぜ λ_b と λ_m で事前分布が違うのだろうか？

6.7　アルツハイマー患者の再生テストのいかさま

このセクションでは，図 6.7 に示したのと同じ潜在混合モデルを別の記憶テストデータに適用する。単純な再認と再生の課題は，アルツハイマー病及び関連障害（ADRD）のスクリーニングの重要な一部分であり，ときどき電話越しに実施される。この慣習は，たとえば，思い出すように求められた単語を書き留めたりすることによって人々がいかさまをする可能性を高める。

われわれが使用するデータは非公式の実験から得られたものである。118 名の人にテストを通常どおり遂行するか，いかさまをするよう教示した。ここで使用したテストは，直後及び遅延自由再生課題からなる複雑な系列だが，われわれはこれを単純化して各人について最高 40 点の簡単な正答得点を与えた。実験デザインにより，61 名の誠実な人（課題を意図通り実行したことがわかっている人）と 57 名のいかさまをしたことがわかっている人がいた。

このグラフィカルモデルを図 6.8 に示した。これは以前の図 6.7 の詐病の例と基本的に同じものである。詐病からいかさまへ変数の名前が正しいものになるように変更し，グループ分布の精度に異なる事前分布を使用し，正答率の平均が誠実な人よりもいかさまをした人で**高く**なるようにした（いかさまの影響は，いかさまをしなかった場合よりも多くの単語を再生することなので）。

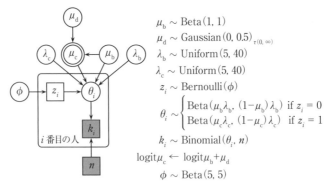

図 6.8 記憶テストにおける誠実群といかさま群からなる2つの潜在グループのどちらに属するかを推測するためのグラフィカルモデル。

スクリプト Cheating.txt は，WinBUGS にこの分析を実装する。

```
# いかさまの潜在混合モデル
model{
        # 各人は2つの潜在的グループのいずれかに属する
        for (i in 1:p){
                z[i] ~ dbern(phi) # phiはベース率である
                z1[i] <- z[i]+1
        }
        # ベース率についての比較的に無情報な事前分布
        phi ~ dbeta(5, 5)
        # データは各人のグループ割り当てによって与えられる比率で二項分布する
        for (i in 1:p){
                k[i] ~ dbin(theta[i, z1[i]], n)
                thetatmp[i, 1] ~ dbeta(alpha[1], beta[1])
                theta[i, 1] <- max(.01, min(.99, thetatmp[i, 1]))
                thetatmp[i, 2] ~ dbeta(alpha[2], beta[2])
                theta[i,2] <- max(.01, min(.99, thetatmp[i, 2]))
        }
        # グループ平均と精度への変換
        alpha[1] <- mubon * lambdabon
        beta[1] <- lambdabon * (1-mubon)
        # ロジット尺度の加算性
        logit(muche) <- logit(mubon) + mudiff # "+"に注意
        alpha[2] <- muche * lambdache
        beta[2] <- lambdache * (1-muche)
        # 事前分布
        mubon ~ dbeta(1, 1)
        mudiff ~ dnorm(0, 0.5)I(0,) # 正の値に強制する
        lambdabon ~ dunif(5, 40)
        lambdache ~ dunif(5, 40)
        # 正答数
        for (i in 1:p){
                pct[i] <- equals(z[i], truth[i])
        }
        pc <- sum(pct[1:p])
}
```

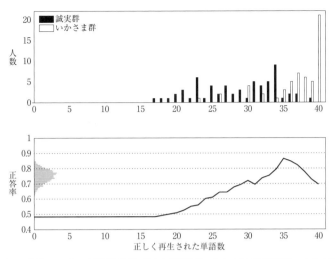

図 6.9 アルツハイマー患者のデータの全正再生得点の分布と分類成績。上のパネルは誠実群といかさま群の得点の分布を示している。下のパネルは正答率を示しており，線を付けてさまざまなカットオフ得点を使ってグループを分けている。また，潜在混合モデルによる正答率の分布も示した。

このスクリプトは，各人の潜在割り当てと実験デザインからくる既知の真値を比較することによって，サンプリングにおいて行われた各分類の正確さを追跡する変数 pc を含むことに注意してほしい。

コード Cheating.m または Cheating.R は，このグラフィカルモデルをデータに適用する。まずモデルの分類の正確さについての結果の分析に注目しよう。図 6.9 の上のパネルにデータを要約してある。この図は，誠実群といかさま群の両方での正しく再生された単語の分布を示している。いかさまをした人が全般的により多くの単語を再生したことは明確だが，グループの間には重なりもある。

ボックス 6.3　未定義の実数の結果

　WinBUGS では，エラーメッセージはトラップと呼ばれ，あるトラップは他のトラップよりも深刻である。定期的に起こる深刻なトラップのひとつは，"undefined real result（未定義の実数の結果）"である。このトラップは，極めて低い尤度をもつサンプルによって生じる数値的なオーバーフローまたはアンダーフローを示している。これは，モデルの指定が十分でないときにも起こることがある。特に，標準偏差の事前分布が広すぎると，データからみてほとんど起こりそうにないような（そして，たいていの場合，事前知識からみてもありえそうにないような）極端な値を許すことになる。初期値にも問題があるかもしれない。これが WinBUGS に初期値を自動的に選ばせるよりも自分で指定したほうがよい理由である。"undefined real result" トラップはやっかいなこともあるが，最終的にはモデルを改善するのに実際的に役立つだろう。

　分類の正確さのベンチマークを得るひとつの手段は，可能な最良のカットオフ値を考えることである。これは，ある人がそれよりも下の得点なら誠実であり，それ以上の得点ならいかさまをした人に分類されるような合計正答得点である。図 6.9 の下のパネルの線分は，す

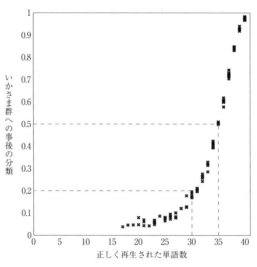

図 6.10 正しく再生された単語数といかさま群への事後の分類との関係。図中の×印は一人の人に対応する。

べての可能なカットオフ値についての分類の正確さを示している．図を見ると，カットオフ値 35 を使ったときの 86.4% の正確さがピークになっている．パネル左側の灰色の領域は変数 pc の事後分布であり，潜在混合モデルによって達成された正確さの範囲を示している．

　生成的モデルを使って分類問題を解こうとすると，機械学習や統計学の弁別手法と同じくらいにうまくいくことはまれである．これはベイズのアプローチに欠陥があるためではなく，われわれが開発しているモデルはデータがどのように生成されるかについての不完全な説明だからである．もし焦点が純粋に予測にあるなら，他の統計的アプローチ（特に，生成的，弁別的モデリングの最良の側面を組み合わせたもの）のほうが優れているかもしれない（e.g., Lasserre, Bishop, & Minka, 2006）。

　生成的モデルの利点は，特に，不確実性を定量化することによって，データを生み出すと仮定される，背後にある過程についての詳細を提供することである．この重要な特徴の良い例を図 6.10 に示している．この図は，各人についてのローデータの総正答得点といかさまをした人としての分類についての事後の不確実性の関係性を示している．35 名の人と 0.5 の分類確率を結びつける破線は，このモデルが 35 点以上の得点を取った人は 35 点未満の得点の人よりもいかさまをした人である見込みが高いと推測することを示している．だが，この図は，このモデルがそれぞれの分類についてどのくらい確実かということも示しており，それによって，多くの機械学習手法よりも豊富な情報（そして，より確率論的に整合性のある情報）を与えている．

　この不確実性についての情報が役立つのは，たとえば，分類結果によってコストや効用が違ってくる場合である．誤警報を高め，スクリーニングテストでいかさまを疑うことには 25 ドルのコストがかかり（おそらく，無益な人手による追跡検査のため），スクリーニングテストでいかさまをした人を見逃すことには 100 ドルのコストがかかる（おそらく，出さなくてもよい保険金を与えてしまうため）としてみよう．これらの効用をもとにすると，誠実であるという分類は，誠実であることがいかさまをしていることの 4 倍ありえそうな場合にのみ行うほうがよい．言い換えると，誠実であるということには 80% の確実性を必要とす

る。潜在割り当て変数 z の事後確率はこの情報を正確に与えてくれる。この効用の組み合わせのもとでは，図 6.10 の 30 名の人と 0.2 という確率の分類を結びつける破線が示すように，総正答得点が 30 未満（35 ではない）の人々のみを誠実とみなすほうがよい。

練習問題

練習問題 6.7.1　効用を大きく変えた場合について考えてみよう。冤罪で訴訟を起こすリスクのため誤警報には 100 ドルのコストがかかるが，見逃しには比較的害がないので無駄な管理コストの 10 ドルがかかるとしよう。今回は誠実な人といかさまをする人についてどんな判断をすべきだろうか？

練習問題 6.7.2　分類についての不確実性を別にすると，モデルが与えてくれる他の潜在的情報にはどんなものがあるだろうか？　少なくともひとつの具体例を挙げよう。

第三部

モデル選択

大事なところでデータと矛盾しないのであれば，考えられる中でもっとも単純な仮説によって現象を説明するのはよい原則だと思う。

———————— プトレマイオス，85–165 AD

第七章

Bayesian
model comparison

ベイズ式のモデル比較

前の章ではパラメータ推定を取り上げたが，ほとんどはひとつのモデルという文脈の中での話だった。しかし，認知科学の大半の場面では，研究者は2つ以上のモデルを考える。異なるモデルは競合する理論や仮説を表すことが多く，興味の焦点は，どの実質科学的な理論もしくは仮説がより適切で，より有用か，データによってよりよく支持されるかという点にある。これらの問いに答えるためには，パラメータ推定を超えて進み，**モデル比較**（*model comparison*）のためのベイズの手法に取り組む必要がある。

7.1　周辺尤度

競合するモデルの中から選ぶという問題に対するベイズの解決を理解するために，本書のいちばん最初の式に戻ろう。すなわち，ベイズの法則である。ここでは，パラメータ θ が関心のある特定のモデル $\mathcal{M}_1$ に依存することを，

$$\text{posteriror} = p(\theta \mid D, \mathcal{M}_1) = \frac{p(D \mid \theta, \mathcal{M}_1) p(\theta \mid \mathcal{M}_1)}{p(D \mid \mathcal{M}_1)}$$

$$= \frac{\text{尤度} \times \text{事前分布}}{\text{周辺尤度}} \tag{7.1}$$

と明示的に示す。周辺尤度 $p(D \mid \mathcal{M}_1)$ は，ときに**証拠**（*evidence*）とも呼ばれる，ひとつの数である。これはモデル $\mathcal{M}_1$ からみた，観測データ D の確率を示している。ひとつの解釈としては，周辺尤度はあるモデルが観測データについて行う予測の平均的な質のよさを示すものとみることができる。予測がよくなるほど，証拠は大きくなる。

単純な例として，ξ というひとつのパラメータをもつモデル $\mathcal{M}_x$ を作ることを考えてみよう。さらに，このパラメータは，$\xi_1 = -1$，$\xi_2 = 0$，$\xi_3 = 1$ という3つの値しかとることができないとしよう。各パラメータ値には，$p(\xi_1) = 0.6$，$p(\xi_2) = 0.3$，$p(\xi_3) = 0.1$ という事前確率を割り当てる。これらの割り当ては，ξ の低い値は ξ の高い値よりも起こりやすいという信念や知識を反映する。次に，データ D を入手して，すべてのパラメータ値の尤度を計算する。たとえば，$p(D \mid \xi_1) = 0.001$，$p(D \mid \xi_2) = 0.002$，$p(D \mid \xi_3) = 0.003$ になったとしよう[1]。この場合，モデル $\mathcal{M}_x$ の周辺尤度は，

---

[1] 尤度 $p(D \mid \xi_*)$ は，特定のパラメータ値 ξ_* のもとでの，観測されたデータが期待される度合いを定量化する。ゆえに，この尤度を適合度の指標として考えることができる。

$$P(D \mid \mathcal{M}_x) = p(\zeta_1)p(D \mid \zeta_1) + p(\zeta_2)p(D \mid \zeta_2) + p(\zeta_3)p(D \mid \zeta_3)$$
$$= 0.6 \times 0.001 + 0.3 \times 0.002 + 0.1 \times 0.003$$
$$= 0.0015$$

と与えられる。

　周辺尤度はパラメータ空間にわたって尤度を平均することで計算されるが，このとき，事前確率は平均を求める際の重みに対応する。したがって，あるモデルがどのくらいうまくデータを予測するかを判断するには，そのモデルが行う**すべて**の予測を考慮し，それぞれをその事前確率によって重みづける必要がある。このことを数学の言葉で言い換えると，周辺尤度は**全確率の法則**にしたがってモデルパラメータを平均化することで得られる，といえる。k個の離散値をとることのできるパラメータζについては，周辺尤度は，

$$p(D \mid \mathcal{M}_1) = \sum_{i=1}^{k} p(D \mid \zeta_i, \mathcal{M}_1)p(\zeta_i \mid \mathcal{M}_1) \tag{7.2}$$

によって与えられる。連続的に変化するパラメータθ——0と1の間の任意の値をとることができる二項比率パラメータなど——については，和を積分によって置き換える必要があり，したがって，

$$p(D \mid \mathcal{M}_1) = \int p(D \mid \theta, \mathcal{M}_1)p(\theta \mid \mathcal{M}_1)\,\mathrm{d}\theta \tag{7.3}$$

となる。7.2式と7.3式の記法は違っているものの，その計算は概念的には同じである。尤度はすべての可能なパラメータ値について評価され，その事前確率によって重みづけられて総和に加えられる。

　ここまでの議論が示すように，確実な証拠を得るためには，モデルは多くの優れた予測を行う必要がある。このことは，他でもなく，過度に複雑なモデルはよろしくないということである。こうしたモデルは多くの予測を行うことができるが，その予測の大部分は偽であることが判明するだろう。複雑なモデルはその事前予測確率をすべての予測にわたって分割する必要があり，極端な場合，ほとんど何でも予測するモデルがもつ事前予測確率はまばらに広がったものになる。実際，非常にまばらなので，特定のイベントが起こったとしても，そのことは実質的にモデルの信用性を増すことにならない。このことは "すべてを予測するモデルは何も予測しない" という金言への，ベイズ流の正当化を与える。上で示したように，モデル$\mathcal{M}_1$の周辺尤度は，尤度$p(D \mid \theta_1, \mathcal{M}_1)$を事前確率$p(\theta \mid \mathcal{M}_1)$にわたって平均することで計算される。

　基本原則は，モデルが多くの予測を行うときにはそのモデルは複雑であるというものである。実践的には，このことは多くの形で起こりうる。一番わかりやすいのは，モデルに多くのパラメータを含めるほど多くの予測を行うことが可能になるという形である。

　もっと細かい話だが，パラメータに対する事前分布の幅が広くなるほどモデルも複雑になる。事前分布が非常に広くなると，比較的に低い事前確率がパラメータ空間の尤度の高い部分（すなわち，予測が優れている部分）に割り当てられる。このことは，比較的高い事前確

7.1　周辺尤度　89

率がパラメータ空間の残りの部分，つまり，尤度がほぼゼロである部分（すなわち，予測が偽である部分）に割り当てられることも意味する。これらの効果は組み合わさって平均や周辺尤度を低くする。したがって，事前確率 $\theta \sim \mathrm{Uniform}(0.5, 1)$ という比率モデルは，事前確率 $\theta \sim \mathrm{Uniform}(0, 1)$ という比率モデルよりも単純である。

ボックス 7.1　オッカムの剃刀

　オッカムの剃刀は倹約の原則としても知られており，偽でないもののうちでなるべく単純な仮定，理論，仮説が好ましいことを表す。この比喩上の剃刀は，不必要に複雑なすべての理論を切り落とす。剃刀という名称はイングランドの論理学者にしてフランシスコ会修道士神父のオッカムのウィリアム（1288-1348）にちなむものである。彼は "Numquam ponenda est pluralitas sine necessitate"（必要なく複数のものを措定してはならない），"Frustra fit per plura quod potest fieri per pauciora"（少なきをもってなしうることを多きをもって行うのは無益である）と言った。しかし，オッカムの剃刀は，科学的発見には第一発見者の名前がつかないというスティグラーの名祖の法則の一例であるようだ。実際，倹約の原則はアリストテレスやプトレマイオスの著作ですでに取り上げられている。プトレマイオスは "われわれは考えられる限り最も単純な仮説によって現象を説明することが優れた原則であると考える" とさえ言っている。ゆえに，歴史的には，オッカムの剃刀ではなく，プトレマイオスの倹約の原則というのが正しいかもしれない。術語はともあれ，重要なのは周辺尤度が自動的なオッカムの剃刀として働くということである（Jefferys & Berger, 1992; Myung & Pitt, 1997）。すなわち，観測データに関して不必要に柔軟な予測を行うモデルはペナルティを受ける。

　モデルの複雑さに影響を及ぼす最後の重要な要因は，モデルパラメータの関数形である。たとえば，刺激（音，光点など）の客観的強度 I を主観的経験 $\psi(I)$ と関係づける，心理物理学の2つの法則について考えてみよう。第一のフェヒナーの法則は，$\psi(I) = k \ln(I + \beta)$，すなわち，経験される強度は刺激強度の負の加速度関数であると述べる。第二のスティーブンスの法則は，$\psi(I) = kI^{\beta}$，すなわち，経験される強度は刺激強度の正の加速度関数にも負の加速度関数にもなりうると述べる。フェヒナーの法則とスティーブンスの法則は，それぞれ2つのパラメータ k と β をもつが，スティーブンスの法則のほうがより多くのデータパターンを捉えることができるため複雑であり，したがって，フェヒナーの法則よりも反証しにくい（Townsend, 1975; Myung & Pitt, 1997）。

　周辺尤度は，手元のデータに対するモデルの予測の平均的な質を評価することによって，こうした検討事項のすべてを自動的に考慮に入れる。

練習問題

練習問題 7.1.1　同じデータ D について2つめのモデルを作ることを考えてみよう。このモデル $\mathcal{M}_y$ は，2つの値 ζ_1 と ζ_2 をとることができるパラメータ ζ をもつ。事前確率の質量 $p(\zeta_1) = 0.3$ と $p(\zeta_2) = 0.7$ を割り当てることにしよう。これら2つの値について，尤度はそれぞれ 0.002 と 0.003 である。$\mathcal{M}_y$ の周辺尤度を計算してみよう。

練習問題 7.1.2　データ D が，$\mathcal{M}_x$ に比して $\mathcal{M}_y$ を支持する程度はどれだけだろうか？

練習問題 7.1.3 同じデータ D について 3 つめのモデルを作ることを考えてみよう。このモデル $\mathcal{M}_z$ は，等しい事前確率で 5 つの値 μ_1, μ_2,..., μ_5 をとることができるパラメータ μ をもつ。尤度は $p(D|\mu_1) = 0.001$, $p(D|\mu_2) = 0.001$, $p(D|\mu_3) = 0.001$, $p(D|\mu_4) = 0.001$, $p(D|\mu_5) = 0.006$ である。μ_5 についての尤度が $\mathcal{M}_y$ と $\mathcal{M}_x$ の可能な最良の尤度の 2 倍であることに気づいてほしい。$\mathcal{M}_z$ の周辺尤度を計算しよう。$\mathcal{M}_z$ は $\mathcal{M}_y$ や $\mathcal{M}_x$ よりも好ましいだろうか？　ここからの教訓は何だろうか？

練習問題 7.1.4 それぞれ 100 ユーロを持っていてワールドカップサッカートーナメントの勝者に賭けるバートとリサについて考えてみよう。バートはブラジルとドイツのチームを含む 10 個の候補チームに自分のお金を等しく分割することに決めている。リサは自分のお金を 2 つのチームに分割し，60 ユーロをブラジルのチームに，40 ユーロをドイツのチームに賭ける。ここで，ブラジルとドイツのどちらかが 2010 年のワールドカップで優勝したことが判明したとすると，リサはバートよりも多くのお金を勝ち取る。このシナリオが周辺尤度の計算とどんな点で似ているのかを説明しよう。

練習問題 7.1.5 ホームズとワトソン[2] は比較的簡単なダーツのゲームをしている。このゲームは，それぞれのダーツでプレイヤーができるだけ多くの得点を取ろうとするものだ。1 ダーツの最高点は 60 点で，最低点は 0 点である（ダーツがボードの外に落ちたとき）。5 回投げた後，ホームズは |38, 10, 0, 0, 0| の得点，ワトソンは |20, 20, 20, 18, 16| の得点を取った。どちらが優れたプレイヤーであるかをどうやって決めたらよいだろうか？　別のダーツのゲームについても考えてみよう。今回は，一人のプレイヤーが 5 回ではなく 50 回以上投げたとしよう。複雑性にペナルティを与えるには最大化するのではなく平均することが肝心であるということをこのシナリオがどんなふうに明らかにしてくれるのかを説明しよう。

7.2　ベイズファクター

　周辺尤度は，ひとつのモデルの全体的な予測パフォーマンスの指標であるという意味で，絶対的な証拠の測度である。しかし，モデル選択では**相対的**な証拠，つまり，あるモデルと他のモデルの予測パフォーマンスの比較に特に関心がある。この比較を実現するには，単純に尤度を割ってベイズファクター（Bayes factor）という量，すなわち，

$$BF_{12} = \frac{p(D|\mathcal{M}_1)}{p(D|\mathcal{M}_2)} \tag{7.4}$$

を計算すればよい（Jeffreys, 1961; Kass & Raftery, 1995）。ここで，BF_{12} はデータが $\mathcal{M}_2$ よりも $\mathcal{M}_1$ を支持する程度を表しており，したがって，"仮説検定とモデル選択の問題に対する標準的なベイズ式の解"（Lweis & Raftery, 1997, p. 648）となる。たとえば，$BF_{12} = 5$ のとき $\mathcal{M}_1$ のもとで観測データが生じる見込みは $\mathcal{M}_2$ のもとで生じる見込みよりも 5 倍大きく，$BF_{12} = 0.2$ のときは $\mathcal{M}_2$ のもとで観測データが生じる見込みは $\mathcal{M}_1$ のもとで生じる見込みよりも 5 倍大きい[3]。

　ベイズファクターは賭け事でのオッズ比と同じく曖昧さのない連続的な尺度をとるが，ベ

★2　この例を示唆してくれたウォルフ・ヴァンペミールに感謝する。

★3　$BF_{12} = 1/BF_{21}$ であることに注意してほしい。

7.2　ベイズファクター　91

表 7.1 ベイズファクター BF_{12} の証拠のカテゴリー（Jeffreys, 1961）

ベイズファクターBF_{12}			解釈
	>	100	$\mathcal{M}_1$についての極めて強い証拠
30	–	100	$\mathcal{M}_1$についての非常に強い証拠
10	–	30	$\mathcal{M}_1$についての強い証拠
3	–	10	$\mathcal{M}_1$についての中程度の証拠
1	–	3	$\mathcal{M}_1$についての事例的な証拠
	1		証拠なし
1/3	–	1	$\mathcal{M}_2$についての事例的な証拠
1/10	–	1/3	$\mathcal{M}_2$についての中程度の証拠
1/30	–	1/10	$\mathcal{M}_2$についての強い証拠
1/100	–	1/30	$\mathcal{M}_2$についての非常に強い証拠
	<	1/100	$\mathcal{M}_2$についての極めて強い証拠

イズファクターの証拠の大きさを離散的カテゴリーに要約することが役に立つこともある。Jeffreys（1961, Appendix B）は，表 7.1 に示す分類スキーマを提唱した[★4]。このラベル群は科学的コミュニケーションを促進するが，証拠の種々の基準の近似的な記述的表現としてのみ受け取ってもらったほうがいい[★5]。

　説明のため，10 問中 9 問に正答するという二項分布の例についてもう一度考えてみよう。成績についての 2 つのモデルを検証したい。当て推量モデル（すなわち，$\mathcal{M}_1 : \theta = 0.5$）と非当て推量モデル（すなわち，$\mathcal{M}_2 : \theta \neq 0.5$）である。ベイズファクターを計算するには，"当て推量していない"ということばの意味するところをはっきりさせる必要がある。このことが θ についての事前分布を決めることに対応するからである。ここで，θ について一様分布を事前分布として用いることにして，$p(\theta \mid \mathcal{M}_2) \sim \mathrm{Uniform}(0, 1) = \mathrm{Beta}(1, 1)$ としよう[★6]。$\mathcal{M}_1$ と $\mathcal{M}_2$ の両方を指定し終えたらそれぞれの周辺尤度の計算に進むことができ，そのあとでこれらの比をとるとベイズファクターが得られる。

ボックス 7.2　ベイズ対フィッシャー

　"ベイズの手法は相対的なものである。ある事象が観測されることの帰無仮説に基づく確率と対立仮説に基づく確率を比較する。この点で，ベイズの手法はフィッシャーのアプローチとは大きく違う。フィッシャーのアプローチは，ひとつのことだけ，すなわち，帰無仮説しか考えないという意味で絶対的なものである。われわれのすべての不確実性判断は相対的なものであるはずだ。ここには絶対的なものはない。このことの目覚ましい例は裁判にみられる。被告人の有罪 G か無罪 I を審議する法廷で証拠 E が提出されたとき，単に G を仮定したときの E の確率を考えるのでは不十分である。I を想定したときの E の確率も

[★4]　われわれは "そのまま言及する以上の価値はない" というラベルを "事例的" に，"決定的" を "極めて強い" に，"相当な" を "中程度の" に差し替えた。

[★5]　ラベルが近似に過ぎないという事実はジェフリーズ自身によって適切に例証されている。彼は 5.33 というベイズファクターを "ギャンブラーの関心は引くが，科学論文では行きがかり上言及したという以上の価値があるとは言いづらいくらいのオッズ" と述べている（Jeffreys, 1961, pp. 245-257）。

[★6]　この分布が $\theta = 0.5$ という点を含むことは奇妙に思えるかもしれない。しかし，周辺尤度を計算するときには，$\int_a^a f(x)\,\mathrm{d}x = 0$ のように事前分布を積分することになるので，任意の点を含めることは結果に影響しない。

熟慮しなければならない。実際，この問題で意味のある量は2つの確率の比である。一般に，ある主張を支持する証拠が提出された場合，その主張が偽であった場合の証拠の適切性もあわせて考えなければならない。行動指針を熟慮するときに重要なのは，ある単独の行動指針のメリットやデメリットではなく，他の行動指針との比較だけだ。"(Lindley, 1993, p. 25)

$\mathcal{M}_1$ の周辺尤度は，単純に $\theta = 0.5$ の値を二項方程式にプラグインすることによって計算される。すなわち，$p(D \mid \mathcal{M}_1) = \binom{10}{9}\left(\frac{1}{2}\right)^{10}$ である。$\mathcal{M}_2$ の周辺尤度を計算するのはもっと難しい。上でみたように，周辺尤度は，7.3式によって，事前パラメータ空間に対して尤度を平均することで得られる。$p(\theta \mid \mathcal{M}_2) \sim \text{Beta}(1, 1)$ と仮定するとき，7.3式は $p(D \mid \mathcal{M}_2) = 1 / (n+1)$ に単純化される。したがって，二項分布の例では，$BF_{12} = \binom{10}{9}\left(\frac{1}{2}\right)^{10}(n+1) \approx 0.107$ である。このことは，データが $\mathcal{M}_1$ のもとでよりも $\mathcal{M}_2$ のもとで $1 / 0.107 \approx 9.3$ 倍ありえそうだということを意味している。

練習問題

練習問題 7.2.1 3つのモデル x, y, z があるとしよう。$BF_{xy} = 4$，$BF_{xz} = 3$ であることがわかっているとしたら，BF_{yz} はいくつか？

練習問題 7.2.2 $BF_{ab} = 1{,}000{,}000$ であるので，データは $\mathcal{M}_b$ のもとでよりも $\mathcal{M}_a$ のもとで100万倍起こりそうである。それでもなお $\mathcal{M}_a$ はデータについて不適切な，あるいは，誤った説明を与えるといえるという議論を，2通り考えてほしい。

7.3 事後モデル確率

ベイズファクターは，手元のデータに対する，あるモデルと他のモデルの予測パフォーマンスを比較する。しかし，相対的なモデルのよさを完全に評価するには，モデルがアプリオリにどのくらい適切なのかということも考える必要がある。たとえば，$\mathcal{M}_1$ は "ニュートリノは光の速さよりも速く移動できる" という仮説であり，$\mathcal{M}_2$ は "ニュートリノは光の速さより速く移動することはできない" という仮説であるとしよう。最初の仮説はどちらかといえばありそうにないものとして記述されてきた。メリーランド大学の物理学部長であるドリュー・バーデンは第一の仮説の適切さを空飛ぶじゅうたんが見つかることの適切さと比べた。そのような場合には，$\mathcal{M}_1$ を支持する非常に大きなベイズファクターであっても，$\mathcal{M}_1$ が $\mathcal{M}_2$ よりもありえそうだとわれわれに信じさせるには不十分だろう。

ゆえに，データを入手した後の2つのモデルの相対的な適切さの評価には，考えているデータに対するモデルの予測的パフォーマンスからの情報を，モデルのアプリオリな適切さと組み合わせる必要がある。形式的に表現すると，

$$\frac{p(\mathcal{M}_1 \mid D)}{p(\mathcal{M}_2 \mid D)} = \frac{p(D \mid \mathcal{M}_1)}{p(D \mid \mathcal{M}_2)}\frac{p(\mathcal{M}_1)}{p(\mathcal{M}_2)} \tag{7.5}$$

となる。あるいは，ことばに置き換えるなら，

$$事後オッズ = ベイズファクター \times 事前オッズ \qquad (7.6)$$

となる。この式は，ベイズファクターのもうひとつの解釈をもたらす。すなわち，データによってもたらされる，事前オッズ $p(\mathcal{M}_1) / p(\mathcal{M}_2)$ から事後オッズ $p(\mathcal{M}_1|D) / p(\mathcal{M}_2|D)$ への変化としての解釈である。事前オッズが1であるときは $\mathcal{M}_1$ と $\mathcal{M}_2$ はアプリオリに等しくありえそうなので，ベイズファクターは事後確率 $p(\mathcal{M}_1|D) = BF_{12} / (BF_{12}+1)$ に変換できる。このことは，たとえば，$BF_{12}=2$ は $p(\mathcal{M}_1|D) = 2/3$ に翻訳できることを意味している。

練習問題

練習問題 7.3.1　本書では，これまでに2つの質的に異なる種類の事前分布が登場している。それらが何であるかを簡単に述べてみよう。

練習問題 7.3.2　手術後生存率をジェンダー，年齢，体重，喫煙歴から予測するモデル $\mathcal{M}_1$ を考えてみよう。第二のモデル $\mathcal{M}_2$ はさらに2つの予測変数，すなわち，肥満度指数と健康状態を含んでいる。事後モデル確率を計算したところ，$p(\mathcal{M}_1|D) = .6$ であり，したがって $p(\mathcal{M}_2|D) = .4$ であることがわかった。ある患者ボブについて，$\mathcal{M}_1$ は生存率90%であると予測し，$\mathcal{M}_2$ は生存率80%であると予測している。ボブの生存率についてのあなたの予測はどうだろうか？

ボックス 7.3　尋常でない主張には尋常でない証拠が必要

　これは，おそらくのところ，今日の認知科学で最も過小評価されている格言である。スコットランドの哲学者デビッド・ヒューム（1711-1776）は極めて雄弁に述べている。"...どんな証言も奇跡を立証するのに十分ではない。立証しようとしている事柄が事実ではなく偽りであるというほうが奇跡でしかありえないといった類の証言でない限りは。その場合でさえ，こうした論証には相互に打ち消しあう性質があり，分のわるい論証を退けた後で，残るましなほうの論証がその力の度合いに応じた保証を与えるにすぎない"。実質的に最初のベイジアンであるピエール=シモン・ラプラス（1749-1827）は，同じ機微をより簡潔にまとめた。"尋常でない主張に対する証拠の重みはその奇妙さに即したものでなければならぬ"。アメリカの宇宙飛行士カール・セーガン（1934-1996）は，"尋常でない主張には尋常でない証拠が必要である" という的確な名言を残した。この格言は，事前オッズをベイズファクターと組み合わせて事後オッズを生み出すというベイズ式の計算に組み込まれている。認知科学の多くの研究では，ある仮説を支持したり反証したりするような，観測データがもたらす証拠にほとんど排他的に注意が集中している。しかし，強力な証拠であっても，不適切な主張を認めさせることはできないだろう。事前の適切さを "客観的に" 定量化することが難しいという事実は，事前の適切さを完全に無視することの言い訳にはならない。とはいえ，ほとんどのベイズ主義の統計学者は，ベイズファクターさえ手に入れば満足する。そうなれば，それぞれの研究者は自由にベイズファクターを自分の事前オッズにかけて，相対的なモデルの適切さの事後の推定値にたどり着くことができる。

7.4 ベイズのアプローチの利点

　ベイズ式の仮説検定（すなわち，ベイズファクターと事後モデル確率）は，自動的なオッカムの剃刀を実装するもので，2つ（かそれ以上）の候補モデルに対する相対的な支持や選好の度合いを表したり，モデル平均化した予測に使うことができる。ここで取り上げるベイズ式の仮説検定のさらなる2つの利点は，認知科学にとって特に重要なものである。

　第一に，ベイズファクターは帰無仮説を支持する証拠を得るために使うことができる。理論やモデルはたびたび“効果がない”ことを予測するため，そうした予測を支持する証拠を定量化できることは重要である（e.g., Gallistel, 2009; Rouder, Speckman, Sun, Morey, & Iverson, 2009）。たとえば，視覚的単語認識の分野において，エントリーオープニング理論（Forster, Mohan, & Hector, 2003）は，語彙表象をもたない項目にはマスクプライミングがみられないことを予測する。文献からのもうひとつの例は，Bowers, Vigliocco, & Haan（1998）による研究に関するものである。彼らはプライミングは抽象的な文字アイデンティティに依存するという仮説を唱えた——そのため，小文字と大文字で見かけが同じ語でも（たとえば，kiss/KISS），見かけが違う語でも（たとえば，edge/EDGE），プライミングは同じくらいに効果的なはずである。最後の例は再認記憶の分野からのもので，Dennis & Humphreys のエピソード記憶のバインド手がかり決定モデル（Bind Cue Decide model of episodic MEMory, BCDMEM）は，リスト長効果がみられないこととリスト強度効果がみられないことを予測する（Dennis & Humphreys, 2001）。p 値を使った仮説検定とは違って，ベイズ統計学は帰無仮説に特別な地位を割り当てない。このことは，ベイズファクターを使えば，他のあらゆる仮説と同じように帰無仮説を支持する証拠を定量化できることを意味している。

　ベイズファクターの第二の利点は，データが入ってくるたびに証拠の大きさをモニターできることである（Berger & Berry, 1988）。ベイズ式の仮説検定では，“データ収集をいつやめるかを決めるルールはデータの解釈とは無関係だ。ある論点が証明されたり反証されたりするまで，あるいは，データ収集者が時間，金，忍耐力を使い果たすまでデータを集めることは完全に適切である”（Edwards et al., 1963, p. 193）。このことは，証拠（すなわち，ベイズファクター）が決定的でない場合，研究者は自由にデータ収集を続けられることを意味する。同様に，収集途中の証拠が十分に納得のいくものであればただちにデータ収集をやめることも自由である。この“最適停止”の自由は，p 値を使って仮説を検定する研究者には与えられない（Wagenmakers, 2007）。

ボックス 7.4　p 値に伴う問題

　本書はベイズの本であって，p 値の欠点に焦点があるわけではない。だが，p 値は誤解されやすく，帰無仮説を支持する証拠を定量化できず，研究者がデータを集める際に抱いていた（おそらくは未知の）意図に依存し，帰無仮説のもとで予測されることのみに注目し，したがって，対立仮説のもとで予測されること一切を無視するものだと指摘しておこう。学術的な詳細については，Berger & Wolpert（1988），Deniss et al.（2008），Dienes（2011），

Edwards et al. (1963), Lindley (1993), Sellke et al. (2001), Wagenmakers (2007), Wagenmakers et al. (2008) を参照してほしい。スローガンとしては、われわれは以下のものが好きだ。

"最も重要な結論は、'正確な'仮説を検定するには p 値を直接的には使うべきではないということである。なぜなら p 値は非常にたやすく誤解されるからだ。授業における標準的なアプローチ——誤解に対する警戒を促しながら p 値の形式的定義を強調する——は、ただただ底なしの失敗であった。"(Sellke et al., 2001, p. 71)

"ベイズの手続きは帰無仮説への支持を弱めるだけでなく強めることもできるのに対して、古典的理論は奇妙にも非対称的である。帰無仮説が古典的に棄却されたなら対立仮説が快く迎えられるが、帰無仮説が棄却されなかったならば宙ぶらりんの疑惑というある種の地獄に留まることになる。"(Edwards et al., 1963, p. 235)

"ゆえに、Pの使用が意味するところによれば、真であるかもしれない仮説も、起こらなかった観察可能な結果を予測しなかったとして棄却されうるからである。これは驚くべき手続きだと思う。"(Jeffreys, 1961, p 385)

7.5 ベイズのアプローチにとっての難問

ベイズ式の仮説検定には2つの大きな難問がつきものである。ひとつは概念的なもの、ひとつは計算論的なものである。概念的な難問が生じるのは、ベイズ式の仮説検定はモデルパラメータの事前分布に敏感だからである(e.g., Bartlett, 1957; Liu & Aitkin, 2008; Vanpaemel, 2010)。このようになるのは、周辺尤度が事前分布についてとった平均だからである。たとえば、既知の分散をもつガウス分布の平均 μ についての検定を考えてみよう。帰無仮説 $\mathcal{H}_0$ は μ が0であると主張する。対立仮説 $\mathcal{H}_1$ の特定には、μ に事前分布を割り当てることが必要である。言い換えると、$p(\mu \mid \mathcal{H}_1)$、すなわち、$\mathcal{H}_1$ のもとでの μ についてのわれわれの不確実性を定量化する必要がある。ひとつの魅力的な選択肢は、μ のある値を他の値ほどには支持しないということを表す、μ についての"無情報的"な事前分布を用いることである。たとえば、平均0と分散10,000のガウス分布を使うことができる。この無情報事前分布によるアプローチは、パラメータ推定のために優れた働きをすることが多い。しかし、周辺尤度の観点からすると、精度の低い事前分布の使用は、事実上、ほぼどんな観測結果でも予測するモデルを作り出す。そのような極端な仮説を比較の俎上に乗せるとき、ベイズファクターは、たとえデータが $\mathcal{H}_0$ と整合的でないように見えるときでさえも、$\mathcal{H}_0$ への支持を示しやすくなる。

問題はベイズ式の仮説検定が事前分布に敏感であるということではない。この特性は、単に、ベイズ式の仮説検定の負債ではなく資産である、自動的なオッカムの剃刀の働きを反映したものにすぎない。事前分布はモデル指定の一部であり、精度の低い事前分布は複雑なモデルに対応する[7]。そうではなく、問題は、研究者がときに自分の事前知識や関連する利用

★7 余談ではあるが、事前分布に敏感でないモデル選択法は、順序制約つきの推論を扱うことも難しい。複雑な方のモデルはパラメータ θ_1 と θ_2 を自由に変化できるようにして、単純な方のモデルには $\theta_1 > \theta_2$ といった順序制約を与えたときなどがこれに当たる(e.g., Hoijtink, Klugkist, & Boelen, 2008)。

可能な事前情報のあいまいさについてあいまいな考えしかもたないことにある。事前分布のあいまいさが多かれ少なかれ恣意的であるときには，ベイズ式の仮説検定の結果も恣意的になる。

　ベイズ式の仮説検定による結果が単に事前分布の恣意的な精度を反映したものではないことを保証するための，複数の手続きが提案されている。第一に，事前分布の**主観的**（*subjective*）な設定のためにより多くの努力を注ぐことができる（e.g., Dienes, 2011）。このことは，研究者が手元の問題についての実質科学的知識の事前確率分布への翻訳に挑戦することを意味する。そのような知識は，専門家から事前の信念を引き出す（elicit）ことや同様の問題に関する先行研究の文献に当たることによって得られる。残念ながら，事前分布に符号化された実質科学的知識は他の問題にはあまり一般化されないので，結果として，新しい問題ごとに独自の事前分布を引き出す過程が必要となる。ほとんどの研究者は，主観的アプローチを決定づけるような，細心の問題特定的な引き出しステップを実行するだけのノウハウもエネルギーもない。加えて，一部のモデリング問題は非常に大きく複雑なので，事前分布の慎重な主観的指定を受け付けない。

ボックス 7.5　事前分布についての混乱

　ベイズ式の仮説検定を論じる際の根強い混乱には，恣意的で"事前分布"の影響が重大であるという思い込みが関わっている。たとえば，ある研究者が実験を行い，大きな箱を置いても人はより創造的にならないことを見出したとしよう（箱があるとおそらく人は"箱の外を考える（think outside the box；訳注："創意工夫する"という意味の成句）"ように促されるとしても）。データが提供する $\mathcal{H}_0$ を支持する証拠を定量化するため，この研究者はたとえば，$BF_{01} = 15.5$ といったベイズファクターを提示する。ここで，別の研究者がベイズの結果は $\mathcal{H}_1$ に割り当てられた事前確率に依存すると反論するかもしれない。明らかに，あるいは，その主張通りに，あなたが $\mathcal{H}_1$ について懐疑的なときにはあなたは $\mathcal{H}_1$ に低い事前の適切性を割り当てるので，ベイズ式の検定の最終的な結果は単純に当初のバイアスを再確認するものとなる。この議論は誤りであり，ベイズファクターが何を測っているのかについての誤解を露わにしている。7.4 式と 7.5 式から明らかなように，ベイズファクターはモデルについての事前確率に関係し**ない**。ある研究者は大きな箱仮説がばかげていると信じており，別の研究者はそれはまったく適切だと信じているかもしれないが，モデルの適切性についてのこうした異なる事前の意見はベイズファクターに影響しない。しかし，ベイズファクターに影響を及ぼす別の種類の事前分布が存在する。これはモデルについての事前分布ではなく，関連するパラメータについての事前分布である。この事前分布は，$\mathcal{H}_1$ が真である場合の効果の大きさについてのわれわれの不確実性を反映する。この事前分布を設定するためには，デフォルトの指定や主観的指定を使うことができ，また感度分析を行うことができる。モデルについての事前分布とモデルのパラメータについての事前分布の違いを理解することが重要である。

　第二に，形式的規則と必須要件を使うことで，さまざまな異なる研究の文脈を通して合理的な結果をもたらすような事前分布の設定を試すことができる（Kass & Wasserman, 1996）。そうした事前分布が**客観的**（*objective*）であると呼ばれるのは，それが検討中の研

究トピック特有の情報に依存しないからである。たとえば，単位情報事前分布，つまり，一回の観測と同じだけの情報を含む事前分布を使うことができる[8]。同様の客観的事前分布は，Jeffreys（1961），Zellner & Siow（1980），Liang, Paulo, Molina, Clyde, & Berger（2008）ほかの研究者らによって開発されている。そのような客観的仮説検定からの結果は決定的なものではないかもしれないが，これらの検定はそれでも優れた参考になる分析として機能するし，必要であれば，問題特有の情報を含めることによってあとから洗練させることができる。

ボックス 7.6　事前の感度

"複数の合理的な事前分布がかなり違った答えを生み出すとき，ひとつの答えがあると主張することは正当だろうか？　科学的な不確実性が存在し，結論は事前の信念に依存すると認めることはよくないことなのだろうか？"（Berger, 1985, p. 125）

第三に，局所的ベイズファクター（local Bayes factor; A. F. M. Smith & Spiegelhalter, 1980），内在的ベイズファクター（intrinsic Bayes factor; Berger & Mortera, 1999; Berger & Pericchi, 1996），分数べきベイズファクター（fractional Bayes factor; O'Hagan, 1995），偏ベイズファクター（partial Bayes factor; O'Hagan, 1995）などの高度な手続きを使うことができる。Gill（2002, 7章）がこの種の方法のまとめを与えてくれる。偏ベイズファクターのアイデアは，データの小さな一部を犠牲にして，人が思い描く様々な事前分布に比較的に敏感でない事後分布を得るというものである。この場合，ベイズファクターはこの事後分布について（オリジナルの事前分布ではなく）尤度を積分することによって計算される。こうした方法はいまなお発展を続けており，さらに研究していく価値がある。

第四に，感度分析によって，結果の事前分布の幅に対する依存性を明示的に検討できる。こうした分析では，事前分布の幅を（適切な範囲にわたって）変え，対応するベイズファクターの変動を調べる。これらの変動が結論に意味のある量的な差をもたらすときはつねに，データの解釈は事前の信念に強く依存すること，考えうるさまざまな事前の信念に対して頑健な推論を行うにはさらなるデータを集める必要がありそうなことを認識しなくてはならない。

ベイズ式の仮説検定にとっての計算上の難点は，周辺尤度とベイズファクターを計算するのが極めて難しい場合が少なくないことである。先に，二項比率パラメータ θ に対する一様分布を使って——$p(\theta \mid \mathcal{M}_1) \sim \text{Beta}(1, 1)$——周辺尤度を $\int p(D \mid \theta, \mathcal{M}_1) p(\theta \mid \mathcal{M}_1) \mathrm{d}\theta$ から $1/(1+n)$ に単純化するのを見た[9]。しかし，少数の単純なモデルを除くと，こうした単純化は不可能である。より複雑なモデルで周辺尤度やベイズファクターを計算できるようにするため，様々な計算手法が開発されている。最近の総説は 15 もの違った手法を挙げている（Gamerman & Lopes, 2006, 7章）。

たとえば，ある手法は**候補の公式**（Besag, 1989）や**基本周辺尤度恒等式**（Chib, 1995;

---

[8]　この仮定はよく知られているベイズ情報量規準（BIC；Scharz, 1978）の基礎にもなっている。Masson（2011）は，ANOVA などの統計的問題について BIC を用いる方法に関するチュートリアルを提供している。
[9]　このことは，図3.9 の下パネルの事前予測分布を詳しく見ると直感的にわかる。

Chib & Jeliazkov, 2001）を使って周辺尤度を計算する。単純に，7.1 式の事後分布と周辺尤度の役割を入れ替えると，

$$p(D \mid \mathcal{M}_1) = \frac{p(D \mid \theta, \mathcal{M}_1)p(\theta \mid \mathcal{M}_1)}{p(\theta \mid D, \mathcal{M}_1)} \tag{7.7}$$

が得られ，これは θ の任意の値について成り立つ。事後分布を解析的に求めることができるときには，θ にひとつの値をプラグインしさえすれば周辺尤度が即座に得られる。しかし，この方法は，ギブスサンプラー（Chib, 1995）やメトロポリス–ヘイスティングスアルゴリズム（Ghib & Jeliazkov, 2001）といった MCMC の出力を通してのみ事後分布を利用できるときにも応用できる。

　周辺尤度を計算するもうひとつの手法は，パラメータ値を事前分布からくりかえしサンプリングし，対応する尤度を計算して，その尤度の平均をとる方法である。事後分布が事前分布に比べて高いピークをもつときには——多数のデータがあるときや中程度の大きさのパラメータ空間のときなど——これに伴う計算の複雑さの増加に対処するため，より効率的なサンプリング方法を採用する必要がある。

　最後に，構成要素となる周辺尤度を計算することなく，ベイズファクターを直接計算することもできる。基本的なアイデアは，パラメータ推定のための MCMC サンプリングルーチンを一般化して"モデル指示"変数を組み込むというものである。2 つの競合するモデルの場合，モデル指示変数 z は 2 つの値だけをとりうる。たとえば，サンプラーがモデル $\mathcal{M}_1$ にいるときには $z=1$ をとり，モデル $\mathcal{M}_2$ にいるときには $z=2$ をとることができる。このとき，ベイズファクターは $z=1$ のときと $z=2$ のときの相対頻度によって推定される。こうしたモデル選択に対する MCMC アプローチは，超次元（transdimensional）MCMC と呼ばれる（e.g., Sisson, 2005）。これは，可逆跳躍（reversible jump）MCMC（P. J. Green, 1995）と積空間法（product space technique；Carlin & Chib, 1995；Lodewyckx et al., 2011；Scheibehenne, Rieskamp, & Wagenmakers, 2013）の両方を包含するアプローチである[10]。

　これらの計算機的手法のほぼすべては，基盤となるモデルが複雑になるほど効率が低くなり，実装も難しくなるという事実に悩まされている。次は，実装が極めて直接的な別の手法を取り上げよう。その手法の主な限界は，ネストした（nested）モデルにしか適用されないことである。これは p 値にも当てはまる限界である。

7.6　サベージ＝ディッキー法

　最も単純な古典的仮説検定の枠組みでは，2 つのモデルを考える。ひとつは，パラメータのひとつを本質的な関心のある事前に設定した値に固定する帰無仮説，$H_0 : \phi = \phi_0$ である。もうひとつは，パラメータが自由に変動できる対立仮説，$\mathcal{H}_1 : \phi \neq \phi_0$ である。ゆえに，帰無仮説は対立仮説にネストしている。つまり $\mathcal{H}_0$ は，$\mathcal{H}_1$ において ϕ が ϕ_0 と等しいと設定する

---

[10]　WinBUGS や JAGS での超次元 MCMC 法の適用のしかたを学びたい方には Lodewyckx et al. の論文と付随ソフトウェアをお勧めする。本書では，サベージ＝ディッキー法に焦点を当てる。こちらのほうが理解と実装が簡単だからである。

ことで得ることができる。古典的枠組みでは，$\mathcal{H}_0$ は一般に尖った帰無仮説，すなわち，"点帰無"（point null）仮説であることに注意してほしい。つまり，帰無仮説は ϕ が厳密に ϕ_0 と等しいことを主張する。

たとえば，二項分布の例では，10問中9問に正答した。当て推量はなされていたのだろうか，なされていなかったのだろうか？ ベイズ主義と頻度主義の枠組みのどちらも，偶然の成績を表す帰無仮説を $\mathcal{H}_0 : \theta = 0.5$ と定義する。$\mathcal{H}_0$ がネストしている対立仮説は，$\mathcal{H}_1 : \theta \ne 0.5$，あるいは，さらに具体的に，$\mathcal{H}_1 : \theta \sim \mathrm{Beta}(1, 1)$ と定義できる。後者の式は，θ が0から1の間を自由にばらつくこと，そして，図7.1に示すような一様事前分布をとることを述べている。

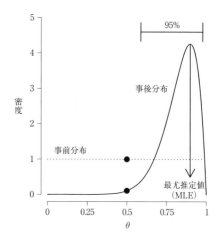

図 7.1 9個の正反応と1個の誤反応を観察した後での二項比率パラメータ θ の事前分布と事後分布。θ の事後分布の最頻値は0.9であり，最尤推定値に等しい。95%ベイズ信用区間は0.59から0.98である。$\theta = 0.5$ のときの分布の高さを黒の点で示している。これらの高さの比率は $H_0 : \theta = 0.5$ vs. $H_1 : \theta \sim \mathrm{Beta}(1, 1)$ についての証拠を表現する。

二項分布の例では，$\mathcal{H}_0$ と $\mathcal{H}_1$ のベイズファクターは，モデルパラメータ θ を解析的に積分消去することによって得られる。しかし，ベイズファクターは，$\mathcal{H}_1$ だけを考え，関心のある点における θ の事後分布の高さを θ の事前分布の高さで割ることによっても同じく得ることができる。この驚くべき結果をはじめて公刊したのは Dickey & Lientz（1970）である。彼らはこの結果をレオナルド・J・"ジミー"・サベージによるものだとしている。この結果はいまでは一般に**サベージ＝ディッキーの密度比**として知られている（e.g., Dickey, 1971）。拡張と一般化については，Chen（2005），Verdinelli & Wasserman（1995），Wetzels, Grasman, & Wagenmakers（2010）を参照されたい。数学的には，サベージ＝ディッキーの密度比は，

$$BF_{01} = \frac{p(D \mid \mathcal{H}_0)}{p(D \mid \mathcal{H}_1)} = \frac{p(\theta = 0.5 \mid D, \mathcal{H}_1)}{p(\theta = 0.5 \mid \mathcal{H}_1)} \tag{7.8}$$

である。直接的な数学的証明は，O'Hagan & Forster（2004, pp. 174-177）に提示されている。

図7.1では，$\theta = 0.5$ のところにある2つの黒丸が必要な情報を与えてくれる。図から明らかなように，10問中9問の正反応を観測した後では，0.5における密度の高さは低くなるので，このデータは帰無仮説に疑問を呈しており，対立仮説が支持されることが期待される。具体的には，$\theta = 0.5$ における事前分布の高さは1に等しく，$\theta = 0.5$ における事後分布の高さは0.107に等しい。7.8式から，対応するベイズファクターは $BF_{01} = 0.107 / 1 = 0.107$ であり，これは θ を積分消去して計算されるベイズファクターと正確に一致する。

事後分布の高さを閉じた形式で利用できないときにも同じ手続きが使えることは明らかである。ただし，この場合は高さを MCMC サンプルのヒストグラムから推定しなければならない。図7.2は，MCMC 出力から得られた事前分布と事後分布の密度の推定値を示している（Stone, Hansen, Kooperberg, & Truong, 1997）。推定された事前分布と事後分布の $\theta = 0.5$ における高さはそれぞれ1と0.107に等しい。

ほとんどのネストしたモデル比較では，$\mathcal{H}_0$ と $\mathcal{H}_1$ は複数の自由なパラメータを共通してもつ。これらのパラメータはふつう直接的に関心のあるものではなく，仮説検定の焦点ではない。そのため，これらの共通パラメータは**局外パラメータ** (*nuisance parameter*) として知られている。たとえば，あるガウス分布の平均が 0 か否かを検定したいとする場合——$\mathcal{H}_0 : \mu = \mu_0$ vs. $\mathcal{H}_1 : \mu \neq \mu_0$——，分散 σ^2 はどちらのモデルにも共通しているが，直接の関心の対象ではない。

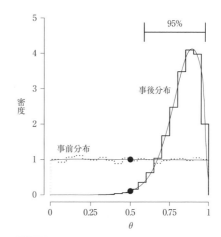

図 7.2 9 個の正反応と 1 個の誤反応を観察した後での二項比率パラメータ θ の MCMC ベースの事前分布と事後分布。細い実線はノンパラメトリックな密度推定量の適合度を示している。この密度推定量に基づくと，θ の事後分布の最頻値は約 0.89 であり，95％ベイズ信用区間は 0.59 から 0.98 である。これは図 7.1 からの解析的結果ともかなり近い。

一般的に述べると，ネストしたモデルの枠組みはパラメータベクトル $\boldsymbol{\theta} = (\phi, \psi)$ によって特徴づけられる。ここで，ϕ は検定の対象となる本質的な関心のあるパラメータを表し，ψ は局外パラメータ群を表す。帰無仮説 $\mathcal{H}_0$ は ϕ がある特殊な値に $\phi = \phi_0$ と制約されることを主張する。対立仮説 $\mathcal{H}_1$ は φ が自由に変動することを仮定する。ここで，$\mathcal{H}_1$ について考え，$\phi \to \phi_0$ としよう。このことは，実質的に $\mathcal{H}_1$ が $\mathcal{H}_0$ に還元されることを意味するので，$p(\psi \mid \phi \to \phi_0, \mathcal{H}_1) = p(\psi \mid \mathcal{H}_0)$ と仮定することが理に適っている。言い換えると，$\phi \to \phi_0$ のとき，$\mathcal{H}_1$ のもとでの局外パラメータの事前分布は H_0 のもとでの局外パラメータの事前分布に等しくなければならない。この条件が当てはまるとき，局外パラメータは無視することができ，したがってここでも，

$$BF_{01} = \frac{p(D \mid \mathcal{H}_0)}{p(D \mid \mathcal{H}_1)} = \frac{p(\phi = \phi_0 \mid D, \mathcal{H}_1)}{p(\phi = \phi_0 \mid \mathcal{H}_1)} \tag{7.9}$$

となる。これは，ϕ_0 における ϕ についての事後分布と事前分布の高さの比に等しい。このように，サベージ＝ディッキー密度比は比較的に一般的な条件のもとで成り立つ。次の章では，具体例を使って，認知科学者がサベージ＝ディッキー密度比検定を彼らに好都合なようにどのように使えるのかを示そう。

練習問題

練習問題 7.6.1 ベイズファクターは，モデルパラメータについての事前分布の幅に比較的敏感である。7.9 式を使って，なぜそのようになるのかを説明してみよう。

練習問題 7.6.2 ベイズファクターは事前分布の幅に比較的敏感だが，これが言えるのは，検討しているモデル間で異なるパラメータについてだけである。7.9 式を使って，なぜそのようになるのかを説明してみよう。

練習問題 7.6.3 サベージ＝ディッキー法の主な利点は何だろうか？

7.7 免責事項と要約

　本章で扱った内容はいまなお議論の俎上にあるものである。ベイズ統計学の複数の専門家がベイズファクターの使用に否定的な忠告をし，代わりに事後分布の評価に基づく方法を勧めている。そして実際，ベイズファクターは慎重に使用すべきである。ベイズファクターの解釈は比較しているモデルの適切さに依拠するからである。たとえば，ある効果がまったく存在しないと仮定することはそもそも適切だろうか？　言い換えると，帰無仮説 $\mathcal{H}_0$ が厳密に真であるといったことがありうるのか？　そのような点帰無仮説が近似としてでも真でありうると信じないのであれば，$\mathcal{H}_0$ と $\mathcal{H}_1$ の比較そのものが無意味になるだろう（ただし，Berger & Delampady, 1987 を参照）。われわれが信じるところによると，少なくとも実験研究については，点帰無仮説が厳密に真であることも少なくないだろう。ホメオパシーはがんを治療せず，人は未来を見通せないし，大きな箱の隣に立つとより創造的になるというのは疑わしい（ただし，Leung et al., 2012 を参照）。

　ベイズファクターに反対する最も目につく議論は，ベイズファクターが事前分布の設定に大きく依存するというものである。この議論は正しいが，モデルの設定が事前分布の設定とは別のものであることを前提としているようである。モデル選択に関するベイズファクターの視点は，モデルを比較するにはモデルを完全に指定する必要があるというものであり，これにはパラメータの数，その事前分布，そしてその関数形が含まれる。これらの属性のすべてがモデルの基本的特徴，すなわち，予測を生み出す能力を共同で決定づける。データがあるモデルを支持あるいは反証する証拠を適切に評価できるのは，そのモデルが他のあらゆる種類のデータによく合致してしまう能力を割り引いて考えられるときだけである。

　まとめると，ベイズファクターは慎重に使うべきものであり，他の手法や感度分析と組み合わせて用いるのが好ましい。とはいえ，ベイズファクターは否定しがたいいくつもの利点をもっている。その一部はすでに論じたし，他の利点も後の章で明らかになってくるだろう。一般的な利点のひとつは，ベイズファクターは認知科学者が関心をもつ，"私のデータが $\mathcal{H}_0$ よりも $\mathcal{H}_1$ を支持する程度はどれくらいだろうか？"という，根本的な問題に直接的に取り組むものであるということである。もうひとつの利点は，ベイズファクターは確率理論の基本的教義から導かれたものだということである。このことはベイズファクターにあらゆる種類の好ましい属性を授けるだけでなく——一致性，推移律，最適停止に対する耐性を含む——，他の手法がこれらの基礎的教義を必然的に乱すものであることも意味する。結果として，他の手法はある状況では優れた働きをするかもしれないが，これらの手法がうまくいかずベイズファクターはうまくいく状況を見出すことはつねに可能である。

　モデル選択と仮説検定は難しいトピックであり，関係する概念をつかむには少し時間がかかるかもしれない。次の章は，実践でのベイズ式のモデル選択を示す具体例を紹介する。本章からは，以下のキーポイントを理解することが重要である。

● 複雑なモデルは多くの予測を行うモデルである。このようになるのは，複雑なモデルは多くのパラメータをもつため，比較的に正確でなく広い範囲に散らばる事前のパラメー

タ分布をもつため，あるいは，込み入った関数形を取るパラメータをもつためである。複雑なモデルは反証することが難しい。

● ベイズファクターは不必要な複雑性についてモデルにペナルティを与えるので，プトレマイオスの倹約の原則を実装することになる。

● ベイズファクターは，あるモデルの予測的適切性を他のモデルのそれと競わせる際の証拠の相対的な測度を提供する。

● ベイズファクターは，事前分布の慎重な選択を必要とする。事前分布の選択はモデル指定の不可欠の部分だからである。

● 尋常でない主張には尋常でない証拠が必要である。

練習問題

練習問題 7.7.1　あなたの研究のサブフィールドの実証研究の文献を開いてみよう。帰無仮説は適切だろうか？　つまり，それらは厳密に真であるといえるものだろうか？

第八章

ガウス分布の平均の比較

Comparing
Gaussian means

ルード・ウェツォルズと共同執筆

　人気のある理論をひっくり返すことは難しい。以下の仮想的な一連の出来事について考えてみよう。まず，ジョン博士が季節性記憶モデル（Seasonal Memory Model, SMM）を提唱する。このモデルは直感的に魅力的だし，すぐに人気を博した。しかし，スミス博士は納得できないでいたので，SMM の予測のひとつを検証にかけることに決めた。具体的には，SMM はグルコースによる再生成績の増加は冬よりも夏に顕著であると予測する。スミス博士は被験者内デザインを用いて，これについての実験を行い，逆の結果を見出した。表 8.1 の仮想データが示すように，再生成績の増加は冬よりも夏に**小さかった**。ただし，この差は有意ではなかった。$n = 41$ で t 値が 0.79 であり，対応する両側 p 値は 0.44 になる。

　明らかに，スミス博士のデータは，グルコースによる成績増加は冬よりも夏に大きいという SMM の予測を支持しない。代わりに，このデータは帰無仮説が適切であること，夏と冬の差は明白ではないことを示唆しているようにみえる。スミス博士は自分の知見を『実験心理学雑誌：学習，記憶，季節（*Journal of Experimental Psychology: Learning, Memory, and the Seasons*）』に投稿した。3 カ月後，スミス博士は審査結果を受け取った。必然的に査読のひとつはジョン博士からのものとなり，以下のようなコメントが含まれていた。

　　帰無結果からは差がないと結論することはできず，単に帰無仮説を棄却できなかったとしかいえない。十分なデータがあれば帰無仮説を支持する議論をすることはできるという人もいるが，ほとんどの人は，すべての懸案事項について統制した多数の実験を経て集められた，相当のデータを前にしたときのみこれが適切であると考える。これらの条件は今回は満たされていない。したがって，今回の実験による貢献は，読者が確信をもって結論を下せるようにするほどのものではなく，極めて弱いものである。

　形式上，ジョン博士の最初の発言はまったく正しい。p 値は帰無仮説に対する支持を定量化するのには使えないからである。0.44 という p 値は，データが $\mathcal{H}_0$ を支持することを表すのかもしれないし，データが少なすぎて $\mathcal{H}_0$ を棄却できないことを表すのかもしれない。本章では，どうしたらこのあいまいさを克服できるのか，どうしたらスミス博士と他の研究者

表 8.1　夏と冬の再生成績のグルコース由来の増加

季節	N	平均	SD
冬	41	0.11	0.15
夏	41	0.07	0.23

はベイズファクターを使ってH_0を支持する証拠を定量化できるのかを明らかにする。第七章で説明したように，ベイズファクターは，データがもたらした事前モデルオッズから事後モデルオッズへの変化を測る。このことは，p値とは対照的に，ベイズファクターが$\mathcal{H}_0$を支持する証拠も$\mathcal{H}_1$を支持する証拠も定量化できることを意味している。

以下の節では，一般的なt検定の文脈におけるベイズファクターの特性を取り上げる (Rouder et al., 2009)。$\mathcal{H}_0$と$\mathcal{H}_1$を設定する方法，そして，サベージ=ディッキー密度比を使ってベイズファクターを計算する方法を示す[1]。これにより，ジョン博士とスミス博士の論争のキーポイントを論じることができるようになる。何はともあれ，観測されたデータは，季節性記憶モデルからの予測とどれだけ矛盾するものなのだろうか？

8.1 一標本比較

一標本t検定を使うとき，われわれはデータが未知の平均μと未知の分散σ^2をもつガウス分布にしたがうことを仮定している。このことは，被験者内実験デザイン（スミス博士の行った実験など）では自然な仮定である。データは標準化差得点（すなわち，"冬得点−夏得点"）の一標本からなる。帰無仮説は差得点の平均が0に等しいことを主張する。つまり，$\mathcal{H}_0 : \mu = 0$である。対立仮説は平均が0とは等しくはないことを主張する。つまり，$\mathcal{H}_1 : \mu \neq 0$である。

Rouder et al. (2009) にしたがい，効果量δについてCauchy$(0, 1)$事前分布を使うことにしよう。平均ではなく，効果量について事前分布を決めることの利点は，極めて一般性が高いことにある。多くの実験，従属変数，測定尺度を通して同じ事前分布を使うことができる。今回の事前分布に使うコーシー分布は，自由度1のt分布であり，ガウス分布の裾が重くなったものに似ている。コーシー分布を選ぶことには理論的な理由もあり，詳細はJeffreys (1961), Liang et al. (2008), Zellner & Siow (1980) をみてほしい。標準偏差については，半コーシー分布を使うので，$\sigma \sim$ Cauchy$(0, 1)_{\mathcal{I}(0, \infty)}$である。これは正の数についてのみ定義されたCauchy$(0, 1)$分布である (Gelman & Hill, 2007)。

平均の一標本比較についてのグラフィカルモデルを図8.1に示した。グラフィカルモデルでは，xは平均μと分散σ^2をもつガウス分布にしたがう観測データを表す。効果量δは$\delta = \mu/\sigma$と定義するので，μは$\mu = \delta\sigma$によって与えられる。帰無仮説は，δについてのすべての事前の質量を単一の点に置くものである。つまり，$\mathcal{H}_0 : \delta = 0$である。これに対し，対立仮説は$\mathcal{H}_1 : \delta \sim$ Cauchy$(0, 1)$と，δがコーシー分布にしたがうことを仮定する。

スクリプト`OneSample.txt`は，このグラフィカルモデルをWinBUGSに実装する。

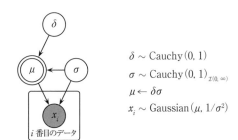

図8.1 平均の一標本被験者内比較のためのグラフィカルモデル。

---

[1] ルード・ウェツォルズのウェブサイト (www.ruudwetzels.com) とジェフ・ラウダーのウェブサイト (pcl.missouri.edu) でさらなる情報を得ることができる。

```
# 平均の一標本比較
model{
        # データ
        for (i in 1:ndata){
                x[i] ~ dnorm(mu, lambda)
        }
        mu <- delta*sigma
        lambda <- pow(sigma, -2)
        # デルタとシグマは（半）コーシー分布から得る
        lambdadelta ~ dchisqr(1)
        delta ~ dnorm(0, lambdadelta)
        lambdasigma ~ dchisqr(1)
        sigmatmp ~ dnorm(0, lambdasigma)
        sigma <- abs(sigmatmp)
        # デルタの事前分布からサンプリング
        deltaprior ~ dnorm(0, lambdadeltaprior)
        lambdadeltaprior ~ dchisqr(1)
}
```

コーシー分布は WinBUGS では直接には利用できないことに注意してほしい。これには，$\delta \sim \text{Gaussian}(0, \lambda_\delta)$ とし，精度 λ_δ に自由度 1 のカイ二乗分布 $\lambda_\delta \sim \chi^2(1)$ を設定することで対処できる。この二段階の割り当て手続きは $\delta \sim \text{Cauchy}(0, 1)$ に一致する。WinBUGS スクリプトは効果量 δ の事後サンプルに加えて事前サンプルも生成することにも注目してほしい。

コード OneSample.m または OneSample.R はこのモデルを表 8.1 のデータに適用し，δ の事前分布と事後分布をプロットし，δ の事後サンプルにサベージ＝ディッキー密度比検定を適用して，$\mathcal{H}_0 : \delta = 0$ vs. $\mathcal{H}_1 : \delta \sim \text{Cauchy}(0, 1)$ についてのベイズファクターを計算する。

図 8.2 に結果を示す。事後分布はほぼ 0 のところにピークがあり，負ではなく正の効果量にわずかに多くの密度が与えられている。クリティカルな点 $\delta = 0$ は，事前分布のときに比べて，事後分布では約 5 倍ほどより確からしい。このことは，ベイズファクターがおよそ 5 : 1 で帰無仮説 $\mathcal{H}_0$ を支持することを意味する。

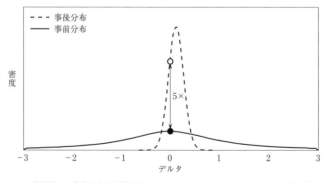

図 8.2　夏と冬のデータの効果量 δ の事前分布と事後分布。マーカーは，サベージ＝ディッキー法を使って $\mathcal{H}_0 : \delta = 0$ と $\mathcal{H}_1 : \delta \sim \text{Cauchy}(0, 1)$ の間のベイズファクターを推定するのに必要な $\delta = 0$ のときの事前分布と事後分布の高さを示している。

> **練習問題**

練習問題 8.1.1 ここでは，標準偏差 sigma について半コーシー事前分布を仮定した。他にも合理的な選択肢はありうる。いくつか考えてみてほしい。

練習問題 8.1.2 sigma についての他の事前分布は相当に違った結論を導くと思うだろうか？ なぜそうなるのか，あるいはなぜそうならないのか？ 他の事前分布を実装し結果を検討することであなた自身を納得させてほしい。

練習問題 8.1.3 また，効果量 delta についてはコーシー事前分布を仮定した。他にも合理的な選択肢はありうる。そのような選択肢のひとつは標準ガウス分布である。この事前分布は相当に違った結論を導くと思うだろうか？ なぜそうなるのか，あるいはなぜそうならないのか？ 標準ガウス事前分布を実装し結果を検討することであなた自身を納得させてほしい。

8.2 順序制約つき一標本比較

前のセクションで計算したベイズファクターは，$\mathcal{H}_0: \delta = 0$ vs. $\mathcal{H}_1: \delta \sim \text{Cauchy}(0, 1)$ を支持する証拠の大きさを定量化した。しかし，この特定の $\mathcal{H}_1$ は，スミス博士が検証するために設定した SMM 仮説ではなかった。SMM 仮説は，具体的には，δ が**負**であるはずだと主張した。そこで，もっと適切な対立仮説は $\delta < 0$ という制約を組み込んだものである。これは，負の数のみについて定義した半コーシー事前分布，$\mathcal{H}_2: \text{Cauchy}(0, 1)_{\mathcal{I}(-\infty, 0)}$ に対応する。この対立仮説は順序制約つき仮説 (order-restricted hypothesis)，または，片側仮説 (one-sided hypothesis) と呼ばれる。

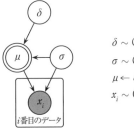

$\delta \sim \text{Cauchy}(0, 1)_{\mathcal{I}(-\infty, 0)}$
$\sigma \sim \text{Cauchy}(0, 1)_{\mathcal{I}(0, \infty)}$
$\mu \leftarrow \delta\sigma$
$x_i \sim \text{Gaussian}(\mu, 1/\sigma^2)$

図 8.3 平均の順序制約つきの一標本被験者内比較のためのグラフィカルモデル。

この分析のためのグラフィカルモデルを図 8.3 に示した。変更したのは効果量についての事前分布だけである。スクリプト `OneSampleOrderRestricted.txt` は，WinBUGS にこのグラフィカルモデルを実装する。

```
# 一標本順序制約つきの平均の比較
model{
        # データ
        for (i in 1:ndata){
            x[i] ~ dnorm(mu, lambda)
        }
        mu <- delta*sigma
        lambda <- pow(sigma, -2)
        # デルタとシグマを（半）コーシー分布から得る
        lambdadelta ~ dchisqr(1)
        delta ~ dnorm(0, lambdadelta)I(, 0)
        lambdasigma ~ dchisqr(1)
        sigmatmp ~ dnorm(0, lambdasigma)
        sigma <- abs(sigmatmp)
        # デルタについての事前分布からサンプリングする
```

```
            deltaprior ~ dnorm(0, lambdadeltaprior)I(, 0)
            lambdadeltaprior ~ dchisqr(1)
}
```

ここでも，コード `OneSampleOrderRestricted.m` または `OneSampleOrderRestricted.R` がこのモデルを表8.1のデータに適用する。図8.4は δ についての事前分布と事後分布をプロットし，$\mathcal{H}_0 : \delta = 0$ vs. $\mathcal{H}_2 : \text{Cauchy}(0, 1)_{\mathcal{I}(-\infty, 0)}$ のベイズファクターを計算するための，$\delta = 0$ におけるサベージ＝ディッキー密度比検定の鍵となる密度を示している。今度は，データはSMMに関する順序制約つきの $\mathcal{H}_2$ のもとでよりも，$\mathcal{H}_0$ のもとで約10倍起こりやすい。表7.1に示した，Jeffreys (1961) の提唱した分類スキーマによれば，これは帰無仮説の"強い証拠"であると考えることができる。

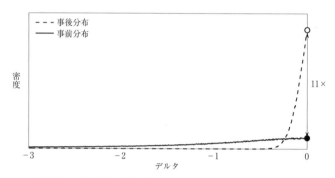

図 8.4 夏と冬のデータの効果量 δ の事前分布と事後分布。マーカーは，サベージ＝ディッキー法を使って $\mathcal{H}_0 : \delta = 0$ と $\mathcal{H}_2 : \delta \sim \text{Cauchy}(0, 1)_{\mathcal{I}(-\infty, 0)}$ の間のベイズファクターを推定するのに必要な $\delta = 0$ のときの事前分布と事後分布の高さを示している。

練習問題

練習問題 8.2.1 完全のため，効果が正であると仮定する順序制約つき対立仮説に関する，$\mathcal{H}_0 : \delta = 0$ vs. $\mathcal{H}_3 : \text{Cauchy}(0, 1)_{\mathcal{I}(0, \infty)}$ の間での夏と冬のデータについてのベイズファクターを推定してみよう。

練習問題 8.2.2 この例では，対立仮説が制約なしなのか，δ が負の値であると順序制約するのか，δ が正の値であると順序制約するのかによってそれぞれ異なる結果が得られた。なぜこれが完全に合理的といえるのか？ 3つのバージョンの対立仮説が正確に同じベイズファクターを生じるような状況を考えることができるだろうか？

練習問題 8.2.3 実用的な立場からすると，$\mathcal{H}_0$ と順序制約つきの $\mathcal{H}_2$ のためのベイズファクターを計算するのに新しいグラフィカルモデルや WinBUGS スクリプトは必要でない。その代わりに，図8.1の制約なしのコーシー分布を実装したオリジナルのグラフィカルモデルを使って，$\delta < 0$ 順序制約に一致しない事前と事後の MCMC サンプルを捨てることもできる。サベージ＝ディッキー密度比検定は $\delta = 0$ のところの事前分布と事後分布の高さに関するものだが，今回はこれらの分布からの標本は順序制約を考慮して打ち切られるので，$\delta = -\infty$ から $\delta = 0$ の範囲しかとらない。この方法を Matlab と R で実装し，この分析から同じ結論が導かれることを確認してみよう。

練習問題 8.2.4 Wagenmakers & Morey (2013) は，順序制約つきのモデル比較用のベイズファ

クターを得るためのさらに別の方法を述べている。この方法が最も信頼できると思われるのは，境界領域での事後の密度を推定することに伴う数理的な複雑さを回避しているからである。http://www.ejwagenmakers.com/papers.html に行って，Wagenmakers & Morey の論文をダウンロードし，1 式に焦点を当てたイントロダクションを読んでみてほしい。彼らの示唆する方法を実装し，先に得られた結果と比較してみよう。

ボックス 8.1　サンプルからの密度の推定

　サベージ＝ディッキーアプローチを用いてベイズファクターを推定するには，パラメータの特定の値のところでの事前分布と事後分布の高さを推定することが必要になる。多くの場合，事前分布の高さは解析的に得ることができる。必要な事前と事後の密度を MCMC サンプルから推定することは常に可能である。最も単純なアプローチはヒストグラムに基づくものである。より高度なアプローチは，ノンパラメトリック密度推定法を使うことである（e.g., Stone et al., 1997）。R では，そうした推定法のひとつが polspline パッケージに含まれている。これは R を開始してパッケージメニューのパッケージのインストールオプションを選ぶことでインストールできる。いったん好きな CRAN ミラーを選んだら，パッケージウィンドウの中の polspline を選び，"OK" をクリックする。Matlab では，Statistics toolbox が ksdensity 関数を提供している。あるいは，ズドラヴコ・ボテフが開発したフリーのパッケージで利用できるノンパラメトリックな密度推定法を試してみるのもよい（www.mathworks.com/matlabcentral/fileexchange/14034）。

　ヒストグラムも密度推定アプローチもパラメータの調整に依存するので——階級の幅など——，ふつう，頑健性の実験と検証が必要になる。たとえば，図 8.2 のサベージ＝ディッキー分析は，種々の適度な密度推定法を用いて（少なくとも）だいたい 4.7 と 6.1 の間のベイズファクターを与えることができる。目的はベイズファクターを推定することなので，正確な数が得られることよりも，実質的な結論が信頼できるものであることが重要である。表 7.1 に示した解釈枠組みはこの点でも非常に役に立つ。

8.3　二標本比較

　認知科学では多くの場合，平均の比較はひとつの群からではなく 2 つの独立な群からのデータに基づいている。二標本 t 検定は一般にこれらの類の被験者間デザインのための標準的な頻度主義アプローチとして使われる。

　研究手法に関するほとんどのテキストには独自の入門用の例があるが，ここでは Evans & Rooney（2011, pp. 279-283）の提示した例について考えてみよう。彼らの例は，ふつうの水と過酸化水素水を飲むことの効果を検証するための被験者間実験に関するものである。ローデータは Evans & Rooney（2011, Table 13.3）に示されており，ふつうの水を飲んだ 20 名の参加者の記憶得点と過酸化水素水を飲んだ 20 名の参加者の記憶得点から構成される。ふつうの水（統制）群では，平均得点 68.35，標準偏差 6.38 であり，過酸化水素水（処遇または実験）群では，平均得点 76.65，標準偏差 4.06 である。二標本 t 検定の結果は $t(38) = 4.47$，$p < .01$ となる。

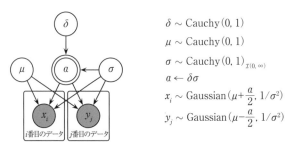

図 8.5 平均の二標本被験者間比較のためのグラフィカルモデル。

平均の推論についてのわれわれのベイズ式のアプローチでは，データを再尺度化（rescale）し，一方の群が平均0，標準偏差1となるようにする。この再尺度化手続きは，パラメータの事前分布が測定の尺度にかかわらず一定になることを保証するためのものである。そのため，たとえば，反応時間が秒単位で測定されたか，ミリ秒単位で測定されたかといったことは問題にならなくなる。

二標本比較のためのグラフィカルモデルを図8.5に示した。変数 x と y は，それぞれ，実験群と統制群のデータを表す。x と y はどちらも共通して分散 σ^2 のガウス分布にしたがう。x の平均は $\mu + \alpha/2$ によって与えられ，y の平均は $\mu - \alpha/2$ によって与えられるので，α は平均の差になっている。

$\delta = \alpha/\sigma$ なので，α は $\alpha = \delta\sigma$ によって与えられる。一標本のシナリオのときと同じように，帰無仮説は $\mathcal{H}_0 : \delta = 0$ にし，δ のすべての事前分布の質量を一点に置く。これに対して，対立仮説は $\mathcal{H}_1 : \delta \sim \mathrm{Cauchy}(0, 1)$ にし，δ がコーシー分布にしたがうことを仮定する。

スクリプト TwoSample.txt は WinBUGS にこのグラフィカルモデルを実装する。

```
# 平均の二標本比較
model{
    # データ
    for (i in 1:n1){
        x[i] ~ dnorm(mux, lambda)
    }
    for (j in 1:n2){
        y[j] ~ dnorm(muy, lambda)
    }
    # 平均と精度
    alpha <- delta*sigma
    mux <- mu+alpha/2
    muy <- mu-alpha/2
    lambda <- pow(sigma, -2)
    # デルタ，ミュー，シグマを（半）コーシー分布から得る
    lambdadelta ~ dchisqr(1)
    delta ~ dnorm(0, lambdadelta)
    lambdamu ~ dchisqr(1)
    mu ~ dnorm(0, lambdamu)
    lambdasigma ~ dchisqr(1)
    sigmatmp ~ dnorm(0, lambdasigma)
```

```
        sigma <- abs(sigmatmp)
    # デルタの事前分布からのサンプリング
    lambdadeltaprior ~ dchisqr(1)
    deltaprior ~ dnorm(0, lambdadeltaprior)
}
```

　コード TwoSample.m または TwoSample.R はこのモデルを Evans & Rooney（2011, Table 13.3）のデータに適用する。図 8.6 は δ の事前分布と事後分布をプロットし，ベイズファクターを計算するためのサベージ＝ディッキー密度比検定についての鍵となる密度を示している。過酸化水素水には記憶成績についてふつうの水よりも大きな効果があることは明らかである。今回，データは $\mathcal{H}_0$ のもとでよりも $\mathcal{H}_1$ のもとで 400 倍以上起こりやすく，この大きなベイズファクターは決定的な証拠を与えるものとして解釈できる。

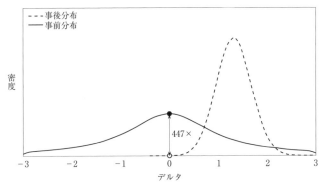

図 8.6 平均の二標本比較のためのモデルを使った Evans & Rooney（2011）のデータの効果量 δ の事前分布と事後分布。マーカーは，サベージ＝ディッキー法を使って $\mathcal{H}_0:\delta=0$ と $\mathcal{H}_1:\delta \sim \text{Cauchy}(0,1)\,_{\mathcal{I}(-\infty,0)}$ の間のベイズファクターを推定するのに必要な $\delta=0$ のときの事前分布と事後分布の高さを示している。

練習問題

練習問題 8.3.1 上で概説した平均の二標本比較は，二つの群が等しい分散をもつことを仮定している。どうしたらこの仮定が適切でない場合にモデルを拡張できるだろうか？

第九章

Comparing binomial rates

二項比率の比較

9.1 比率の同等性

"約束の後：青年期の純潔の誓いの STD の結果" という論文において，Brückner & Bearman（2005）は，青年期健康国立縦断研究の一部として行われた一連のインタビューを分析した。論文の焦点は，18～24 歳の，純潔の誓いを立てていた青年の性行動にあった。これは結婚まで純潔を維持するという公的な書面による誓いである。

誓約者の性行動は非誓約者のそれとほとんど変わらないが，誓約者は最初にセックスをするときにコンドームを使わない傾向にあるという仮説を考えてみよう。Brückner & Bearman（2005）の研究はこの仮説に関係するデータを提示している。最初の性交渉でのコンドームの使用を報告した青年は誓約者について 777 名中 424 名であり（≈ 54.6 %），非誓約者について 9,072 名中 5,416 名であった（≈ 59.7 %）。誓約者は非誓約者よりもコンドームを使わない傾向にあるという主張は，統計的分析によってどの程度支持されるだろうか？

これらのデータについてのベイズ式のモデル選択アプローチは単純で一般的なものである。誓約者の中のコンドーム使用者の数（すなわち，$n_1 = 777$ のうち $s_1 = 424$）と非誓約者の中のコンドーム使用者の数（すなわち，$n_2 = 9072$ のうち $s_2 = 5416$）は，それぞれ，二項比率 θ_1 と θ_2 によって決まり，その各々が一様事前分布をもつと仮定する。2 つの比率パラメータの差は $\delta = \theta_1 - \theta_2$ である。これは，図 9.1 に再掲したように，先にセクション 3.2 で考えたグラフィカルモデルと同じモデルになる。

帰無仮説は比率 θ_1 と θ_2 が等しいことを主張するので，$\mathcal{H}_0 : \delta = 0$ である。制約なしの対立仮説は比率が自由にばらつくことを主張するので，$\mathcal{H}_1 : \delta \neq 0$ である。したがって，ベイズ

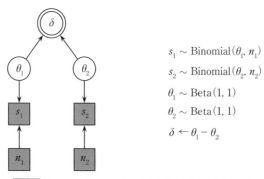

図 9.1 2 つの比率の比較のためのベイズ式グラフィカルモデル。

ファクターを求めるためのサベージ＝ディッキー法を適用するには δ についての事前分布と事後分布が必要である。

スクリプト Pledgers_1.txt はこのグラフィカルモデルを WinBUGS に実装する。

```
# 誓約者
model{
    # 比率と差
    theta1 ~ dbeta(1, 1)
    theta2 ~ dbeta(1, 1)
    delta <- theta1-theta2
    # データ
    s1 ~ dbin(theta1, n1)
    s2 ~ dbin(theta2, n2)
    # 事前のサンプリング
    theta1prior ~ dbeta(1, 1)
    theta2prior ~ dbeta(1, 1)
    deltaprior <- theta1prior-theta2prior
}
```

コード Pledgers_1.m と Pledgers_1.R は，WinBUGS を呼び出して比率の差 δ の事後分布と事前分布からサンプリングを行う。図 9.2 の左パネルは範囲全体の分布を示しており，右パネルは関心のある $\delta=0$ 周辺の領域を拡大している。$\delta=0$ というクリティカルポイントは，事前分布のもとでは事後分布のもとにあるときの約二倍多く支持されるので，ベイズファクターは対立仮説を支持する方向でおよそ 2 になる。

このベイズファクターの順当な解釈は，データは一方の仮説を他方の仮説よりも支持する証拠をそれほど多くは提供しないというものである。これは，ベイズ式のパラメータ推定から導かれる解釈よりも保守的であるように思われる。というのは，δ の事後分布についてのベイズ式の 95% 信用区間はおよそ $(-0.09, -0.01)$ となり，0 を含まないからである。この不一致の理由は，ベイズ式の仮説検定は δ の値として非常に低い尤度しかもたらさないような δ の値にも事前密度を与えることで $\mathcal{H}_1$ にペナルティを与えるためである（Berger & Delampady, 1987 の議論を参照）。

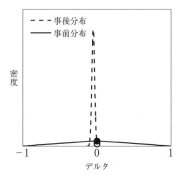 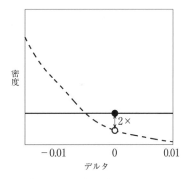

図 9.2 誓約者データの比率の差 δ の事前分布と事後分布。左パネルは範囲全体にわたる分布を示しており，右パネルはサベージ＝ディッキーテストに関係する領域を拡大している。マーカーはベイズファクターを推定するのに必要な $\delta=0$ のときの密度を示す。

練習問題

練習問題 9.1.1 比率パラメータ θ_1 と θ_2 はどちらも一様事前分布をとるので，差のパラメータ δ の事前分布は三角分布として解析的に求められる。計算機的サンプリングに頼らずにこちらの結果を利用することの利点は何だろうか？ 欠点は何だろうか？

練習問題 9.1.2 今回の分析では，θ_1 と θ_2 に独立な事前分布を当てた。このことは適切だろうか？ 潜在的な依存関係を考慮するにはこのモデルをどう変更したらよいだろうか？ このことはベイズ式の検定の結果にどう影響するだろうか？

練習問題 9.1.3 この例はベイズファクターが解析的に利用できるという稀な場合に当たる。$BF_{01} = p(D \mid \mathcal{H}_0)/p(D \mid \mathcal{H}_1)$ は，以下の式によって与えられる。

$$
BF_{01} = \frac{\dbinom{n_1}{s_1}\dbinom{n_2}{s_2}}{\dbinom{n_1 + n_2}{s_1 + s_2}} \frac{(n_1 + 1)(n_2 + 1)}{(n_1 + n_2 + 1)}
$$

ベイズファクターを解析的に計算し，サベージ＝ディッキー法を使って得られた結果と比べてみよう。

練習問題 9.1.4 誓約者データについて，比率の等質性の頻度主義的検定の結果は $p \approx 0.006$ となる。このことからは，$\mathcal{H}_0$ が真である（すなわち，コンドーム使用者の比率が2つの群で等しい）ときには，少なくとも実際に観測されたものと同じだけ極端な結果に出会う確率は約 0.006 である，ということがわかる。この情報に基づいてどんな結論が引き出せるだろうか？ 誓約者は非誓約者よりもコンドームを使わない傾向にあるかどうかという科学的な問いに答えることにとってのベイズファクターと p 値の有用性について論じてみよう。

9.2 比率の順序制約つき等価性

誓約者が非誓約者よりもコンドームを使わない傾向にあるかどうかは，比率が非誓約者よりも誓約者で低いという順序制約として自然に解釈できる。これは，先ほどとは異なる対立仮説 $\mathcal{H}_2 : \delta < 0$ に対応する。

この順序制約つき分析のためのグラフィカルモデルを図 9.3 に示した。これには，比率の事前分布の変更を行った。順序制約は $\delta < 0$ というものなので，$\theta_2 > \theta_1$ であることが要求される。これはセクション 6.4 の二国クイズの例と同じ種類の制約である。二国クイズのときは，theta2 ~ dunif(0, 1) と theta1 ~ dunif(0, theta2) を使うことで対応した。この近似的なアプローチはパラメータの事後分布を推測するためには満足のいく働きをするが，今回のモデル比較の文脈では正確なアプローチが必要である。近似法は同時パラメータ空間の順序制約を満たす領域についての θ_1 と θ_2 の一様事前分布を生成せず，モデル選択は——パラメータ推定と違って——利用可能な情報とモデルの実装とのこうした不整合に敏感であることが多いためである。

このことを明確にするために，図 9.4 には，左パネルに近似法のもとでの (θ_1, θ_2) の同時事前分布からのサンプルを示している。近似法は (θ_1, θ_2) の左下隅の密度が大きすぎること

114　第九章　二項比率の比較

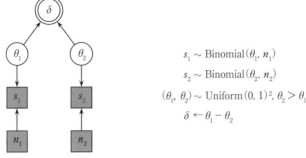

図 9.3 順序制約つきの 2 つの比率の比較のためのベイズ式グラフィカルモデル。

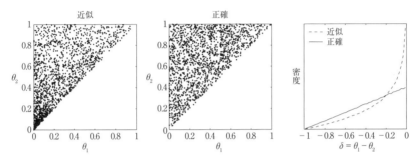

図 9.4 $\theta_2 > \theta_1$ の場合の (θ_2, θ_1) の順序制約つきの事前分布を実装するための近似アプローチ（左パネル）と正確アプローチ（中央パネル）からのサンプル。右パネルは両アプローチの手法から生じる結果的な $\delta = \theta_1 - \theta_2$ の事前分布を示している。

が見た目にもはっきりしている。これは、各 θ_1 が一様にサンプリングされ、θ_1 は θ_2 よりも小さな値に制約されているためである。正確な分布を中央のパネルに示した。この図は $\theta_2 > \theta_1$ となる妥当な領域に均質な密度を与える。δ の事前分布への近似法の影響は図 9.4 の右パネルに示されており、0 に近い値に過剰な事前分布の密度を与えてしまっていることがわかる。

スクリプト `Pledgers_2.txt` はこのグラフィカルモデルを WinBUGS に実装する。

```
# 誓約者，順序制約つき比率
model{
    # 順序制約つき比率
    thetap[1:2] ~ dmnorm(mu[], TI[,])
    theta1 <- phi(cos(angle)*thetap[1]-sin(angle)*abs(thetap[2]))
    theta2 <- phi(sin(angle)*thetap[1]+cos(angle)*abs(thetap[2]))
    # データ
    s1 ~ dbin(theta1, n1)
    s2 ~ dbin(theta2, n2)
    # 差
    delta <- theta1-theta2
    # 事前サンプリング
    thetapprior[1:2] ~ dmnorm(mu[], TI[,])
    theta1prior <- phi(cos(angle)*thetapprior[1] - sin(angle) *
            abs(thetapprior[2]))
    theta2prior <- phi(sin(angle)*thetapprior[1] + cos(angle) *
```

```
                abs(thetapprior[2]))
    deltaprior <- theta1prior-theta2prior
    # 定数
    angle <- 45*3.1416/180
    TI[1, 1] <- 1
    TI[1, 2] <- 0
    TI[2, 1] <- 0
    TI[2, 2] <- 1
    mu[1] <- 0
    mu[2] <- 0
}
```

順序制約つき事前分布について正確法を使って，二変量標準ガウス分布からの同時サンプリングを行い，これらのサンプルを45度回転させ，そして単位正方形内に位置する比率へと変換した。

コード Pledgers_2.m または Pledgers_2.R は，順序制約つき事前分布のもとで比率の差 δ の事後分布と事前分布からのサンプリングを行う。図9.5の左パネルは範囲全体での分布を示しており，右パネルは関心のある $\delta=0$ 周辺の領域を拡大している。ここから明らかなように，順序制約は事前分布の密度を倍増させる効果があるが，事後分布にはほとんど効果がない。これは，今回，クリティカルポイント $\delta=0$ が事後分布のもとにあるときよりも事前分布のもとで4倍支持されることを意味するので，ベイズファクターは対立仮説を支持する方向でおよそ4である。

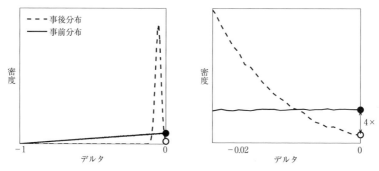

図 9.5 順序制約を行った分析のもとでの誓約者データについての比率の差 δ の事前分布と事後分布。左パネルは範囲全体にわたる分布を示し，右パネルはサベージ＝ディッキーテストに関係する領域を拡大している。マーカーはベイズファクターを推定するのに必要な $\delta=0$ のときの密度を示している。

練習問題

練習問題 9.2.1 $\mathcal{H}_0: \delta=0$ vs. $\mathcal{H}_3: \delta>0$ という順序制約つき検定を考えてみよう。この結果はどうなると思うだろうか？ 適切なグラフィカルモデルを実装し，ベイズファクターを推定することで自分の直感を確かめてみよう。

9.3 被験者内での比率の比較

"潜在記憶課題におけるプライミング：事前学習は単にバイアスをかけるのではなく，弁別力をも高める"という論文において，Zeelenberg, Wagenmakers, & Raaijmakaers（2002）は，二肢強制選択の知覚同定の3つの実験を報告した。各実験のテスト段階では，刺激（たとえば，洗濯ばさみの画像）が短く提示され，マスクされた。マスクの直後，実験参加者は2つの選択肢を提示された（図9.6に例を示した）。一方はターゲット（たとえば，洗濯ばさみの画像）であり，他方はよく似た引っかけ（foil）の選択肢（たとえば，ホチキスの画像）であった。実験参加者の目的はターゲットを同定することである。

図 9.6 Zeelenberg et al.（2002）の実験3で用いられた類似した画像対の例。

テスト段階の前に，Zeelenberg et al.（2002）の実験には学習段階があった。学習段階では，実験参加者はのちのテスト段階でも現れる引っかけ選択肢の一部を学習した。重要な2つの条件があった。"どちらも学習しない"条件ではどちらの選択肢も学習せず，"どちらも学習する"条件では両方の選択肢を学習した。Zeelenberg et al.（2002）の報告した最初の2つの実験では，実験参加者はどちらも学習しない条件よりも，どちらも学習する条件でターゲット刺激をより頻繁に選んだ。この**両方をプライムすることの利得**は，事前学習が弁別力を高めること，それは単に学習した選択肢を選ぶバイアスではないことを示唆する（e.g., Ratcliff & McKoon, 1997）。

ここでは，Zeelenberg et al.（2002）の実験3についての統計的推論に注目しよう。この実験の学習段階では，74名すべての実験参加者に（図9.6の例のような）21対の刺激画像を提示した。テスト段階では，すべての実験参加者は，短時間提示されたターゲット画像を2つの選択肢の中から同定しなければならなかった。テスト段階は42対の刺激画像から構成され，うち21対は学習段階で提示されたものだった。

両方をプライムすることの利得を支持する証拠を評価するために，著者らは標準的な分析を実行し，一標本 t 検定の計算をした。

> 正しく同定された画像の平均パーセンテージを各実験参加者について計算した。ターゲットも引っかけも学習しなかったときには，71.5%の画像が正しく同定された。ターゲットも引っかけも両方学習していたときには，74.7%の画像が正しく同定された。どちらも学習する条件とどちらも学習しない条件の差は有意であった，$t(73) = 2.19$, $p < .05$。

両方をプライムすることの利得についてのわれわれのベイズファクター検定を図9.7に示

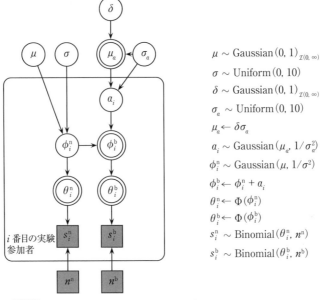

図9.7 Zeelenberg et al.（2002）のデータの分析のためのグラフィカルモデル。

した。このモデルは，i 番目の実験参加者が行った正しい選択の数が，どちらも学習する条件とどちらも学習しない条件のそれぞれにおいて，正答率比率パラメータ θ_i^b と θ_i^n をもつ二項分布をすることを仮定している。実験参加者の正答率に個人差を認め，両方をプライムすることの利得の影響にも個人差を認めている。

どちらも学習しない条件における個人差はガウス分布するものとしてモデル化し，比率そのものはプロビット変換によって与えた。この変換は，概念的には，セクション6.6のロジット変換アプローチと同じ発想である（プロビット変換とロジット変換は量的にはわずかしか違わない）。プロビット変換は図9.8に示したものであり，これは標準ガウス分布の累積分布関数の逆関数である。このことは，たとえば，$\phi = 0$ というプロビット値は $\theta = \Phi(0) = 0.5$ という比率に写像され，$\phi = 1.96$ というプロビット値は $\theta = \Phi(1.96) = 0.975$ という比率に写像されることを意味している。プロビット尺度での標準ガウス分布 $\phi \sim \text{Gaussian}(0, 1)$ は，比率尺度での標準一様分布 $\theta \sim \text{Uniform}(0, 1)$ に対応する。形式的には，i 番目の実験参加者は $\phi_i^n \sim \text{Gaussian}(\mu, 1/\sigma^2)$ にしたがい，彼らの正答率は実数を確率に変換した $\theta_i^n = \Phi(\phi_i^n)$ によって与えられる。

図9.7のモデルはプロビット尺度を使って潜在的な両方をプライムすることの利得を実装する。i 番目の実験参加者にとっての利得は，平均 μ_a と標準偏差 σ_a のガウス分布からとり出される。この効果は，プロビット尺度上で，どちらも学習しないときの正答率に足すことでどちらも学習するときの正答率に変えるものなので，$\phi_i^b = \phi_i^n + a_i$ となる。このモデルは，クリティカルな効果量 $\delta = \mu_a / \sigma_a$ を定量化したパラメータ δ を組み込んでいる。効果量は無次元量であり，このことは，コーシー分布（すなわち，自由度1の t 分布）や標準ガウス分布（e.g., Gönen, Johnson, Lu, & Westfall, 2005; Rouder et al., 2009）などの原則に基づく事前分布の決定を比較的簡単にする。後者の事前分布は，一回の観測と同じだけの情報量をも

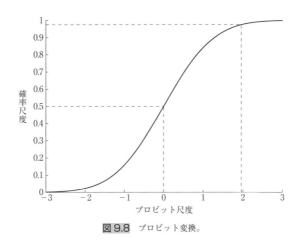

図 9.8 プロビット変換。

つので（Kass & Wasserman, 1995），"単位情報事前分布"として知られている。われわれのモデルは標準ガウス分布の事前分布を使う。

統計的検定の焦点とはならないパラメータ（すなわち，μ_ϕ, σ_ϕ, σ_α）については，比較的無情報的な事前分布を使う。どちらも学習しない条件の集団平均についての事前分布 μ_φ は 0 よりも大きい値の標準切断正規分布であり，これは比率尺度では 0.5 から 1 の一様分布に一致する。σ_ϕ と σ_α については，このモデルは 0 から 10 の十分に広い範囲にわたる一様事前分布を使う。

このように説明されるデータ生成モデルを使って，今度は仮説検定に取りかかることができる。帰無仮説は，両方をプライムすることの利得が存在しないこと，ゆえに，効果量が 0 であることを主張する。すなわち，$\mathcal{H}_0 : \delta = 0$ である。対立仮説は順序制約つき仮説であり，両方をプライムすることの利得が存在することを主張するので，$\mathcal{H}_1 : \delta > 0$ である。

スクリプト Zeelenberg.txt は，このグラフィカルモデルを WinBUGS に実装する。

```
# Zeelenberg
model{
    for (i in 1:ns){
        # データ
        sb[i] ~ dbin(thetab[i], nb)
        sn[i] ~ dbin(thetan[i], nn)
        # プロビット変換
        thetab[i] <- phi(phib[i])
        thetan[i] <- phi(phin[i])
        # 個々のパラメータ
        phin[i] ~ dnorm(mu, lambda)
        alpha[i] ~ dnorm(mualpha, lambdaalpha)
        phib[i] <- phin[i]+alpha[i]
    }
    # 事前分布
    mu ~ dnorm(0, 1)I(0,)
    sigma ~ dunif(0, 10)
    lambda <- pow(sigma, -2)
```

```
      # プライミング効果
      sigmaalpha ~ dunif(0, 10)
      lambdaalpha <- pow(sigmaalpha, -2)
      delta ~ dnorm(0, 1)I(0,)
      mualpha <- delta*sigmaalpha
      # デルタについての事前分布からのサンプリング
      deltaprior ~ dnorm(0, 1)I(0,)
}
```

コード Zeelenberg.m または Zeelenberg.R は，効果量 δ についての事後分布と事前分布からサンプリングを行う。図9.9はサベージ＝ディッキー法を適用した結果を示している。クリティカルな効果量 $\delta=0$ は，事前分布のもとでは事後分布のもとの場合の約4倍支持される。つまり，データは $\delta=0$ に対する支持を4分の1に下げる。したがって，ベイズファクターは対立仮説を支持するほうにおよそ4となり，合理的な結論は，データは両方をプライムすることの利得が存在するという主張を弱く支持するというものになるだろう。

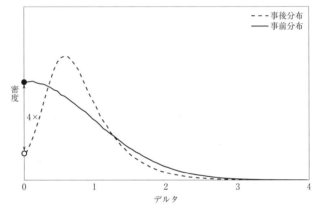

図9.9 Zeelenberg et al.（2002）のデータについての効果量 δ の事前分布と事後分布。マーカーはベイズファクターを推定するのに必要な $\delta=0$ のときの密度を示す。

> **練習問題**

練習問題 9.3.1 Zeelenberg のデータは，第八章で論じたベイズ式 t 検定を使って分析することもできる。なぜこれがそれほどよいアイデアではないのかについていくつか理由を挙げてみよう。それができたら，あなたの考えにかかわらず，ベイズ式 t 検定をとにかく適用してみよう。結果はどんなふうに違ってくるだろうか？ それはなぜだろうか？

9.4 被験者間の比率の比較

"注意欠陥多動性障害と自閉症の実行機能障害はどのように特異的か？" という論文において，Geurts, Verté, Oosterlaan, Roeyers, & Sergeant（2004）は，ADHDの子どもと自閉症の子どもの認知課題での成績を調べた。ここでは，小さな部分データに注目して，定型発達した子ども（すなわち，"健常統制群"）がウィスコンシンカード分類検査（Wisconsin Card Sorting Test, WCST）でADHDの子どもよりも優れているかという問題について考

える。WCSTは，試行錯誤によって学習して，隠された規則にしたがってカードを分類することを求める。難しいのは，実験の経過とともに，分類規則がときどき変化することである。このことが意味するのは，たくさんミスをしないようにするためには，保続の傾向を抑制し，新しい規則を発見して採用しなければならないということである。こういった課題要求のために，WCSTの成績は，認知的柔軟性や構えを切り替える能力を定量化すると考えられている。

ここで関心のある実験には，26名の健常統制群と52名のADHD児からのデータがある。それぞれの子どもはWCSTを遂行しており，ここで関心のある測度は，分類機会の総数に対する正しく分類したカードの枚数である。WCSTには最大で128枚の分類できるカードがあったが，子どもの成績によってはこの枚数が少なくなることもありえた。全体として，健常統制群は65.4%の機会にカードを正しく分類し，ADHD群は66.9%の機会にカードを正しく分類した。帰無仮説は，カードを正しく分類する確率は健常統制群とADHD児で違わないというものである。カードが正しく分類される確率に対する被験者間の頻度主義t検定は，帰無仮説の棄却を認めない（$t(40.2)=0.37, p=0.72$）。だが，この統計量は帰無仮説を支持する証拠を定量化しない。

この例とセクション9.3のZeelenbergの例の重要な違いは，実験デザインが今回は被験者間であることである。図9.10は，このデザインのためのグラフィカルモデルを示している。今回は統制群とADHD群について別々の図を用意した。これらの群の中では，i番目とj番目の子どもがそれぞれθ_i^cとθ_j^aの成功率となっている。これらは観測データ——トライした回数n_i^cとn_j^aのうち正しく分類したカードの枚数s_i^cとs_j^a——を説明する。

個々のばらつきは今回もプロビット尺度のガウス分布によってモデル化する。統制群とADHD群の平均は$\mu+\alpha/2$と$\mu-\alpha/2$であり，2つの群の平均はαだけ違うようにしてある。どちらのガウス分布も標準偏差σは共通である。したがって，プロビット尺度では，$\phi_i^a \sim$ Gaussian$(\mu+\alpha/2, 1/\sigma^2)$と$\phi_i^a \sim$ Gaussian$(\mu-\alpha/2, 1/\sigma^2)$であり，$\theta_i^c = \Phi(\phi_i^c)$および$\theta_j^a = \Phi(\phi_j^a)$と変換される。

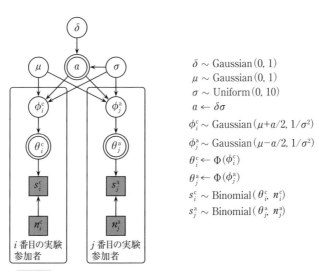

図9.10 Geurts et al.（2004）のデータの分析のためのグラフィカルモデル。

以前と同じように，統計的検定の焦点ではないパラメータには比較的に無情報な事前分布を与える。また，以前と同じように，パラメータ $\delta = \alpha / \sigma$ によって効果量を定量化し，"単位情報"標準正規事前分布を与える。帰無仮説は，健常統制群と ADHD 児が WCST で同じくらいの成績であることを主張するので，効果量は0である。すなわち，$\mathcal{H}_0 : \delta = 0$ である。制約なしの対立仮説は，成績に違いがあることを主張するので，$\mathcal{H}_1 : \delta \neq 0$ である。

スクリプト Geurts.txt は，WinBUGS にこのグラフィカルモデルを実装する。

```
# Geurts
model{
        for (i in 1:nsc){
                kc[i] ~ dbin(thetac[i], nc[i])
                thetac[i] <- phi(phic[i])
                phic[i] ~ dnorm(muc, lambda)
        }
        for (j in 1:nsa){
                ka[j] ~ dbin(thetaa[j], na[j])
                thetaa[j] <- phi(phia[j])
                phia[j] ~ dnorm(mua, lambda)
        }
        muc <- mu+alpha/2
        mua <- mu-alpha/2
        # 事前分布
        mu ~ dnorm(0, 1)
        sigma ~ dunif(0, 10)
        alpha <- delta*sigma
        lambda <- pow(sigma, -2)
        delta ~ dnorm(0, 1)
        # デルタについての事前分布からのサンプリング
        deltaprior ~ dnorm(0, 1)
}
```

コード Geurts.m と Geurts.R は，効果量 δ についての事後分布と事前分布からサンプリングを行う。結果を図 9.11 に示した。ADHD 児は健常統制群よりもわずかに優れた成績を示し，このことは δ の事後分布に反映されている。この事後分布は0についてわずかに非対称であり，δ の正の値よりも負の値により多くの密度を割り当てる。δ のベイズ式の95%信用区間はおよそ（$-0.54, 0.42$）である。

図 9.11 は，データから $\delta = 0$ という値が以前の4倍確からしくなったことを示している。したがって，このデータは，約4のベイズファクターによって，これらの群の成績が違っているという主張と比べたときに，健常統制群と ADHD 児が WCST について同じくらいの成績であるという主張を支持する。

練習問題

練習問題 9.4.1 カードを正しく分類する割合についての被験者間の頻度主義 t 検定は，帰無仮説の棄却を認めない，$t(40.2) = 0.37, p = 0.72$。ベイズ式のアプローチはどんな点で頻度主義の推論を改善するだろうか？

122　第九章　二項比率の比較

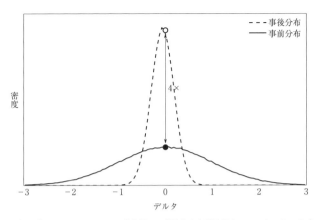

図 9.11 Guerts et al. (2004) のデータについての効果量 δ の事前分布と事後分布。マーカーはベイズファクターを推定するのに必要な $\delta=0$ のときの密度を示す。

練習問題 9.4.2 図 9.10 のデータについてのモデルは，どんな点で t 検定が仮定する統計モデルよりも優れているだろうか？

9.5 順序制約つきの被験者間比較

Geurts et al. (2004) のデータについての対立仮説の自然な修正は，健常統制群は ADHD 児よりも優れた成績を示すという仮定に対応する順序制約を課すことである。この対立仮説は $\mathcal{H}_2 : \delta > 0$ である。この仮説を考慮することはそのアプリオリな適切さによってもっともだと思われるが，データはむしろその逆が真であることを示唆している。$\mathcal{H}_0 : \delta = 0$ と $\mathcal{H}_2 : \delta > 0$ を検定するとき，どんなことが期待されるだろうか？

第一に，δ についての事前分布は 0 について対称とはいいがたいことに注意したい。完全に対称であるとしたら，事前分布と事後分布の高さはどちらも 2 倍されることになるので，2 つの分布の比は変わらない。第二に，δ についての事後分布は 0 について完全に対称ではなく，$\mathcal{H}_2$ と不一致な方向にわずかに多くの密度を割り当てている。このことは $\mathcal{H}_2$ に比べての $\mathcal{H}_0$ への支持をわずかに増すだろう。この 2 点の考察から，$\mathcal{H}_2$ よりも $\mathcal{H}_0$ を支持する証拠は，$\mathcal{H}_1$ よりも $\mathcal{H}_0$ を支持する証拠に比べてわずかに大きいことが期待される。

図 9.12 は，単純に δ についての事前分布を正の値に制約した順序制約つき分析についての修正版のグラフィカルモデルを示している。

スクリプト `GeurtsOrderRestricted.txt` はこのグラフィカルモデルを WinBUGS に実装する。

```
# Geurts, 順序制約つき
model{
    for (i in 1:nsc){
        kc[i] ~ dbin(thetac[i], nc[i])
        thetac[i] <- phi(phic[i])
        phic[i] ~ dnorm(muc, lambda)
```

```
        }
        for (j in 1:nsa){
                ka[j] ~ dbin(thetaa[j], na[j])
                thetaa[j] <- phi(phia[j])
                phia[j] ~ dnorm(mua, lambda)
        }
        muc <- mu+alpha/2
        mua <- mu-alpha/2
        # 事前分布
        mu ~ dnorm(0, 1)
        sigma ~ dunif(0, 10)
        alpha <- delta*sigma
        lambda <- pow(sigma, -2)
        delta ~ dnorm(0, 1)I(0,)
        # デルタについての事前分布からのサンプリング
        deltaprior ~ dnorm(0, 1)
}
```

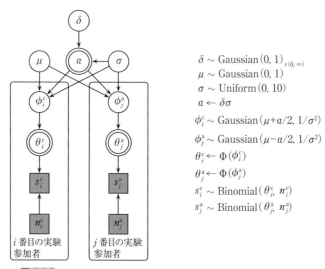

図 9.12 Guerts et al.（2004）のデータの分析のためのグラフィカルモデル。

コード GeurtsOrderRestricted.m または GeurtsOrderRestricted.R は，δ についての事後分布と事前分布からサンプルをとり出す。図 9.13 にこの結果を示しており，順序制約は H_0 を支持する証拠をわずかに増すという予測を追認している。帰無仮説を支持するベイズファクターは今回は約 5 である。したがって，データは健常統制群と ADHD 児が WCST について同じくらいの成績であるという主張を支持するが，証拠は圧倒的というほどではない。

練習問題

練習問題 9.5.1 $\mathcal{H}_0:\delta=0$ と $\mathcal{H}_2:\delta>0$ の順序制約つき比較について，現在の参加者数と正しいカードの平均分類率 65％を前提としたときにおそらく得ることのできる，$\mathcal{H}_0$ についての最大の

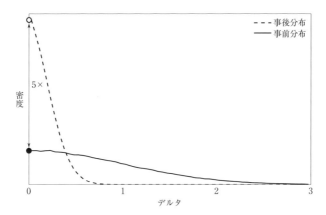

図 9.13 Guerts et al.（2004）のデータについての効果量 δ の事前分布と事後分布。マーカーはベイズファクターを推定するのに必要な $\delta=0$ のときの密度を示す。

支持はどれだけだろうか。

練習問題 9.5.2 先の，$\mathcal{H}_0:\delta=0$ と $\mathcal{H}_1:\delta\neq 0$ という制約なしの検定についての最大の支持はどれだけだろうか。

第四部

ケーススタディ

　フィッシャーとジェフリーズはまったく別の問題に取り組んでいた。フィッシャーは生物学の問題を研究した。この場合，誰も事前の情報をもっていなかったし，指導的な理論もなく...，データ収集はベルヌーイのつぼからの取り出しに非常によく似ていた。ジェフリーズは地理学の問題を研究した。この場合には，大量の説得力のある事前情報と高度に発展した指導的理論があり...，データ収集手続きはつぼからの取り出しには似ていなかった...　科学がどんどん複雑な推論の問題に向かって進んでいくにつれて，伝統的な方法の短所がますますわずらわしくなってくる...　優れたベイズ式の訓練を受けた科学者，技術者，生物学者，経済学者がいま自ら見出しつつあるのは，自分たちの問題に適した正しい解決策，多くの種類の事前情報にたやすく適用でき，したがって，伝統的な統計学には見られない柔軟性を達成することのできる解決策である。

──────── ジェイン, 2003, pp. 496-497

第十章

記憶の保持

Memory retention

　記憶保持と時間の間に規則的な関係性を見出すことは最も古い認知モデリング問題のひとつであり，1880年代のエビングハウスにさかのぼる。たいていの実験は，まず人々にたくさんの項目からなる情報のリストを与え，条件ごとに違った長さの時間が経過したあとでリストの項目を思い出す能力をテストする。時間と保持のレベルの関係性を記述するものとして，たいていは心理学的な解釈を伴う様々な数学的関数が提唱されてきた（Rubin & Wenzel, 1996; Rubin, Hinton, & Wenzel, 1999）。

　ここでは，指数的減衰モデルの単純化されたバージョンを考えよう。このモデルの仮定では，$0 < \theta_i < 1$ の制約のもとで，時間 t が経過したあとにある項目を想起する確率を $\theta_i = \exp(-\alpha t) + \beta$ によって与える。パラメータ α は情報の減衰率に対応する。パラメータ β は非常に長い時間のあとでも残っていると仮定される，ベースラインの想起レベルに対応する。このモデルを使ったわれわれの分析は，ありえそうな記憶保持研究からの架空のデータに基づくものであり，モデリングの要点を例示するのに役立つだろう。

　これらのデータを表10.1に示した。10の時点（1, 2, 4, 7, 12, 21, 35, 59, 99, 200）で18項目についてテストした4名の実験参加者についてのデータである。テストした項目の数と最初の9つの時点はRubin et al.（1999）の使ったものである。表10.1の各データは，各時点における各実験参加者の正しい記憶再生の数を数え上げたものである。表10.1には"?"の記号で示す欠測データも含まれており，これによってモデルの予測と一般化の性質を検証できる。実験参加者全員が最後の時点200については欠測データになっており，これによってモデルの新たな測定へ一般化する能力を検証する。実験参加者4についてはデータがまったくなく，これによってモデルの新たな実験参加者への一般化の能力を検証する。

表 10.1　4名の実験参加者と10の時点の記憶保持データ

実験参加者	時点									
	1	2	4	7	12	21	35	59	99	200
1	18	18	16	13	9	6	4	4	4	?
2	17	13	9	6	4	4	4	4	4	?
3	14	10	6	4	4	4	4	4	4	?
4	?	?	?	?	?	?	?	?	?	?

10.1 個人差を考えない場合

このデータを説明するわれわれの最初の試みとしてのグラフィカルモデルを図 10.1 に示した。このモデルはすべての実験参加者が同じ保持曲線をもつと仮定するので，パラメータ α と β の真値は共通のひとつの値になる。外側のプレートは，観測変数 t_j の値によって表される時点の違いに対応する。時点とパラメータ α, β によって j 番目の項目を想起する確率 θ_j が決まる。

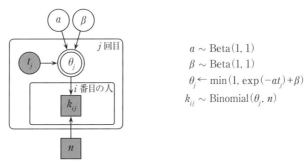

$\alpha \sim \text{Beta}(1, 1)$
$\beta \sim \text{Beta}(1, 1)$
$\theta_j \leftarrow \min(1, \exp(-\alpha t_j) + \beta)$
$k_{ij} \sim \text{Binomial}(\theta_j, n)$

図 10.1 記憶保持の指数減衰モデルのためのグラフィカルモデルで，個人差を仮定しないもの。

内側のプレートは実験参加者に対応する。任意の時点において，各参加者の再生確率は等しいが，成功カウント k_{ij} によって与えられる彼らの実験データは成功率と試行数をパラメータにもつ二項分布にしたがって変動する。

スクリプト Retention_1.txt はこのグラフィカルモデルを WinBUGS に実装する。このコードは各時点での各実験参加者についての成功率を別々に計算しており，本来必要になるよりも見かけのパラメータ数が多くなっていることに注意してほしい。

```
# 個人差なしの場合の保持
model{
    # 観測データと予測データ
    for (i in 1:ns){
        for (j in 1:nt){
            k[i, j] ~ dbin(theta[i, j], n)
            predk[i, j] ~ dbin(theta[i, j], n)
        }
    }
    # 各実験参加者の各ラグでの保持率は指数的に減衰する
    for (i in 1:ns){
        for (j in 1:nt){
            theta[i, j] <- min(1, exp(-alpha*t[j])+beta)
        }
    }
    # 事前確率
    alpha ~ dbeta(1, 1)
    beta ~ dbeta(1, 1)
}
```

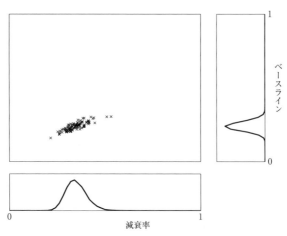

図 10.2 個人差を仮定しない記憶保持モデルについての減衰パラメータとベースラインパラメータの同時事後分布と周辺事後分布。

コード Retention_1.m または Retention_1.R はこのモデルをデータに適用し，事後分布と事後予測分布の分析を出力する。

α と β の同時事後分布を図 10.2 の中央のパネルに二次元の散布図として示す。散布図の点の各々は事後分布からの標本のうちランダムに選ばれたものである。α と β 両方の周辺分布を図の下と右に示したが，これらはすべての事後標本に基づくものである。周辺分布はデータで条件づけたときの，他方のパラメータとは無関係な（すなわち，他方のパラメータについて平均化した）各パラメータの分布を表す。

図 10.2 から明らかなように，同時事後分布は 2 つの周辺分布よりも多くの情報を伝えている。もし同時事後分布が独立であったとすれば，それは 2 つの周辺分布の積にすぎなくなるだろう。だが，同時事後分布は，全般的に α の値が大きいと β の値も大きいというゆるやかな関係性を示している。このことは，心理学的には，パラメータが比較的高いベースラインと比較的高い減衰率の組み合わせであるのか，比較的低いベースラインと比較的低い減衰率の組み合わせであるのかが不確かであることを意味すると解釈できる。

図 10.3 は各時点での成功した保持回数についての事後予測分布を示している。各実験参加者について，各時点で，四角形はそれぞれの可能な再生項目数のもとでの事後質量を表している。これらは，モデルがデータから学習したことに基づく，保持実験において観測される行動についてのモデルの予測に対応する。利用できる場合には，黒い四角形とそれらを結びつけた線によって各実験参加者についての実際の観測データも示している。

図 10.3 の明らかな特徴は，今回のモデルは記述的な適切さという基本的な要求を満足させるものではないということである。実験参加者 1 と 3 の両方について，このモデルは多くの時点で事後質量を観測データにわずかしか当てていない。モデルは実験参加者 1 のデータが示すよりも急な減衰率を記述し，また実験参加者 3 のデータが示すよりも浅い減衰率を記述している。事後予測分析によってモデルを評価すると，個人差なしというモデリングの仮定は不適切であると結論できる。この結論は図 10.2 に示したパラメータについての事後分布の有用性を無効化するものであることは重要なので理解しておいてほしい。事後分布はモ

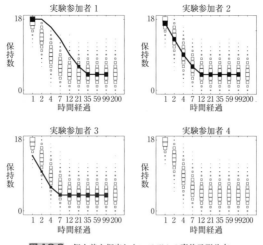

図 10.3 個人差を仮定しないモデルの事後予測分布。

デルが適切であるという条件のもとで導かれており，モデルに本質的な欠陥があるときには妥当でない。

> 練習問題

練習問題 10.1.1 なぜ事後予測分布が 4 名すべての実験参加者について同じなのか？ このモデルに，実験参加者ごとに違った保持のパターンを予測させるような（実際または架空の）データはありうるだろうか？ ある実験参加者はすべて思い出したが残り 2 名は何も思い出さなかったなどの大きな質的な差があった場合にはどうなるだろうか？

10.2 完全な個人差を考える場合

個人差を取り入れた改訂版のグラフィカルモデルを図 10.4 に示す。前のモデルからの変更点は，i 番目の実験参加者が今回は個人ごとのパラメータ α_i と β_i をもっており，ある項目への記憶保持の確率 θ_{ij} が実験参加者と保持間隔の両方について変化することである。

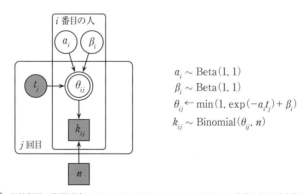

図 10.4 記憶保持の指数減衰モデルのためのグラフィカルモデルで，完全な個人差を仮定するもの。

スクリプト Retention_2.txt は，このグラフィカルモデルを WinBUGS に実装する。

```
# 完全な個人差がある場合の保持
model{
        # 観測データと予測データ
        for (i in 1:ns){
                for (j in 1:nt){
                        k[i, j] ~ dbin(theta[i, j], n)
                        predk[i, j] ~ dbin(theta[i, j], n)
                }
        }
        # 各実験参加者の各ラグでの保持率は指数的に減衰する
        for (i in 1:ns){
                for (j in 1:nt){
                        theta[i, j] <- min(1, exp(-alpha[i]*t[j])+beta[i])
                }
        }
        # 各実験参加者についての事前分布
        for (i in 1:ns){
                alpha[i] ~ dbeta(1,1)
                beta[i] ~ dbeta(1,1)
        }
}
```

コード Retention_2.m または Retention_2.R はこのモデルを同じデータに適用し，今回も事後分布と事後予測分布の分析を出力する。

各実験参加者についての同時事後分布を図 10.5 の中央のパネルに示す。散布図の各点は事後サンプルに対応し，マーカーの違いは実験参加者の違いを表す。1，2，3，4 番目の実験参加者について，それぞれ，四角形，円形，三角形，十字のマーカーを使っている。周辺分布を下と右のパネルに示す。ここでは，線のスタイルを変えて実験参加者を表現している。

図 10.6 は同じ分析における各実験参加者についての各時点での保持成功回数の事後予測

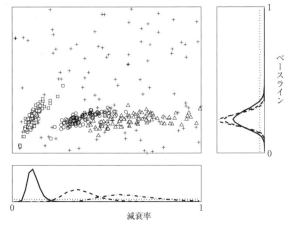

図 10.5 完全な個人差を仮定する記憶保持モデルについての減衰パラメータとベースラインパラメータの同時事後分布と周辺事後分布。

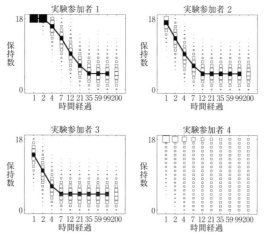

図 10.6 完全な個人差を仮定するモデルの事後予測分布。

分布を示している。明らかに、個人差を認めることによって、モデルは実験参加者 1, 2, 3 についての記述的な適切さという基本的な水準を達成できるようになった。図 10.5 の事後分布は減衰パラメータ α の別々の値がこれらの実験参加者それぞれに使われていることを示している。この結果は以前の分析から得たわれわれの直感に合っている。

今回のモデルの弱点は、実験参加者 4 の予測において明らかである。各実験参加者は異なる減衰パラメータとベースラインパラメータを持つと仮定されるので、新たな実験参加者についてモデルが持つ唯一の情報はパラメータ α と β の事前確率である。図 10.5 において見た目に明らかな実験参加者のパラメータ間の関係性を、モデルは形式的に捉えることができていない。このことは、図 10.5 が示すように、実験参加者 4 の事後分布が事前分布と同じものに過ぎないこと、そのため実験参加者 4 の事後予測分布は（図 10.6 が示すように）何も役立つ構造をもたないことを意味している。このように、今回のモデルはデータが手に入る人以外の実験参加者の行動について意味のある予測を行うことができず、基本的な一般化可能性も持っていない。直感的には、実験参加者 4 も実験参加者 1, 2, 3 について推論したパラメータと規則的に一貫するようなモデルパラメータをとると予測したほうがよいのではないだろうか。

練習問題

練習問題 10.2.1 完全個人差モデル及び個人差なしモデルの相対的な強みと弱みは何だろうか？このことについて考えてみよう。これを求めるのは、次に考える階層的アプローチがこれら両方のアプローチの最良の特徴を組み合わせたものといえるからである。

10.3 構造化された個人差を考える場合

図 10.5 での見た目にも明らかな各実験参加者のパラメータ間の関係性は、階層モデルを使って捉えることができる。このアプローチを実装したグラフィカルモデルを図 10.7 に示す。重要な変更点は、今回は各実験参加者についてのパラメータ α_i と β_i をガウス分布から

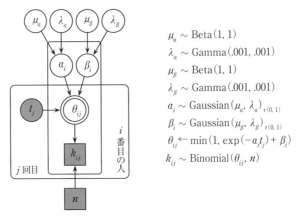

図 10.7 記憶保持の指数減衰モデルのためのグラフィカルモデルで，構造化された個人差を仮定するもの。

生成されたものとしてモデリングすることである。全体にかかるガウス分布は，それぞれのパラメータについて，このグループレベルの構造をモデリングする。このグループ構造自体も，減衰についての平均 μ_α，ベースラインについての平均 μ_β，減衰についての精度 λ_α，ベースラインについての精度 λ_β というパラメータをもつ。このようにして，実験参加者間の個人差に構造を与える。

パラメータ α_i と β_i のそれぞれは独立にサンプリングされるので別々の値をとりうるが，同じ分布から抽出したものなので互いに関係性をもつ。このことは，ある実験参加者について行う推論が別の実験参加者について行う予測に影響することを意味している。グループレベルの分布の平均と精度はすべての実験参加者について共通なので，ある実験参加者から学んだことは他の実験参加者についてわかることに影響を与える。加えて，全体にかかる分布からのサンプリングなので個々の実験参加者レベルでのパラメータ α_i と β_i はもはや明示的に指定された事前分布をもたないが，どちらのパラメータもグループレベルのガウス分布の平均と精度についての事前分布を継承する。

スクリプト Retention_3.txt は，このグラフィカルモデルを WinBUGS に実装する。

```
# 構造化された個人差がある場合の保持
model{
        # 観測データと予測データ
        for (i in 1:ns){
                for (j in 1:nt){
                        k[i, j] ~ dbin(theta[i, j], n)
                        predk[i, j] ~ dbin(theta[i, j], n)
                }
        }
        # 各実験参加者の各ラグでの保持率は指数的に減衰する
        for (i in 1:ns){
                for (j in 1:nt){
                        theta[i, j] <- min(1, exp(-alpha[i]*t[j])+beta[i])
                }
        }
        # 各実験参加者についてのパラメータをガウスグループ分布から取り出す
```

```
        for (i in 1:ns){
                alpha[i] ~ dnorm(alphamu, alphalambda)I(0, 1)
                beta[i] ~ dnorm(betamu, betalambda)I(0, 1)
        }
        # グループ分布についての事前分布
        alphamu ~ dbeta(1, 1)
        alphalambda ~ dgamma(.001, .001)I(.001,)
        alphasigma <- 1/sqrt(alphalambda)
        betamu ~ dbeta(1, 1)
        betalambda ~ dgamma(.001, .001)I(.001,)
        betasigma <- 1/sqrt(betalambda)
}
```

コード Retention_3.m または Retention_3.R はこのモデルをデータに適用し，今回も事後分布と事後予測分布の分析を出力する．

このモデルの同時事後分布と周辺事後分布を前と同じマーカーと線を使って図 10.8 に示す．実験参加者 1, 2, 3 については，これらの分布は完全個人差モデルを使って見出した事後分布と極めてよく似ている．重要な違いは実験参加者 4 についてであり，今回は両方のパラメータについて意味のある事後分布が得られた．減衰パラメータ α については，最初の 3 名の実験参加者について見られた値の範囲の大きさを反映して，依然としてかなりの不確実性がみられる．一方，ベースラインパラメータ β については，実験参加者 4 は今回は事後分布の範囲をずっと大きくしぼりこんでいる．

階層モデルのもとでの各実験参加者についての事後予測分布を図 10.9 に示す．予測は最初の 3 名の実験参加者についてはやはり有用なものだが，今回は実験参加者 4 についても解釈可能である．まだまったくデータが集められていない実験参加者 4 についての構造化された予測は階層モデルの性質から直接的に得られる．実験参加者 1, 2, 3 からのデータに基づいて，保持モデルの 2 つのパラメータについて，グループ分布の平均と精度の推論が行われる．新たな実験参加者 4 はこれらのパラメータをもつガウス分布からサンプリングした値をとり，図 10.8 に示した解釈可能なパラメータ分布と，それに基づく図 10.9 の解釈可能な予

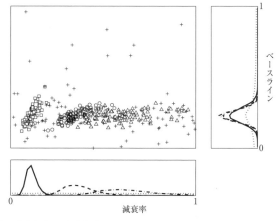

図 10.8 構造化された個人差を仮定する記憶保持モデルについての減衰パラメータとベースラインパラメータの同時事後分布と周辺事後分布．

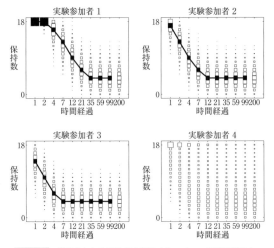

図 10.9 構造化された個人差を仮定するモデルの事後予測分布。

測分布をもたらす。

　心理学的には階層モデルが強力であるのは，認知過程における異なるレベルの抽象度で知識を表現できるからである（Lee, 2011a）。データが減衰及びベースラインパラメータ（個々の実験参加者の記憶過程で組み合わさる）によって生成されたと仮定するのとちょうど同じように，階層モデルはそれらのパラメータそのものが実験参加者を通してのグループ分布を記述する，より抽象的な潜在パラメータによって生み出されたものと仮定する。言い換えると，階層モデルは記憶保持の理論を個人差の理論と組み合わせ，複数の実験参加者からの行動データのより完全な説明を与える。

練習問題

練習問題 10.3.1　現在の記憶保持の例とは別の文脈で，階層アプローチが役立つ心理学的モデルとデータについて考えてみよう。

練習問題 10.3.2　各実験参加者について減衰率 α_i とベースライン β_i をサンプリングするときに，比率尺度にするために切断をする必要のない修正版のモデルを開発しよう。切断は理論的に不格好であるだけでなく，技術的にも実装の際に問題になる。WinBUGS は切断と打ち切りを区別しないからである。修正版のモデルを実装し，ここで提示したものとは別の結論が得られるかを確かめてみよう。

第十一章

Signal detection theory

信号検出理論

11.1 信号検出理論

信号検出理論（Signal Detection Theory, SDT；くわしい方法については，D. M. Green & Swets, 1966; MacMillan & Creelman, 2004 を参照）は，心理学においてデータから推論を行うための非常に一般的で，有用かつ広く採用されている方法である。特に，二肢強制選択実験によく使われるが，2×2 の集計表として考えることのできるあらゆる状況に適用できる。

表 11.1 に SDT の基本的なデータと用語を挙げた。"信号" 試行と "ノイズ" 試行，それに "イエス" 反応と "ノー" 反応がある。信号試行で "イエス" 反応がなされたときには "ヒット" と呼ぶ。ノイズ試行に "イエス" 反応がなされたときは "フォルスアラーム（誤警報）" と呼ぶ。信号試行に "ノー" 反応がなされたときは "ミス" と呼ぶ。ノイズ試行に "ノー" 反応がなされたときは "コレクトリジェクション（正しい却下）" と呼ぶ。

SDT 分析の基本的なデータは，ヒット，フォルスアラーム，ミス，コレクトリジェクションのカウントそのものである。ヒットとフォルスアラームのカウント，および信号試行とノイズ試行の総数をもって，データの完全な記述と考えるのが一般的である。

SDT の要点となる仮定を図 11.1 に示したが，これには表現形式と意思決定についての仮定が伴う。表現形式としては，信号試行とノイズ試行は "強度" という構成概念上の一次元的な値として表せるというのがここでのアイデアである。どちらの種類の試行もこの次元上の強度を生じ，その強度はガウス分布にしたがって変動すると仮定される。信号強度は平均的にはノイズ強度よりも大きいと仮定されるので，信号強度の分布は相対的に大きな平均をもつ。もっとも一般的な等分散の形の SDT では，どちらの分布も同じ分散をもつと仮定される。一方，意思決定についての SDT の仮定は，イエス反応とノー反応は現在の試行と固定的な基準の強度を比べることによって生み出されるというものである。強度が基準を超えたら "イエス" 反応がなされ，そうでなければ "ノー" 反応がなされる。

図 11.2 は，等分散 SDT モデルの形式的表現である。背後にある強度の尺度は単位が任意

表 11.1 基本的な信号検出理論のデータと用語法

	信号試行	ノイズ試行
イエス反応	ヒット	フォルスアラーム
ノー反応	ミス	コレクトリジェクション

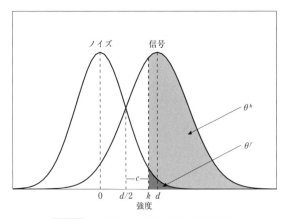

図 11.1 等分散のガウス信号検出理論の枠組み。

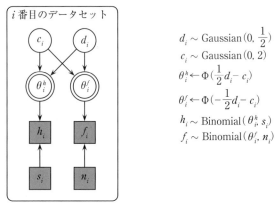

図 11.2 信号検出理論のためのグラフィカルモデル。

であるので，分散は 1 に固定し，ノイズ分布の平均を 0 に，信号分布の平均を d に設定する。これにより，d は 2 つの分布間の距離に一致するので，d は信号試行とノイズ試行の**弁別力**の測度となる。

$d/2$ という強度の値は特別である。なぜならこの値は，信号試行とノイズ試行が同じくらい起こりそうなときに，正しい分類の確率が最大になる基準値だからである。この場合，$d/2$ という基準を使うことはバイアスのない反応に一致する。反応に使われる実際の基準を k で表し，この基準とバイアスのない基準の間の距離を c で表す。このとき，c の値は実際の基準がバイアスのない基準とどのくらい違っているかに対応するので，c は**バイアス**の測度になる。c の値が正の場合はノーと答えるほうにバイアスがかかっており，ミスが増える代わりにコレクトリジェクションも増える。c の値が負の場合はイエスと答えるほうにバイアスがかかっており，フォルスアラームが増える代わりにヒットも増える。

以上のように表現形式と意思決定についての仮定をした SDT モデルは，ヒット率とフォルスアラーム率についての予測を行うので，表 11.1 のカウントと整合する。図 11.1 では，基準 k を上回る信号分布の確率としてヒット率 θ^h が表される。同様に，フォルスアラーム率 θ^f は基準 k を上回るノイズ分布の確率である。

SDT の有用性は，以上の関係性によって，表 11.1 のようなデータを入力とし，ヒットとフォルスアラームのカウントを心理学的に意味のある弁別力とバイアスの測度に変換できるところにある。弁別力は，信号試行とノイズ試行をどのくらい簡単に弁別できるかの測度である。バイアスは使用した意思決定基準が最適な基準とどのように関係するかの測度である。

いくつかのデータセットについてのヒットとフォルスアラームのカウントから弁別力とバイアスを推論するグラフィカルモデルを図 11.2 に示す。i 番目のデータセットについてのヒット率 θ_i^h とフォルスアラーム率 θ_i^f は，図 11.1 に示す分布の部分として得られる。それらはそれぞれ，累積標準ガウス分布関数 $\Phi(\cdot)$ を用いた，弁別力 d_i とバイアス c_i の関数である。ヒットの観測カウント h_i とフォルスアラームの観測カウント f_i は，それぞれヒット率とフォルスアラーム率，および信号試行 s_i とノイズ試行 n_i の回数をパラメータにもつ二項分布をする。弁別力とバイアスの事前分布はどちらもガウス分布であり，ヒット率とフォルスアラーム率についての一様事前分布に対応するようになっている[1]。

スクリプト SDT_1.txt はこのグラフィカルモデルを WinBUGS に実装する。

```
# 信号検出理論
model{
    for (i in 1:k){
        # 観測したカウント
        h[i] ~ dbin(thetah[i], s[i])
        f[i] ~ dbin(thetaf[i], n[i])
        # 等分散のガウシアンSDTを用いた再パラメータ化
        thetah[i] <- phi(d[i]/2-c[i])
        thetaf[i] <- phi(-d[i]/2-c[i])
        # 弁別力とバイアスについてのこれらの事前分布は
        # ヒット率とフォルスアラーム率についての一様事前分布に対応する
        d[i] ~ dnorm(0, 0.5)
        c[i] ~ dnorm(0, 2)
    }
}
```

コード SDT_1.m または SDT_1.R はこのモデルを適用して 3 つのデータセット例についての推論を行う。図 11.3 は結果として得られる，各データセットについての弁別力，バイアス，ヒット率，フォルスアラームのプロットを示している。

最初のデータセットでは，100 のターゲット試行と 100 のノイズ試行において 70 のヒットと 50 のフォルスアラームが観測された。試行数が多いため，ヒット率とフォルスアラーム率についての不確実性は比較的小さく，それぞれ，0.7 と 0.5 を中心とする狭い事後分布が得られた。弁別力とバイアスにもある程度の確実性があることがわかり，それぞれ，およそ 0.5 と -0.25 を中心とする事後分布が得られた。

第二のデータセットでは，10 のターゲット試行と 10 のノイズ試行において 7 のヒットと

---

[1] 証明は確率積分変換の定理による（e.g., Angus, 1994）。この定理によれば，X が連続的な実数の値をとる確率変数であり，強い意味で単調増加な累積分布関数 F_X をもつ場合，$F_X(X)$ は $(0, 1)$ の範囲で一様分布する。このことは，たとえば，$X \sim \mathrm{Gaussian}(0, 1)$ である場合，$\Phi(X) \sim \mathrm{Uniform}(0, 1)$ となることを意味する。

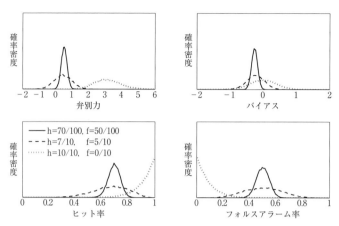

図11.3 3つの例のデータセットを使った弁別力，バイアス，ヒット率，フォルスアラーム率の事後分布。

5のフォルスアラームが観測された。これらは最初のデータセットと同じ割合のヒットとフォルスアラーム率だが，ずっと少ない数の標本に基づいている。そのために，事後分布は（基本的に）同じ平均になっているが，不確実性はずっと大きいことがわかる。

第三のデータセットでは，10のターゲット試行と10のノイズ試行において10のヒットでフォルスアラームなしという，完全なパフォーマンスが観測された。ヒット率とフォルスアラーム率の最頻値は1.0と0.0だが，他の可能性にもいくらかの密度がある。弁別力が大きいことは確かだが，正確な値は明確でない。このデータはバイアスを推定するのに役立つ情報を与えないので，バイアスは事前分布と変わらない。この結果は伝統的な頻度主義の分析とは対照的な，ベイズアプローチの利点を示している。伝統的な分析では，ヒットとフォルスアラームのいずれかが観測されなかったときには，弁別力とバイアスのどちらも決定できない事態を避けるために，急場しのぎのエッジ補正を採用しなければならない。

練習問題

練習問題11.1.1 弁別力とバイアスの事前分布はアプリオリに適切だと感じただろうか？ なぜ適切である，あるいは，なぜ適切でないと思ったのだろうか？ 別の事前分布を試し，このことが上で論じたデータセットについてのあなたの推論に及ぼす影響を調べよう。

練習問題11.1.2 Lehrner, Kryspin-Exner, & Vetter（1995）は，3群の実験参加者についてのにおいの再認記憶のデータを報告している。群Ⅰには18名の参加者がおり，全員がHIV抗体検査で陽性であり，CD-4〔訳注：ヘルパーT細胞〕の量は240〜700/mm^{3}だった。群Ⅱには19名の参加者がおり，全員がHIV抗体検査で陽性だが，CD-4の量は0〜170 mm^{3}だった。CD-4の量は免疫系の強さの測度であり，通常の範囲は500〜700 mm^{3}なので，群Ⅱの参加者は免疫系が弱い。群Ⅲには18名の健康な参加者がおり，統制群として機能した。においの再認課題では，各参加者に10の一般的な家庭のにおいを提示して記憶してもらった。各提示の間には30秒の間隔があった。15分の間隔を空けてから，総計20のにおいを参加者に提示した。このテストセットは以前に提示した10のにおいと新しい10のにおいから構成され，ランダム順に提示した。参加者はそれぞれのにおいが"あった"か"なかった"かを判断しなければなら

表11.2 Lehrner et al.（1995）の報告したにおいの再認記憶

	統制群		群 I		群 II	
	提示した におい	新規な におい	提示した におい	新規な におい	提示した におい	新規な におい
あった反応	148	29	150	40	150	51
なかった反応	32	151	30	140	40	139

なかった。表11.2に結果として得られた信号検出データを示した[★2]。信号検出理論を使ってこれら3つのデータセットを分析し，それぞれの群の再認成績の弁別力とバイアスを推論してみよう。この分析からどんな結論が引き出せるだろうか？　もしあるとすれば，同じ群の中の参加者の間での個人差について何を推論できるだろうか？

11.2　階層的信号検出理論

　今度はSDTを階層的に拡張したものを，個別の実験参加者のデータが利用できる場合の別の問題に適用してみよう。ひとつ前のケーススタディにおける基本的なSDTモデルの階層的拡張版を使えば，潜在的な個人差がモデル化できるようになる。ここでの発想は，集団レベルのガウス分布から各実験参加者の弁別力とバイアスが生成されるというものだ。

　今回のデータは，帰納推論と演繹推論は信号検出理論の枠組みの中で統合できるというRips（2001）の予測について，Heit & Rotello（2005）がこれを経験的に評価するために集めたものである。この予測は，主張の強さを単一次元の構成概念として捉えるが，帰納と演繹とで別々の基準を認めている。基準は帰納の場合には"弱い"主張と"強い"主張を，演繹の場合には"妥当でない"主張と"妥当な"主張を分ける。つまり，演繹の基準のほうがより極端である。この捉えかたでは，演繹は単に帰納のより厳しい形式になっている。したがって，SDTモデルを支持したり反証したりする経験的証拠は，複数の違う種類の推論システムや推論過程が存在することについてのおおいに入り乱れた現代的論争にとって大きな意味がある（e.g., Chater & Oaksford, 2000; Heit, 2000; Parsons & Osherson, 2001; Sloman, 1998）。

　その研究において，Heit & Rotello（2005）は，80名の参加者の8つの主張についての帰納判断と演繹判断を調べた。彼らは被験者間デザインを使ったので，40名の参加者は主張についての帰納問題に答え（すなわち，結論が"適切"かどうか），残り40名の参加者は演繹問題に答えた（すなわち，結論が"必然的に真"かどうか）。これらの参加者が行った判断は，ヒットとフォルスアラームのカウントとして自然に扱うことができる。

　Heit & Rotello（2005）のデータを分析するためのグラフィカルモデルを図11.4に示す。このモデルはSDTを使ってヒット数θ_i^hとフォルスアラーム数θ_i^fからi番目の参加者についての弁別力d_iとバイアスc_iを推論する。個人ごとの弁別力とバイアスは集団レベルのガウス分布から生じると仮定することによって個人差を階層的にモデル化する。平均と精度はそれぞれμ_d, μ_c, λ_d, λ_cによって与えられる。

[★2]　これらのデータは小数点第二位で切ったヒット率とフォルスアラーム率から復元したものなので，1つか2つの値はずれているかもしれない。

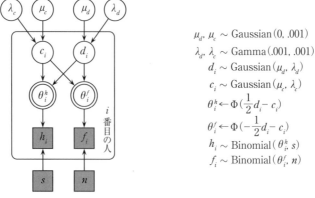

図11.4 階層的信号検出理論のためのグラフィカルモデル。

スクリプト SDT_2.txt は，このグラフィカルモデルを WinBUGS に実装する。

```
# 階層的信号検出理論
model{
    for (i in 1:k){
        # 観測カウント
        h[i] ~ dbin(thetah[i], s)
        f[i] ~ dbin(thetaf[i], n)
        # 等分散のガウスSDTを使って再パラメータ化
        thetah[i] <- phi(d[i]/2-c[i])
        thetaf[i] <- phi(-d[i]/2-c[i])
        # 弁別力とバイアス
        c[i] ~ dnorm(muc, lambdac)
        d[i] ~ dnorm(mud, lambdad)
    }
    # 事前分布
    muc ~ dnorm(0, .001)
    mud ~ dnorm(0, .001)
    lambdac ~ dgamma(.001, .001)
    lambdad ~ dgamma(.001, .001)
    sigmac <- 1/sqrt(lambdac)
    sigmad <- 1/sqrt(lambdad)
}
```

コード SDT_2.m または SDT_2.R はこのモデルを Heit & Rotello（2005）のデータに適用する。このコードは，まず各実験条件の個々のデータにグラフィカルモデルを別々に適用する。すると，どちらの実験条件についても，弁別力とバイアスの両方の集団平均についての図11.5 に示すような同時事後分布がプロットされる。

練習問題

練習問題 11.2.1 Rips（2001）の予測を検証する際の中心的な興味には，バイアスと（特に）弁別力の集団レベルの平均は帰納条件と演繹条件の間でどのくらい違うのかということがある。

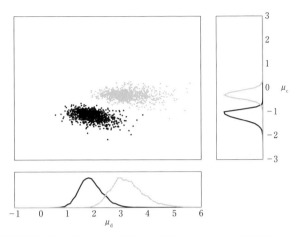

図 11.5　帰納条件（暗い）と演繹条件（明るい）の μ_d と μ_c の同時事後分布。

Heit & Rotello (2005) のデータについての今回の分析に基づくと，Rips (2001) の予測についてどんな結論を引き出せるだろうか？

練習問題 11.2.2　Heit & Rotello (2005) はデータに標準的な有意性検定手法を使って，帰納条件と演繹条件で弁別力に差はないという帰無仮説を棄却した。彼らの分析は，各参加者について平均弁別力を計算し，完全パフォーマンスが観測された場合にはエッジの修正を使った。これらの弁別力群は演繹条件では平均 0.93，帰納条件では 1.68 になった。t 統計量を経た計算をし，すなわち，それに付随したガウス標本分布を仮定し，p 値が 0.01 よりも小さいことを観測することによって，Heit & Rotello (2005) は平均が等しいという帰無仮説を棄却した。Heit & Rotello (2005) によれば，2 つの条件の弁別力についてのこの知見は SDT が提供する基準シフト単一次元説に反する証拠となる。このことはベイズ式の分析からの結論と一致するだろうか？

練習問題 11.2.3　バーンイン・サンプルを除外しないで分析をやり直してみよう。コード `SDT_2.m` または `SDT_2.R` の `nburnin` を 0 に設定すればできる。結果は図 11.6 のようになるはずだ。

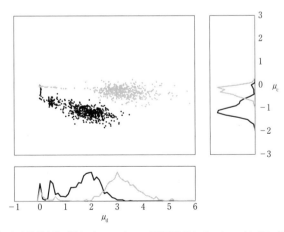

図 11.6　帰納条件（暗い）と演繹条件（明るい）の μ_d と μ_c の同時事後分布で，バーンインサンプルを除外しなかったもの。

サンプルした分布の主な部分に向けて0から延びる奇妙なサンプル群に気がつくはずだ。なぜこれらのサンプルが存在するのか，そしてなぜバーンインがこの分析において重要なのかを説明してみよう。

11.3　パラメータ拡張法

ドーラ・マッツケと共同執筆

バーンイン期間を導入したあとでも，階層的分散パラメータ σ_c の連鎖のふるまいについてのサンプリングの問題は残る。図11.7に示すように，σ_c の連鎖が0周辺でほとんど動かないことがある。帰納条件の2500あたりのサンプルが特にいい例だ。この望ましくないサンプリングのふるまいは，複雑な階層的ベイズモデルで起こることが多い。

問題は以下の通りである。σ_c がたまたま0に近い値であると推定されたとしよう。結果として，個人ごとのバイアスパラメータ c_i はその母集団平均 μ_c の近くに集中する。次の回のMCMC反復では，σ_c はまた0付近に推定されるだろう。σ_c はパラメータ c_i の現在の値に依存するからである。そのうち，σ_c の連鎖は"ゼロ分散の罠"から脱出する。しかし，これには複数回の反復が必要になるし，サンプリングが進む中で，あとになって連鎖が再びこの罠にとらわれてしまうこともある。

サンプリングの過程がこの罠を回避できるようにするための優れた手段は，パラメータ拡張法というテクニックを使うことだ（e.g., Gelman, 2004; Gelman & Hill, 2007; Liu & Wu, 1999）。このテクニックは，オリジナルのモデルに冗長な倍数パラメータを増やすものである。具体的には，たとえば，2つの倍数パラメータ ξ_c と ξ_d をもつ階層的信号検出モデルに拡張できる。これらの追加パラメータの役割は，オリジナルのパラメータ c_i と d_i，それに対応する標準偏差 σ_c と σ_d を再尺度化することである。

このパラメータ拡張版のモデルを実装したグラフィカルモデルを図11.8に示す。この新しいモデルは，単純にオリジナルのモデルを再パラメータ化したものであり，オリジナルの階層的信号検出モデルと同値である。パラメータ拡張版のモデルでは，c_i と σ_c は ξ_c をかけることによって再尺度化される。パラメータ c_i はここでは μ_c，ξ_c，δ_{ci} によって表され，σ_c は $|\xi_c| \sigma_c^{\text{new}}$ によって表現される。同じく，パラメータ d_i と σ_d は ξ_d をかけることで再尺度化さ

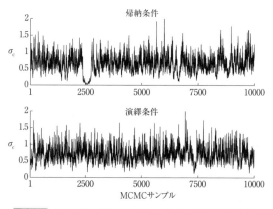

図11.7　階層的信号検出モデルの σ_c パラメータのMCMC連鎖。

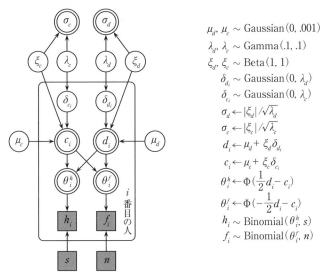

図11.8 パラメータを拡張した階層的信号検出理論のためのグラフィカルモデル。

れる。パラメータ d_i はここでは μ_d, ξ_d, δ_{di} によって表現され，σ_d は $|\xi_d|\sigma_d^{\text{new}}$ によって表現される。

パラメータ拡張法の背景にある理論的根拠は，パラメータ ξ_c と ξ_d の更新がサンプリング過程に付加的なランダム成分を含めることである。この成分は $\sigma_c = |\xi_c|\sigma_c^{\text{new}}$ と $\sigma_d = |\xi_d|\sigma_d^{\text{new}}$ のサンプルが過去の反復にあまり依存しないようにし，過去の値がどのくらい小さいかにかかわらず連鎖がゼロ付近で罠にはまることを防ぐ。しかし，オリジナルのモデルのもとで推論を引き出すには，拡張版のモデルからのパラメータをオリジナルの尺度に変換しなおさなければならない。たとえば，オリジナルのパラメータ σ_c についての推論は σ_c^{new} ではなく $|\xi_c|\sigma_c^{\text{new}}$ のサンプルに基づくべきである。

スクリプト SDT_3.txt は，WinBUGS にこのグラフィカルモデルを実装する。

```
# パラメータ拡張付きの階層的SDT
model{
    for (i in 1:k){
        # 観測したカウント
        h[i] ~ dbin(thetah[i], s)
        f[i] ~ dbin(thetaf[i], n)
        # 等分散のガウスSDTを用いた再パラメータ化
        thetah[i] <- phi(d[i]/2-c[i])
        thetaf[i] <- phi(-d[i]/2-c[i])
        # 弁別力とバイアス
        c[i] <- muc + xic*deltac[i]
        d[i] <- mud + xid*deltad[i]
        deltac[i] ~ dnorm(0, lambdac)
        deltad[i] ~ dnorm(0, lambdad)
    }
    # 事前分布
    muc ~ dnorm(0, 0.001)
```

```
        mud    ~ dnorm(0, 0.001)
        xic    ~ dbeta(1, 1)
        xid    ~ dbeta(1, 1)
        lambdac ~ dgamma(.1, .1)
        lambdad ~ dgamma(.1, .1)
        sigmacnew <- 1/sqrt(lambdac)
        sigmadnew <- 1/sqrt(lambdad)
        sigmac <- abs(xic)*sigmacnew
        sigmad <- abs(xid)*sigmadnew
}
```

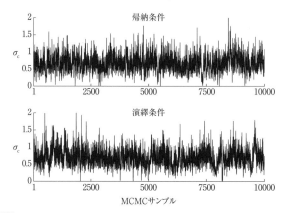

図11.9 パラメータを拡張した階層的信号検出モデルの σ_c パラメータの MCMC 連鎖。

コード SDT_3.m または SDT_3.R はパラメータ拡張版のモデルを Heit & Rotello（2005）のデータに適用する。コードを実行すると，WinBUGS は図 11.9 に示したのと同じような MCMC 連鎖を表示するはずだ。分散パラメータ σ_c についての連鎖は今回はゼロ分散の罠を回避していることが見て取れる。

練習問題

練習問題 11.3.1 尺度化していない精度について，dgamma(0.1, 0.1)，dgamma(0.01, 0.01)，dgamma(0.001, 0.001)，尺度パラメータについて，dunif(0, 1)，dunif(0, 2)，dnorm(0, 1) のような別の事前分布のもとで実験してみよう。尺度パラメータを変えると，尺度化した標準偏差についての事前分布はどのように変化するだろうか？

第十二章

心理物理学的関数

Psychophysical functions

ジョラム・ヴァン・ドライエルと共同執筆

12.1 心理物理学的関数

　心理物理学は，外的な物理刺激が内的な心理学的感覚をどのように引き起こすのかを測ることに関わるものである。典型的な心理物理学実験では，実験参加者は，2つの音，2つの重さ，2つのにおい，2つの線分，2つの時点など，似たような2つの刺激をくりかえし提示される。一方の刺激——標準刺激——はつねに同じ強度なのに対して，他方の刺激——テスト刺激——は試行ごとに強度が変わる。実験の各試行では，実験参加者の課題は，2つの刺激のうちのどちらがより強いか（うるさいか，重いか，強くにおうか，より傾いているか，長く続くか）を検出することである。刺激が似ていれば似ているほど，実験参加者は刺激を弁別するのが難しくなる。

　課題困難度と成績の関係は，図12.1に示すように，多くの場合シグモイド曲線（S字型曲線）にしたがう。x軸はテスト刺激と標準刺激の間の刺激強度の差を表す。y軸はテスト刺激の刺激強度のほうが強いと反応する確率を表す。これらの物理的測度と心理的測度を結びつける曲線は心理物理学的関数として知られており，以下のような関心のある量を決定するのに使われる。"主観的等価点"（point of subjective equality, PSE）は，実験参加者が50％の確率で正しい反応を選ぶ強度の差を表す。これは必ずしも2つの刺激が物理的に同じ強度である点とは限らない。"丁度識別差異"（just noticeable difference, JND）は，実験参加者が2つの刺激の強度の差に"丁度"気づく強度の閾値である。JNDを数量化するのによく

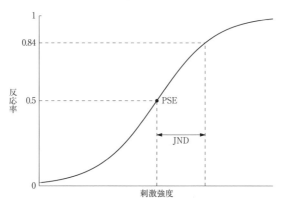

図 12.1 刺激強度と選択行動のS字型の関係性を表す心理物理学的関数。主観的等価点（PSE）や丁度識別差異（JND）として知られる重要な理論的測度を強調してある。

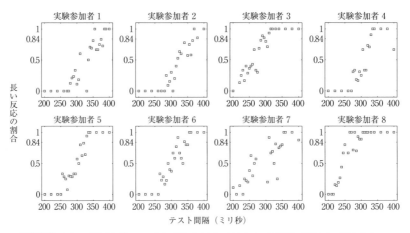

図 12.2 8名の実験参加者のデータを"長い"反応の割合をテスト間隔の関数として示したもの。

使われる心理測定関数の y の値は 84% の点である（Ernst, 2005）。そこで，ここでは JND を，分類成績を 50% から 84% まで上げる刺激強度の差であると定めよう。

本章では，JND についての推論ができる時間知覚に関する実験（e.g., Ivry, 1996）を使って，心理物理学と心理測定関数の基本を紹介しよう[1]。実験では，8名の実験参加者が 80 試行からなる 3 ブロックをそれぞれ遂行した。各試行では長さの違う 2 つのビープ音を使った。標準ビープ音はつねに 300 ms の長さであり，テストビープ音はさまざまに長さが変わった。実験参加者の課題は，テストビープ音が標準ビープ音よりも短かったか長かったかを答えることであった。テストビープ音の長さは，実験参加者の正答率に依存する適応的階段法を使って調整した。図 12.2 は，各テストインターバルについて，実験参加者が長いと回答した試行の割合を示している。図は典型的な S 字型の心理測定関数になっている。

しかし，JND についての推論を行うにはデータ生成過程についての心理学的なモデルが必要である。j 番目のインターバルのペアについて n_{ij} 回の長さ弁別判断を行った i 番目の実験参加者について考えてみよう。このときのテストインターバルを x_{ij} とする。この実験参加者がこのテストインターバルを長いと分類した回数を r_{ij} と表すことにする。つまり，テストインターバル x_{ij} について，n_{ij} 試行のうち r_{ij} 回の長いという反応が観測された。この過程は二項比率パラメータ θ_{ij} によって決まると仮定しよう。この比率パラメータ θ_{ij} は，テスト刺激の強度 x_{ij} において評価した心理測定関数によって与えられるとしよう。

心理測定関数はガンベル分布やワイブル分布などの分布でモデル化できるが（Kuss, Jäkel, & Wichmann, 2005），ここでは，パラメータ α_i と β_i をもつロジスティック関数を使って，

$$\theta_{ij} = \frac{1}{1 + \exp\{-[\alpha_i + \beta_i(x_{ij} - \bar{x}_i)]\}} \tag{12.1}$$

としよう。刺激強度の値は平均で中心化してあることに注意してほしい。それぞれの実験参

---

[1] この実験は，UC バークレー大学のリッチ・イブリーの研究室で行われた（2009 年 6〜7 月）。データをここに提示することを許可してくれたリッチ・イブリーに感謝する。

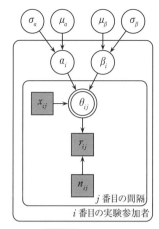

図12.3 時間弁別の心理測定モデルのためのグラフィカルモデル

加者について，平均のインターバルの長さ $\bar{x}_i$ をそれぞれのテストインターバルの長さ x_{ij} から引いてある。この関数を WinBUGS へ実装するには，logit 関数による変換を使うのが便利である。このとき，式 12.1 は

$$\mathrm{logit}(\theta_{ij}) = \alpha_i + \beta_i(x_{ij} - \bar{x}_i) \tag{12.2}$$

と表される。

心理物理学モデルのグラフィカルモデルを図 12.3 に示す。このモデルは i 番目の実験参加者についての心理測定関数を決定するパラメータ α_i と β_i の値が集団レベルのガウス分布からとり出されるという意味において階層的である。

スクリプト Psychophysical_1.txt は，このグラフィカルモデルを WinBUGS に実装する。

```
# ロジスティック心理物理学的関数
model{
    for (i in 1:nsubjs){
        for (j in 1:nstim[i]){
            r[i, j] ~ dbin(thetalim[i, j], n[i, j])
            logit(thetalim[i, j]) <- lthetalim[i, j]
            lthetalim[i, j]x <- min(999, max(-999, ltheta[i, j]))
            ltheta[i, j] <- alpha[i]+beta[i]*(x[i, j]-xmean[i])
        }
        beta[i] ~ dnorm(mub, lambdab)
        alpha[i] ~ dnorm(mua, lambdaa)
    }
    # 事前分布
    mub ~ dnorm(0, .001)
    mua ~ dnorm(0, .001)
    sigmab ~ dunif(0, 1000)
    sigmaa ~ dunif(0, 1000)
    lambdab <- pow(sigmab, -2)
```

```
        lambdaa <- pow(sigmaa, -2)
}
```

コード Psychophysical_1.m または Psychophysical_1.R は，このモデルをデータに適用する。図 12.4 にデータとパラメータ α_i と β_i の事後期待値に対応する心理測定関数を示す。

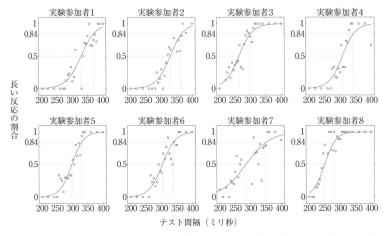

図 12.4 8 名の実験参加者それぞれについて期待される事後パラメータ値に対応する心理物理学的関数。点線は 50%（PSE）と 84%の時点の中間の JND を表す。

練習問題

練習問題 12.1.1 WinBUGS スクリプトの thetalim 構文はどんな働きをしているだろうか？

練習問題 12.1.2 図 12.4 のシグモイド曲線は点推定値から導出した一本線である。心理測定関数の不確実性をどうしたら視覚化できるだろうか？

練習問題 12.1.3 図 12.4 には各実験参加者の PSE が表されている。実験参加者 2 を実験参加者 8 と比べてみよう。二人はインターバルの知覚においてどのように違っているだろうか？

練習問題 12.1.4 分析の目的のひとつは，JND を推論するために心理測定関数を使うことである。図 12.4 では，y 軸の 50%と 84%の点に対応する点線の間の x 軸上の差によって JND を示している。図 12.4 からの JND は点推定値である。JND の事後分布をプロットし，結果を解釈してみよう。どの実験参加者が時間差の知覚に優れているだろうか？ また，あなたの結論はどのくらい確実だろうか？

練習問題 12.1.5 心理測定関数に当てはめるために使うデータポイントをよく見てみよう。すべてのデータポイントがシグモイド曲線に近いだろうか？ 外れ値がこの関数や推論した JND に影響しているだろうか？

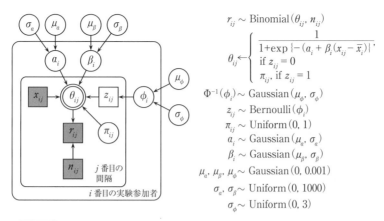

図 12.5 時間弁別の心理測定関数のためのグラフィカルモデルで，汚染過程を含めたもの．

12.2 交絡のもとでの心理物理学的関数

実験データが関心のある心理学的過程をそのまま反映していることはめったにない．注意のラプスによって推論に影響する汚染データが生まれることがある．したがって，多くの場合，混合モデルアプローチを使って汚染を明示的に説明するのがよい考えである．今回のデータにおける潜在的な汚染に対処するため，図 12.5 に示すグラフィカルモデルを使って，これまでのモデルを独立の汚染過程を備えたモデルに拡張しよう．

i 番目の実験参加者と j 番目の刺激ペアについて，二値変数 z_{ij} が反応の性質を決定する．$z_{ij}=0$ のときには，反応 r_{ij} は以前と同じくパラメータ α_i と β_i をもつ心理物理学的関数から生成される．$z_{ij}=1$ のときには，反応は一様分布する成功率 π_{ij} をもつ別の過程によって生成される．汚染モデルは，任意の刺激インターバルについての汚染行動を生じる確率 ϕ_i を i 番目の実験参加者がもつことも仮定する．これらの確率は，プロビット変換を使って，集団レベルのガウス分布から生成されると仮定する．

スクリプト `Psychophysical_2.txt` は，このグラフィカルモデルを WinBUGS に実装する．

```
# 汚染を伴うロジスティック心理物理学的関数
model{
    for (i in 1:nsubjs){
        for (j in 1:nstim[i]){
            z[i,j] ~ dbern(phi[i])
            z1[i,j] <- z[i,j] + 1
            thetalim[i, j, 2] <- pi[i, j]
            pi[i, j] ~ dbeta(1, 1)
            r[i, j] ~ dbin(thetalim[i, j, z1[i, j]], n[i, j])
            logit(thetalim[i, j, 1]) <- lthetalim[i, j]
            lthetalim[i,j] <- min(999, max(-999, ltheta[i, j]))
            ltheta[i, j] <- alpha[i]+beta[i]*(x[i, j]-xmean[i])
        }
        phi[i] <- phi(probitphilim[i])
```

```
                probitphilim[i] <- min(5, max(-5, probitphi[i]))
                probitphi[i] ~ dnorm(mup, lambdap)
                beta[i] ~ dnorm(mub, lambdab)
                alpha[i] ~ dnorm(mua, lambdaa)
        }
        # 事前分布
        mub ~ dnorm(0, .001)
        mua ~ dnorm(0, .001)
        sigmab ~ dunif(0, 1000)
        sigmaa ~ dunif(0, 1000)
        lambdab <- pow(sigmab, -2)
        lambdaa <- pow(sigmaa, -2)
        mup ~ dnorm(0, 1)
        sigmap ~ dunif(0, 3)
        lambdap <- pow(sigmap, -2)
}
```

コード Psychophysical_2.m または Psychophysical_2.R は，このモデルを以前と同じデータに適用する。図 12.6 は，両方のモデルによって推定された心理物理学的関数を示している。各インターバルを表す四角形のマーカーは z_{ij} の事後分布の平均値によって網かけにし，確実に心理物理学的関数からの反応は白，確実に汚染過程からの反応は黒になるようにしてある。

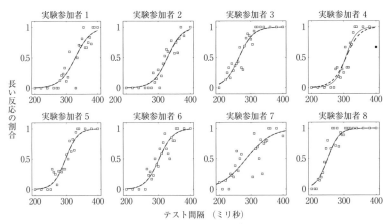

図 12.6 8名の実験参加者それぞれについて期待される事後パラメータ値に対応する心理測定関数で，汚染過程を含めたモデルを用いたもの。データを表す四角のマーカーは，どのくらい確実に心理物理過程によって生成されたのか（明るい），あるいは，汚染過程によって生成されたのか（暗い）によって色を付けてある。

図 12.7 は，汚染を考慮しないモデルと考慮したモデルの両方によって推定した JND の事後分布を示している。

> **練習問題**

練習問題 12.2.1 汚染過程を含めることで心理物理学的関数についての推論は，それから，鍵となる JND と PSE の特性はどんなふうに変化しただろうか？

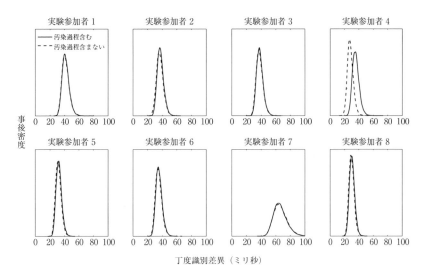

図 12.7 心理物理学的モデルから推測した8名の実験参加者それぞれについての丁度識別差異（JND）の事後分布。汚染過程を含めた推測は実線，含めない推測は破線で示した。

ボックス 12.1　汚染のモデリング

　どのような心理学過程，もしくはどのような課題における人々の行動にも，つねに多くの有益なモデルが存在する。モデルの開発は創造的な実践であり，ひとつだけの最良の答えや正しい答えといったものはない。ときには行動についての単純な統計的説明で十分なこともあるし，ときには心理学理論に基づくもっと豊かな説明がずっと役立つこともある。同じことは汚染モデルの開発にも当てはまる。これらもまた心理学的過程のモデルである。課題に適用されることが意図された心理学的過程ではないだけだ。汚染行動の単純な統計モデル——本章で示した心理物理学的モデルと同じような——で十分なことは多い。だが，ときには人々が課題を遂行するために用いるもっと複雑な方略を捉える，もっと豊かな認知的汚染モデルがさらに役に立つ。Zeigenfuse & Lee（2010）は，再認記憶と逐次的意思決定に関するケーススタディを提示している。彼らは本書と同じく潜在混合アプローチを使ったが，より精緻な汚染モデルを組み込んでいる。

第十三章

Extrasensory perception

超感覚知覚

　百年以上前には，世界中に名の通った科学者の何割かは，人は未来を見通せるのか（予知），心で物体を動かせるのか（テレキネシス），考えるだけでメッセージを伝えられるのか（テレパシー）といったことに興味を抱いていた。これらのいわゆる超感覚的能力を研究したのが**心霊学会**（Society for Psychical Research）のメンバーだ。この学会には，ウィリアム・ジェイムズ，カール・ユング，アルフレッド・ワラスなどの知的巨人もいた。1950年代の末になっても，偉大なアラン・チューリングは彼の有名な人工知能のテストはテレパシー防護室で実行すべきだと論じていた。

　時代は何と変わったことだろう。超感覚知覚，すなわち，ESPに関する科学的研究はいまでは少数のそれと見てわかるような学術的異端者だけが行うものであり，この現象が事実であると世界にデモンストレーションするというのはドンキホーテ的なミッションである。2011年にESPの実在に関する議論が再燃したのは，名声のある社会心理学者であるダリル・ベム博士が100名以上の実験参加者による9つのESP実験を公刊したときだった（Bem, 2011）。これらのデータに基づいて，人は未来を見通すことができるとベムは論じた。たとえば，ベムの最初の実験では，実験参加者は画像がコンピュータ画面の左側に現れるか，右側に現れるかを推測しなければならなかった。画像の位置はランダムであり，平均的には，実験参加者は50%の正答率というチャンスレベルを超えられないはずだ——もちろん，人が未来を見通せない限りは。Bem（2011）は，画像が現れる位置がチャンスレベル以上の正確さ53.1%で言い当てられることを見出した。面白いことに，この効果は性的な画像でのみ起こり，中立的な画像，ロマンティックだが性的ではない画像，ネガティブな画像，ポジティブな画像ではみられなかった。この効果は外向的な女性で最大であることも見出された。

　ベムの研究は人が未来を見通せることを示しているのだろうか？　そんなわけがない。ベムの研究は多くの理由から批判されている（Wagenmakers, Wetzels, Borsboom, & van der Maas, 2011）。ここで，ベイズ式のパラメータ推定とモデル選択法を使って，この批判のひとつを検討してみよう。すなわち，オリジナルのベムの結果は最適停止によって得られたという批判である。追試実験からのデータも分析して，能力についての安定した個人差の証拠と，外向性の効果についての証拠も評価しよう。

ボックス 13.1　テレパシーを語るチューリング

　"読者は超感覚知覚というアイデアにはなじみがあり，その4つの細目，すなわち，テレパシー，千里眼，予知，サイコキネシスの意味もご存知のことと思う。これらの不穏な現

象はわれわれの通常の科学的思考をすべて否定するものではないと思われる。どうやったらこれらの現象を信じられるというのか！　残念ながら統計的証拠は，少なくともテレパシーについては絶大である。"（Turing, 1950, p. 453）

13.1　最適停止の証拠

p 値を報告する場合にはデータ収集に先立ってサンプリング計画を特定していなければならない，ということを研究者はしばしば理解していない。あなたが 100 名の実験参加者のデータを検定するつもりだと言うとき，データをこっそりのぞき見て結果が有意になった（e.g., $p < 0.05$）ところで止める，ということは許されない。また，検定の結果が曖昧である場合（e.g., $p = 0.09$）にさらに 100 名のデータを追加して，もう一度検定することも許されない。この要請の理由は，データをのぞき見するならば，たとえ帰無仮説が厳密に真であった場合ですら，研究者はどんな小さな p 値をも得ることができるからである。この理由のために，最適停止の手続きは"先取りされた結論に向けてのサンプリング"とも言われている。

一回の研究について，結果が最適停止によるのか否かを判定することは非常に困難な場合がある。しかし，ある研究者が複数の結果を報告するときにはいつでも，実験参加者数または観測値の数を効果量に対してプロットすることが診断ツールとなる（Hyman, 1985）。図 13.1 はベムの報告した実験についてこの関係を示している[1]。

実験参加者の数と効果量の間の負の関係は，結果が最適停止によって汚染されていることを示唆する。効果量が大きいときには，研究者は早めに止めることができる。効果量が小さいときには，結果が有意に達するまでにより多くの実験参加者を検定する必要がある。

サンプルサイズと効果量に負の結びつきがあるという証拠はどのくらい強いものだろうか？　ベイズの枠組みの中では，この問題を扱う 2 つの自然なやり方が推論におけるパラメータ推定とモデル選択の観点から得られる。パラメータ推定では，セクション 5.1 で扱ったように，相関係数の事後分布を推定する。モデル選択では，セクション 7.6 で扱った通り，たとえば相関はゼロであるという仮説と相関は他の値であるという仮説を比べる。これは，サベージ＝ディッキー密度比検定を適用することで実現できる。

相関係数を推論するためのグラフィカルモデルを図 13.2 に再掲した。スクリプト Correlation_1.txt はこのグラフィカルモデルを WinBUGS に実装する。

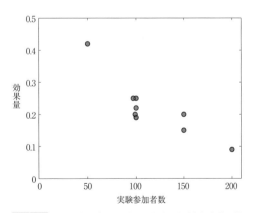

図 13.1　Bem（2011）の報告した実験の実験参加者数と効果量の関係性。

---

[1]　この規則性に注意を向けさせてくれたレイ・ハイマンに感謝する。

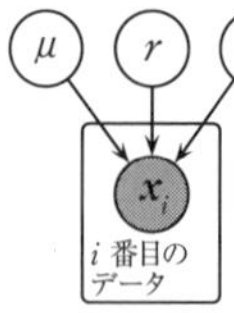

$$\mu_1, \mu_2 \sim \text{Gaussian}(0, 0.001)$$
$$\sigma_1, \sigma_2 \sim \text{InvSqrtGamma}(0.001, 0.001)$$
$$r \sim \text{Uniform}(-1, 1)$$
$$x_i \sim \text{MvGaussian}\left((\mu_1, \mu_2), \begin{bmatrix} \sigma_1^2 & r\sigma_1\sigma_2 \\ r\sigma_1\sigma_2 & \sigma_2^2 \end{bmatrix}^{-1}\right)$$

図 13.2 相関係数を推測するためのグラフィカルモデル。

```
# ピアソン相関
model{
    # データ
    for (i in 1:n){
        x[i, 1:2] ~ dmnorm(mu[], TI[,])
    }
    # 事前分布
    mu[1] ~ dnorm(0, .001)
    mu[2] ~ dnorm(0, .001)
    lambda[1] ~ dgamma(.001, .001)
    lambda[2] ~ dgamma(.001, .001)
    r ~ dunif(-1, 1)
    # 再パラメータ化
    sigma[1] <- 1/sqrt(lambda[1])
    sigma[2] <- 1/sqrt(lambda[2])
    T[1, 1] <- 1/lambda[1]
    T[1, 2] <- r*sigma[1]*sigma[2]
    T[2, 1] <- r*sigma[1]*sigma[2]
    T[2, 2] <- 1/lambda[2]
    TI[1:2, 1:2] <- inverse(T[1:2, 1:2])
}
```

相関係数の事前分布を $r \sim \text{Uniform}(-1, 1)$ と仮定し，このグラフィカルモデルを使ってその事後分布を推定する。言い換えると，事前には相関係数のとりうるすべての値が等しく起こりそうであると考える。仮説検定やモデル選択の用語でいえば，これは対立仮説 $\mathcal{H}_1$ に相当する。帰無仮説 $\mathcal{H}_0$ のもとでの仮定は，相関がないというものである。したがって，サベージ＝ディッキー密度比法を使えば，ベイズファクターは単純に，検定する点 $r=0$ で評価した事前分布の高さを事後分布の高さで割ったものである。

コード `OptionalStopping.m` または `OptionalStopping.R` は，このグラフィカルモデルを図 13.1 からのデータに適用し，事後分布をプロットして，サベージ＝ディッキー法を適用する。

結果を図 13.3 に示す。左のパネルは参照しやすいようにデータを再掲している。右のパネルは相関係数の事前分布（横点線）と事後分布（実線）を示している。事後分布の期待値は約 -0.77 であり，最頻値は破線の縦線で示した頻度論による相関の値の -0.87 付近である。

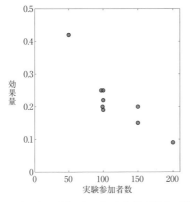 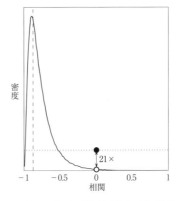

図 13.3 Bem（2011）の実験のサンプルサイズと効果量の相関についてのローデータ（左パネル）とベイズ分析（右パネル）。

ボックス 13.2　ベイズ式のデータ収集の柔軟性

"データ収集をいつ止めるかを決めるルールはデータの解釈とは無関係である。ある論点が立証，または，反証されるまで，あるいは，データ収集者の時間，資金，忍耐が尽きるまでデータを収集することはまったく適切である"（Edwards et al. 1963, p. 193）... "もしあなたにとって真である仮説の未知の確率が .01 に減るまでデータ収集に取り組むことにしたとしたら，100 回のうち 99 回は，どんなにたくさんデータを集め，孫子の代まで引き継いだとしても，あなたはそれをなしえないだろう"（Edwards et al., 1963, p. 239）

ボックス 13.3　退屈なベイズ

"ベイズ統計学と古典的統計学の原理的な違いとは何か？　ベイズ統計学は根本的に退屈である。やることが本当に少ない。モデルと事前分布を指定して，ベイズのハンドルを切るだけだ。才知に富んだたくらみや，次元や最適性基準の豊富な略語が入りこむ余地がない。この 'だるさ' はベイズ主義に反対する論拠として使えることをよく知っておいたほうがいいという話を聞いたことがある。同じように，運動の 3 つの法則と重力の 1 つの法則に基づくニュートン力学は豊饒なプトレマイオスの周転体系の代わりとしては貧弱であると不平をこぼした人もいたかもしれない。"（Dawid, 2000, p. 326）

また，図 13.3 の右のパネルには，$r=0$ のテスト時点での事前分布と事後分布の密度を，それぞれ，黒と白の円で示している。事前分布の密度はこの時点では事後分布の密度の約 21 倍なので，ベイズファクターは相関がゼロでないという対立仮説を支持するほうにおよそ 21 となる。

練習問題

練習問題 13.1.1　ベイズ式の分析は，Bem（2011）の研究におけるサンプルサイズと効果量の関係について何を教えてくれるだろうか？

練習問題 13.1.2 セクション5.2では，図13.2の相関モデルを拡張して，関連する測度についての不確実性を組み込むことを考えた。この拡張はここでも有効に適用できるだろうか？

練習問題 13.1.3 ピアソンの積率相関係数についての古典的な p 値の検定は，$r = -0.87$，95% CI $= [-0.97, -0.49]$，$p = 0.002$ という結果になった。この分析からどんな結論が導けるだろうか？ また，その結論は，ベイズ式の分析から得た結論とどう比べられるだろうか？

練習問題 13.1.4 オリジナルの尺度でのサベージ=ディッキー密度比を計算する必要はない。たとえば，フィッシャーの z 変換を使って $z = \mathrm{arctanh}(r)$ と事後サンプルをまず変換することには十分な理由がある。この変換を使って計算してみよう。観測したままの場合とどう違うだろうか？

13.2 能力の差についての証拠

Wagenmakers, Wetzels, Borsboom, van der Maas, & Kievit（2012）は，Bem（2011）のオリジナルの実験の追試を行った。この追試は細かな点でオリジナルとは違っていた。Wagenmakers et al.（2013）は効果を見出す可能性を最大限にしたかったので，女性のみをテストし，中立的な画像と性的な画像だけを使った。もう一点の違いは，2回の連続するセッションを行ったことである。"実験参加者がESPをもっているのなら，この特性はセッション1とセッション2とで関連するはずである。いいかえると，ESPの個人差は統計的にセッション1とセッション2の性的な画像についての成績間の正の相関として現れる"と考えたためである。

図13.4は，60試行からなるセッション2回分の全100名の実験参加者の，性的な画像が隠された位置を同定する能力を示している。見ための印象では，セッション1とセッション2の成績に系統的な関係はなさそうである。

前と同じく，相関係数についての推論を行い対立仮説を検定することが適当だろう。検定する仮説は明らかに正の相関の可能性についてのものなので，対立仮説 $\mathcal{H}_1$ はここでは相関が正であることを主張するものとし，事前分布 $r \sim \mathrm{Uniform}(0, 1)$ を使うことにしよう。

前の例とのもうひとつの違いは，行動測度を生み出す心理学的変数の不確実性のモデル化のしかたが明確なことである。2つのセッションでの成績は単純に各人の正反応数のカウントであり，これは背後にある能力によって生じたものと仮定される。したがって，i 番目の人が最初のセッションで $n = 60$ 試行のうち k_{i1} 回正答したとしたら，この成績は最初のセッションで正反応する比率 θ_{i1} と $k_{i1} \sim \mathrm{Binomial}(\theta_{i1}, n)$ という形で関連づけられる。このように，観測データを生み出す確率的な過程についての完全な説

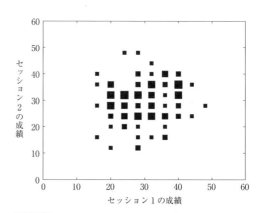

図13.4 2つのセッションにおける100名の実験参加者がそれぞれ60試行を実施し，性的な画像の隠された位置を正しく同定した成績。それぞれの点の大きさは，正しい予測が当てはまった実験参加者の数を示す。

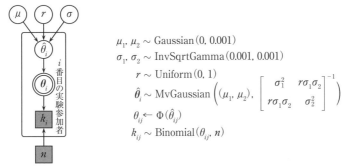

$\mu_1, \mu_2 \sim \text{Gaussian}(0, 0.001)$
$\sigma_1, \sigma_2 \sim \text{InvSqrtGamma}(0.001, 0.001)$
$r \sim \text{Uniform}(0, 1)$
$\hat{\theta}_i \sim \text{MvGaussian}\left((\mu_1, \mu_2), \begin{bmatrix} \sigma_1^2 & r\sigma_1\sigma_2 \\ r\sigma_1\sigma_2 & \sigma_2^2 \end{bmatrix}^{-1}\right)$
$\theta_{ij} \leftarrow \Phi(\hat{\theta}_{ij})$
$k_{ij} \sim \text{Binomial}(\theta_{ij}, n)$

図13.5 ESP実験の第一セッションと第二セッションでの，実験参加者を通しての成績の相関係数を推測するためのグラフィカルモデル。

明を与えることによって，人々の能力とセッションの背後にある本来的な不確実性を自然な形で考慮に入れることができる。

図13.5に，セッション1とセッション2の成績の相関係数を推論するグラフィカルモデルを示す。これは背後にある能力によって正しい判断をする際の実験参加者のふるまいをモデル化するものである。スクリプト Ability.txt は，このグラフィカルモデルを WinBUGS に実装する。

```
# ESP追試での能力相関
model{
        # データ
        for (i in 1:nsubjs){
                thetap[i, 1:2] ~ dmnorm(mu[], TI[,])
                for (j in 1:2){
                        theta[i, j] <- phi(thetap[i, j])
                        k[i, j] ~ dbin(theta[i, j], ntrials)
                }
        }
        # 事前分布
        mu[1] ~ dnorm(0, .001)
        mu[2] ~ dnorm(0, .001)
        lambda[1] ~ dgamma(.001, .001)
        lambda[2] ~ dgamma(.001, .001)
        r ~ dunif(0, 1)
        # 再パラメータ化
        sigma[1] <- 1/sqrt(lambda[1])
        sigma[2] <- 1/sqrt(lambda[2])
        T[1, 1] <- 1/lambda[1]
        T[1, 2] <- r*sigma[1]*sigma[2]
        T[2, 1] <- r*sigma[1]*sigma[2]
        T[2, 2] <- 1/lambda[2]
        TI[1:2, 1:2] <- inverse(T[1:2, 1:2])
}
```

コード Ability.m または Ability.R は，このグラフィカルモデルを図13.4のデータに適

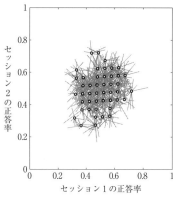
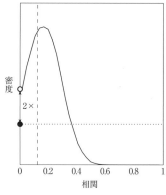

図 13.6 ESP追試実験の第一セッションと第二セッションの成績の関係性について推論した能力（左側のパネル）と相関分析（右側のパネル）。

用し，事後分布をプロットし，サベージ＝ディッキー法を適用する。

結果を図 13.6 に示す。左のパネルに，各セッションでの各実験参加者について推定した能力を示している。丸は各実験参加者の能力の期待値を示しており，線分はこの期待値と同時事後分布からのサンプルを表す点とを結んでいる。右のパネルは，相関係数の事前分布（水平の点線）と事後分布（実線）を示している。事後分布の期待値は約 0.18 である。最頻値は縦破線で示した頻度論の相関の値である 0.12 に近いが，図 13.3 のときほどぴったりとは一致しない。

また，図 13.6 の右のパネルは，検定する点 $r=0$ における事前分布と事後分布の密度をそれぞれ黒と白の丸で示している。事後分布の密度はこの時点での事前分布の密度のだいたい 2 倍なので，ベイズファクターは相関がゼロであるという帰無仮説を支持する方向におよそ 2 である。これは Jeffreys (1961) が"言及するにとどめる以上の価値はない"と呼んだレベルの証拠である。

> **練習問題**

練習問題 13.2.1 対立仮説を，2つのセッションを通しての実験参加者の能力の正の相関を仮定する代わりに，任意の相関を認めるものとしてみよう。この場合，事前分布は $r \sim \mathrm{Uniform}(-1, 1)$ である。直感的には，この場合のベイズファクターの値はどうなるだろうか？

練習問題 13.2.2 古典的な分析結果は $r=0.12$, 95% CI $=[-0.08, 0.31]$, $p=0.23$ になる。しかし，この有意でない p 値は，データが曖昧なのかどうか，また，H_0 を支持する証拠があるのかどうかを示すのに失敗している。ベイズファクターはこの曖昧さをどうのように解決するだろうか？

13.3 外向性の影響についての証拠

Wagenmakers et al. (2012) は，Bem (2011) の示唆にしたがって，実験参加者間で成績と外向性との間に正の相関がある可能性を検討した。図 13.7 は，各実験参加者の外向性得点と最初のセッションでの成績のデータを示している。見ための印象だと，強い相関はなさ

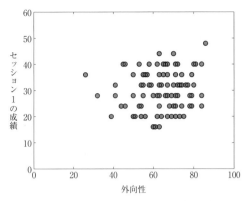

図 13.7 ESP 追試実験における 100 名の実験参加者の第一セッションでの外向性得点と成績。

そうだ。

最初のセッションでの成績は前と同じようにモデル化できるが，外向性の測定に際しての不確実性をモデル化するには追加の仮定が必要になる。ひとつのアプローチは，セクション 5.2 でも取り上げたように，それぞれの外向性得点を，標準偏差を伴ったガウス分布の平均として扱うことである。そのときに仮定する標準偏差の値は，観測した得点を生み出すのに使われた心理測定器具の精度についての仮定に対応する。

このアプローチを表現するグラフィカルモデルを図 13.8 に示す。i 番目の実験参加者について，正しい予測のカウント k_i は前と同じように，$k_i \sim \text{Binomial}(\theta_{i1}, n)$ でモデル化する。彼らの外向性得点は，$x_i \sim \text{Gaussian}(\theta_{i2}, \lambda^x)$ としてモデル化する。ここで，$\theta_{i2} = 100\Phi(\hat{\theta}_{i2})$ は $0 \sim 100$ の尺度での背後にある真の外向性であり，λ^x はガウス分布の精度である。相関係数の事前分布は $r \sim \text{Uniform}(-1, 1)$ にもどることに注意しておいてほしい。

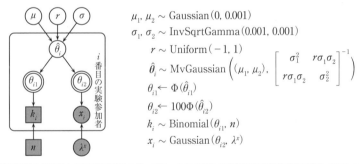

図 13.8 実験参加者の外向性と ESP 追試実験の第一ブロックでの彼らの成績の相関係数を推測するグラフィカルモデル。

スクリプト Extraversion.txt は，このグラフィカルモデルを WinBUGS に実装する。

```
# ESP追試での外向性の相関
model{
        # データ
        for (i in 1:nsubjs){
                thetap[i, 1:2] ~ dmnorm(mu[], TI[,])
                theta[i, 1] <- phi(thetap[i, 1])
```

13.3 外向性の影響についての証拠

```
        k[i] ~ dbin(theta[i, 1], ntrials)
        theta[i, 2] <- 100*phi(thetap[i, 2])
        x[i] ~ dnorm(theta[i, 2], lambdax)
    }
    # 事前分布
    mu[1] ~ dnorm(0, .001)
    mu[2] ~ dnorm(0, .001)
    lambda[1] ~ dgamma(.001, .001)
    lambda[2] ~ dgamma(.001, .001)
    r ~ dunif(-1, 1)
    # 再パラメータ化
    sigma[1] <- 1/sqrt(lambda[1])
    sigma[2] <- 1/sqrt(lambda[2])
    T[1, 1] <- 1/lambda[1]
    T[1, 2] <- r*sigma[1]*sigma[2]
    T[2, 1] <- r*sigma[1]*sigma[2]
    T[2, 2] <- 1/lambda[2]
    TI[1:2, 1:2] <- inverse(T[1:2, 1:2])
}
```

コード Extraversion.m または Extraversion.R は，このグラフィカルモデルを図 13.7 からのデータに適用し，事後分布をプロットし，サベージ＝ディッキー法を適用する。このコードは，外向性検査の精度を標準偏差尺度で仮定し（測度の不確実性を表現するのに簡単であると思われるため），標準偏差を精度に変換してグラフィカルモデルに与えていることに注意してほしい。

$\lambda^x = 1/9$ のとき——つまり，標準偏差が外向性測度について 3 であるとき——の結果を図 13.9 に示す。左のパネルは，各実験参加者の最初のセッションについて推論した能力と背後にある外向性のレベルを示している。丸は期待値を示しており，線分はこの期待値を同時事後分布からの点のサンプルと結んでいる。右のパネルは，相関係数の事前分布（横点線）と事後分布（実線）を示している。事後分布の期待値は約 0.16 である。最頻値は頻度論の相関の値である 0.12 付近である（縦破線で示す）。

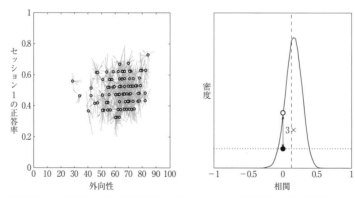

図 13.9 ESP 追試実験における推測した外向性測度と能力（左パネル），および外向性と成績の関係性についての相関分析（右パネル）。

また，図 13.9 の右のパネルは，$r=0$ という検定の対象となる値の事前分布と事後分布の密度をそれぞれ黒と白の丸で示している。事後分布の密度はこの値の事前分布の密度よりも 3 倍大きいので，ベイズファクターは相関がゼロであるという帰無仮説を支持する方向に約 3 である。

練習問題

練習問題 13.3.1 ベイズファクターに基づくと，相関がゼロか否かについてどんな結論が下せるだろうか？

練習問題 13.3.2 外向性を測る正確さについてのより極端な仮定を試してみよう。$\lambda=1$ と $\lambda=1/100$ の場合を設定してみよう。この利用できる情報の変化によってベイズファクターはどう変わるだろうか？

第十四章

多項過程ツリー

Multinomial processing trees

ドーラ・マッツケと共同執筆

14.1 対クラスターの多項過程モデル

単語リスト——テーブル，犬，レンガ，鉛筆，猫，ニュース，医者，鍵，看護師，サッカーといった——を学習して，短い遅延の後で好きな順序で単語を思い出してもらう自由再生課題について考えてみよう。このリストの興味深い特徴は，犬と猫，医者と看護師などの意味的に関連する単語の対と，テーブルやサッカーなどのリスト中の他の単語とは意味的に関連しない，"シングルトン"と呼ばれる単語を含んでいることである。

標準的な知見によれば，意味的に関連する単語は学習リストの中で隣同士でなかったときでも連続して再生されることが多い。たとえば，サッカー，猫，犬，テーブル，医者，看護師と再生するといった具合である。意味的に関連する項目は連続して再生されることが多いという知見は，これらの項目がクラスターとして貯蔵され検索されるというアイデアの証拠とみなすことができる。

多項過程ツリー（multinomial processing tree, MPT；Batchelder & Riefer, 1980, 1986; Chechile, 1973; Chechile & Meyer, 1976）は，こうした記憶効果をモデル化するためのアプローチのひとつである。MPTモデルは，観測した行動が認知的事象の系列から起こるものであり，図14.1に示したような根付きツリー（rooted tree）構造で表現できると仮定する。今回のMPTモデルでは単語対の再生に焦点があるが，シングルトンも考慮に入れた，より一般的なモデルを開発することもできる。

図14.1のモデルは，単語対についての4つの反応行動カテゴリーを念頭に置いている。第一のカテゴリー C_1 では，単語対のどちらの単語も連続して再生される。第二のカテゴリー C_2 では，単語対のどちらの単語も再生されるが，連続しては再生されない。第三のカテゴリー C_3 では，単語対の一方の単語のみが再生される。第四のカテゴリー C_4 では，単語対のどちらの単語も再生されない。

対クラスタリング MPT モデルが記述するのはこれら4つの行動結果を生み出すことの

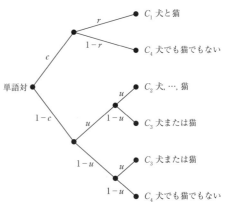

図14.1　クラスター貯蔵パラメータ c，クラスター検索パラメータ r，独自貯蔵検索パラメータ u を伴う，記憶からの再生における対クラスタリング効果についての多項過程ツリーモデル。

できる単純な認知過程の系列であり，これらの認知過程は3つのパラメータによって制御される。クラスター貯蔵パラメータcは，ある単語対がクラスターになって記憶に貯蔵される確率である。クラスター検索パラメータrは，ある単語対がクラスターになっている場合に記憶から検索される条件つき確率である。単独貯蔵－検索パラメータuは，ある単語対がクラスターとして貯蔵されなかった場合に，単語対の一方のメンバーが貯蔵され記憶から検索される条件つき確率である。

　対クラスタリングについてのMPTモデルのもとでは，4つの反応カテゴリーについての確率は，

$$\Pr(C_{11} \mid c, r, u) = cr$$
$$\Pr(C_{12} \mid c, r, u) = (1-c)u^2$$
$$\Pr(C_{13} \mid c, r, u) = 2u(1-c)(1-u)$$
$$\Pr(C_{14} \mid c, r, u) = c(1-r) + (1-c)(1-u)^2$$

となる。たとえば，このMPTモデルによれば，カテゴリーC_1の確率——つまり，意味的に関連する学習語を連続して再生する確率——は，まず単語が確率cで対として記憶に貯蔵され，次に，確率rで対として検索されることを要求するということである。他のカテゴリーの確率も，MPTパラメータの積と和に分解できる。このようにして，MPTモデルは，ツリーとそのパラメータによって表される認知過程によって制御され，異なるふるまいのカテゴリーで再生される単語の数を説明する。

　MPTモデルのたいていの分析は，実験参加者及び項目について集計したカテゴリー反応データを使っている（e.g., Hu & Batchelder, 1994）。今回の応用では，Riefer et al. (2002) の報告した自由再生データの一部を使う。6回の学習－テスト試行の系列におけるカテゴリー的に関連する20の単語対に応答した21名の実験参加者の自由再生成績を分析する。各試行はまったく同じ単語材料を採用しているので，3つすべてのモデルパラメータが試行が進むにつれて増加すると予想することは合理的だろう。そこで，第一，第二，第六セッションの成績に注目する。表14.1は，これら3つの試行すべてにおける4つの行動カテゴリーのそれぞれについて集計したデータを示している。

　これらのデータをMPTで説明するグラフィカルモデルを図14.2に示す。パラメータc, r, uには一様事前分布を与え，4つのカテゴリーのそれぞれについての確率$\theta = (\theta_1, \cdots \theta_4)$を生成する。そして，任意の試行について集計したカウントデータkは，$k \sim \text{Multinomial}(\theta, n)$にしたがう。ここで，$n$はすべての実験参加者と単語対についての行動の総数である。

表14.1 Reifer et al.（2002）からの第一，第二，第六試行のカテゴリーカウント

	C_1	C_2	C_3	C_4
第一試行	45	24	97	254
第二試行	106	41	107	166
第六試行	243	64	65	48

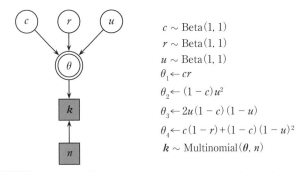

図 14.2 集計データの対クラスタリング MPT モデルのためのグラフィカルモデル。

スクリプト MPT_1.txt は，このグラフィカルモデルを WinBUGS に実装する。

```
# 多項過程ツリー
model{
    # 単語対についてのMPTカテゴリー確率
    theta[1] <- c * r
    theta[2] <- (1-c) * pow(u, 2)
    theta[3] <- (1-c) * 2 * u * (1-u)
    theta[4] <- c * (1-r) + (1-c) * pow(1-u, 2)
    # データ
    k[1:4] ~ dmulti(theta[1:4], n)
    # 事前分布
    c ~ dbeta(1, 1)
    r ~ dbeta(1, 1)
    u ~ dbeta(1, 1)
}
```

コード MPT_1.m または MPT_1.R は，このモデルを適用して 3 つの試行についての推論を行う。図 14.3 は，各試行のパラメータ c, r, u のそれぞれについての事後分布を示している。

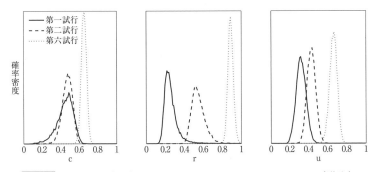

図 14.3 Reifer et al.（2002）のデータセットについてのパラメータ c, r, u の事後分布。

> **練習問題**
>
> **練習問題 14.1.1** 図 14.3 の事後分布から試行が進むにつれての学習について何が結論できるだろうか？

練習問題 14.1.2 パラメータ u はクラスターになっていない単語の貯蔵と検索の両方に対応するので，一般的には攪乱変数とみなされる。完全にはベイジアンでない推論に向かうアプローチとしては，u の事後分布には関心がないので，事前分布を割り当てるのでなく，適当な値に置き換えるのが近道かもしれない。グラフィカルモデルを修正して各試行について u を定数に設定してみよう。この定数には，完全なベイズ式の分析からの事後分布の期待値を与えることにしよう。この変更は，関心のあるパラメータである c と r の事後分布にどのように影響するだろうか？

14.2　潜在特性 MPT モデル

　集計データを使うというやり方は，MPT モデルが用いる心理学的過程について実験参加者間で違いがないという仮定に依存している。個々の実験参加者のデータをモデル化し，各実験参加者のパラメータに何らかの構造化されたばらつきを認めることは，この問題に取り組むための強力な手段である。ここでは，Klauer（2010）の開発した潜在特性アプローチに注目しよう。このアプローチは，個人間でのパラメータの変動を認めるだけでなく，その変動の明示的なモデルも与えてくれる。

　ここで採用する潜在特性アプローチは，3 つのパラメータについてのグループ平均——μ_c，μ_r，μ_u——を仮定する。次に，i 番目の実験参加者についてのこれらのパラメータの値——c_i，r_i，u_i——は，このグループ平均のまわりでの変動としてモデル化する。ばらつきを制御するパラメータは多変量分布から得られるので，変動そのもののばらつきと相関のどちらもモデル化される。この追加のモデリング段階を取り入れる動機は，モデルパラメータによって表現される認知過程——たとえば，クラスターになった単語対とクラスターになっていない単語対の検索——がたいていは高い相関を示すこと，モデリングの目標の一部はデータからこうした関係性についての推論を行うことにある。

　図 14.4 は，潜在特性対クラスタリングモデルのグラフィカルモデルを示している。i 番目の実験参加者のデータ k_i は，図 14.1 に示した異なる反応カテゴリーに入る反応のカウントから構成される。ここで，i 番目の実験参加者についてクラスター貯蔵 c_i，クラスター検索 r_i，独自検索 u_i のパラメータがあり，これらは前と同じように反応確率 $\theta(\theta_{i1}, \ldots, \theta_{i4})$ と $k_i \sim \text{Multinomial}(\theta, n)$ を生成するが，今回は n がひとりの実験参加者についての単語対の数であることに注意してほしい。

ボックス 14.1　根本的欠陥

　"ベイズ推論についていえることは，根本的な欠陥のある手法で仕事をすませるよりも，根本的に健全な手法に伴う実際的問題に悩まされるほうがよいというものである。"
（O'Hagan & Forster, 2004, p. 17）

　個々の実験参加者のパラメータ c_i，r_i，u_i はオリジナルのモデルと同じくすべて確率だが，それらのばらつきはプロビット変換された空間でモデル化する。プロビット空間におけるグループ平均は，$\hat{\mu}^c$，$\hat{\mu}^r$，$\hat{\mu}^u$ であり，ここで，たとえば $\mu^c = \Phi(\hat{\mu}^c)$ である。プロビット空間に

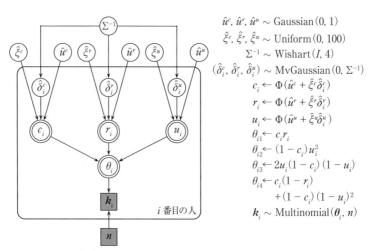

図 14.4 潜在特性対クラスタリングモデルのためのグラフィカルモデル。

おけるグループ平均の事前分布は $\hat{\mu}^c$, $\hat{\mu}^r$, $\hat{\mu}^u \sim \text{Gaussian}(0, 1)$ であり，これは確率の空間では μ^c, μ^r, $\mu^u \sim \text{Uniform}(0, 1)$ に対応する。

個人差は，i 番目の実験参加者についての変動パラメータ $\hat{\delta}_i^c$, $\hat{\delta}_i^r$, $\hat{\delta}_i^u$ に由来する。これらは，$(\hat{\delta}_i^c, \hat{\delta}_i^r, \hat{\delta}_i^u) \sim \text{MvGaussian}(0, \Sigma^{-1})$ という多変量ガウス分布から取り出される。この多変量ガウス分布[★1]は，中心が 0 であり，標準化されていない共分散行列 Σ をもつ。逆共分散行列の事前分布は $\Sigma^{-1} \sim \text{Wishart}(I, 4)$ であり，ここで，I は 3×3 の単位行列で，自由度が 4 である。これはモデルパラメータ間の相関についての一様分布に対応する標準的な事前分布である（Gelman & Hill, 2007, pp. 284-287 と pp. 376-378; Klauer, 2010, pp. 77-78）。

MCMC サンプリングの収束率を上げるために，図 14.4 に示したグラフィカルモデルではパラメータ拡張法も使っている。これには冗長な倍数パラメータ $\hat{\xi}_i^c$, $\hat{\xi}_i^r$, $\hat{\xi}_i^u \sim \text{Uniform}(0, 100)$ を使い，$\hat{\delta}_i^c$, $\hat{\delta}_i^r$, $\hat{\delta}_i^u$ の値と組み合わせて，プロビット空間におけるグループ平均からの各実験参加者のずれ（offset）が決まるようにする。

これらすべてを合わせると，たとえば，i 番目の実験参加者についてのクラスター貯蔵パラメータは，$c_i \leftarrow \Phi(\hat{\mu}^c + \hat{\zeta}^c \hat{\delta}_i^c)$ によって与えられる。まったく同じアプローチをクラスター検索パラメータと独自検索パラメータにも使う。

この個人差に対する潜在特性アプローチの利点——たとえば，単純に各パラメータについて独立のグループ分布から個々の実験参加者パラメータを取り出すことに比べた際の——は，パラメータ間の関係性をモデル化できることである。共分散行列 Σ は，クラスター貯蔵，クラスター検索，独自検索パラメータの分散を推論するのにも，これらのパラメータの各対の相関を推論するのにも必要な情報を含む。たとえば，クラスター貯蔵パラメータの標準偏差は，$\sigma^c = |\hat{\zeta}^c| \sqrt{\Sigma_{cc}}$ によって与えられる。ここで，Σ_{cc} は 3×3 の共分散行列 Σ の，パラメータ c に対応する対角要素である。また，たとえば，クラスター貯蔵パラメータとクラスター検索パラメータの相関は $\rho^{cr} = \hat{\zeta}^c \hat{\zeta}^r \Sigma_{cr} / (|\hat{\zeta}^c| \sqrt{\Sigma_{cc}} |\hat{\zeta}^r| \sqrt{\Sigma_{rr}})$ によって与えられる。ここではパラ

★1　WinBUGS は，ガウス分布をパラメータ化する際に分散の代わりに精度を使ったのと同じように，多変量ガウス分布をパラメータ化するには共分散行列の代わりに逆共分散行列を使う。

メータ ζ についての事前分布は正の値のみを認めるので，この式は $\rho^{cr} = \Sigma_{cr}/(\sqrt{\Sigma_{cc}}\sqrt{\Sigma_{rr}})$ と単純化できる。

スクリプト MPT_2.txt は WinBUGS にこのグラフィカルモデルを実装する。

```
# 潜在特性つきの多項過程ツリー
model{
        for (i in 1:nsubjs){
                # 単語対についてのMPTカテゴリー確率
                theta[i, 1] <- c[i] * r[i]
                theta[i, 2] <- (1-c[i])*pow(u[i], 2)
                theta[i, 3] <- (1-c[i])*2*u[i]*(1-u[i])
                theta[i, 4] <- c[i]*(1-r[i])+(1-c[i])*pow(1-u[i], 2)
                # データ
                k[i, 1:4] ~ dmulti(theta[i, 1:4], n[i])
                # パラメータc, r, uのプロビット化
                c[i] <- phi(muchat + xichat*deltachat[i])
                r[i] <- phi(murhat + xirhat*deltarhat[i])
                u[i] <- phi(muuhat + xiuhat*deltauhat[i])
                # それぞれの効果
                deltahat[i,1:nparams] ~
                        dmnorm(mudeltahat[1:nparams], SigmaInv[1:nparams,
                        1:nparams])
                deltachat[i] <- deltahat[i, 1]
                deltarhat[i] <- deltahat[i, 2]
                deltauhat[i] <- deltahat[i, 3]
        }
        # 事前分布
        mudeltahat[1] <- 0
        mudeltahat[2] <- 0
        mudeltahat[3] <- 0
        muchat ~ dnorm(0, 1)
        murhat ~ dnorm(0, 1)
        muuhat ~ dnorm(0, 1)
        xichat ~ dunif(0, 100)
        xirhat ~ dunif(0, 100)
        xiuhat ~ dunif(0, 100)
        df <- nparams+1
        SigmaInv[1:nparams, 1:nparams] ~
                dwish(I[1:nparams, 1:nparams], df)
        # 処理後の平均，標準偏差，相関
        muc <- phi(muchat)
        mur <- phi(murhat)
        muu <- phi(muuhat)
        Sigma[1:nparams,1:nparams] <-
                inverse(SigmaInv[1:nparams, 1:nparams])
        sigmac <- xichat*sqrt(Sigma[1, 1])
        sigmar <- xirhat*sqrt(Sigma[2, 2])
        sigmau <- xiuhat*sqrt(Sigma[3, 3])
        for (i1 in 1:nparams){
                for (i2 in 1:nparams){
                        rho[i1, i2] <-
```

```
                                Sigma[i1, i2]/sqrt(Sigma[i1, i1]*Sigma[i2, i2])
                        }
                }
        }
```

このスクリプトは，図 14.4 に示したデータについての生成的モデルを実装するのに加えて，標準偏差 sigma と相関 rho という変数も生成する。これらは，原理的には，事後サンプルを事後処理することでわかるものだが，スクリプトでは簡便さのために〔予め〕実装してある。

コード MPT_2.m または MPT_2.R は，このモデルを適用して個々の実験参加者のデータに基づく 3 回の試行についての推論を行う。図 14.5 は，各試行のグループ平均 μ^c, μ^r, μ^u についての事後分布を示している。図 14.6 は，各試行のモデルパラメータ間の相関 ρ_{cr}, ρ_{cu}, ρ_{ru} の事後分布を示している。

練習問題

練習問題 14.2.1 図 14.5 の事後分布から試行が進むにつれての学習についてどんな結論を下せるだろうか？ 潜在特性モデルからのあなたの結論をオリジナルの MPT モデルからの結論と

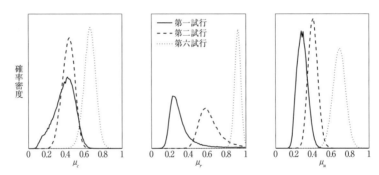

図 14.5 個人差を仮定する潜在特性 MPT モデルに基づく，Reifer et al.（2002）のデータセットについての集団平均のパラメータ μ_c, μ_r, μ_u の事後分布。

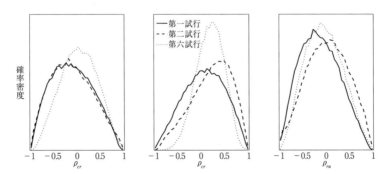

図 14.6 潜在特性 MPT モデルに基づく，Reifer et al.（2002）のデータセットについてのパラメータ間の相関 ρ_{cr}, ρ_{cu}, ρ_{ru} の事後分布。

比べてみよう。

練習問題 14.2.2　WinBUGS のスクリプトを拡張して標準偏差と相関のパラメータについての事後分布からのサンプルを集めてみよう。これには，`SigmaInvprior`, `Sigmaprior`, `rhoprior`, `sigmacprior`, `sigmarpiror`, `sigmauprior` といった変数を含めることになる。標準偏差と相関の事前分布と事後分布を調べてみよう。潜在特性アプローチに相関パラメータを含めることの有用性について何を結論できるだろうか？

練習問題 14.2.3　潜在特性アプローチは，実験参加者間の個人差の結果としてのパラメータ非均質性に対処し，項目を通して合計したデータを使う。しかし，多くの応用では，モデルパラメータは実験参加者間で異なるだけでなく，項目間でも異なると仮定するほうが筋が通る。たとえば，意味的に関連するある単語の対は他の対よりも簡単にクラスターにできるといったことがあるだろう。このことは，実験参加者と項目の両方のばらつきを組み込んだ MPT モデルを使うほうがよいことを示唆している。この拡張を組み込んだグラフィカルモデルを開発してみよう。このモデルを今回のデータに適用するうえで妨げになるものは何だろうか？

第十五章

記憶の SIMPLE モデル

The SIMPLE
model of memory

15.1　SIMPLE モデル

　Brown, Neath, & Chater（2007）は，SIMPLE（Scale-Invariant Memory, Perception, and LEarning）モデルを提唱した。これは様々な応用の中でも自由再生という基本的な記憶現象に適用されるモデルである。自由再生への応用での SIMPLE モデルの仮定によれば，記憶は提示された時間によって符号化されるが，その表象は対数的に圧縮されるので，時間的に離れた記憶どうしほど類似度が高くなる。記憶課題の成績では弁別性（distinctiveness）が中心的な役割を果たすこと，減衰よりも干渉が忘却にとって重要であることも仮定する。おそらく，一番重要なのは，SIMPLE モデルは同じ記憶過程がすべての時間尺度で働くと仮定することである。短期記憶と長期記憶で別のメカニズムを仮定する理論やモデルとはこの点が違う。

　Brown et al.（2007）の考えた最初の応用は，Murdock（1962）の報告した記念碑的な直後自由再生データに関するものである。このデータは，一語につき 2 秒のペースで提示した 10，15，20 語のリストと一語につき 1 秒のペースで提示した 20，30，40 語のリストについての，実験参加者を通して平均した，正しく再生された単語の比率である。

　Brown et al.（2007）は，この課題の明記されていない側面について合理的な仮定を行い（たとえば，リストの最後の語が提示されてから再生するまでの平均時間），i 番目の項目の学習と検索の間の時間 T_i を設定している。これらの時間を決めることで，SIMPLE モデルの自由再生データへの応用は以下の 5 つの段階を伴うことになる。このことは Brown et al.（2007, Appendix）に明確に述べられている。

　第一に，i 番目に提示された項目の提示時間を T_i とするとき，この項目は $M_i = \log T_i$ で与えられる対数圧縮を伴って記憶に表象される。第二に，それぞれの項目対の間の類似度は $\eta_{ij} = \exp(-c|M_i - M_j|)$ と計算される。ここで，c は記憶の "弁別性" を測るパラメータである。第三に，それぞれの項目対の弁別力は $d_{ij} = \eta_{ij}/\Sigma_k \eta_{ik}$ と計算される。第四に，それぞれの項目対の検索確率は $r_{ij} = 1/(1 + \exp(-s(d_{ij} - t)))$ と計算される。ここで，t は閾値パラメータであり，s は閾値ノイズパラメータである。最後に，自由再生において i 番目の項目が提示された順番で再生される確率は $\theta_i = \min(1, \Sigma_k r_{ik})$ として計算する。

　以上の 5 段階を図 15.1 のグラフィカルモデルで実装する。このグラフィカルモデルは，学習と検索の間の時間に対応する変数 T_i と，i 番目の項目について観測した正反応数に対応する変数 y_{ix} を持つ。使えるデータは実験参加者を通して合計されている。実験参加者は別々

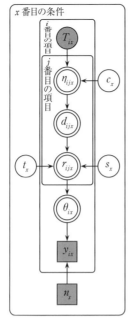

図 15.1 自由再生の SIMPLE モデル

の単語リストで課題を行ったので，x 番目の条件についての総試行数 n_x はその条件のすべての単語で同じになる。類似度 η_{ijx}，弁別力 d_{ijx}，検索 r_{ijx} と自由再生確率 θ_{ix} は確定変数である。それらは 3 つのパラメータに基づいて SIMPLE モデルを実装し，項目の時間表象を行動データ（項目再生の正確さ）と結びつける。

図 15.1 では，時間，反応，および自由再生率は項目ごとに異なるとしており，よってこれらは項目についてのくりかえしを表す枠で囲まれている。類似度，弁別力，検索の測度は変数の対に適用され，これらも項目ごとにくりかえされる枠に囲まれる。Brown et al. (2007) にしたがって，パラメータ c, t, s は各条件で独立に当てはめる。このことは，このグラフィカルモデル全体が Murdock (1962) のデータの 6 つの条件についてくりかえされる枠に囲まれることを意味している。

> **ボックス 15.1　出たとこ勝負性**
>
> "新しい問題に出会ったとき，古典的統計学者は新しい推定量，信頼区間，仮説検定を新たに発明する... 対照的に，あらゆる問題には唯一のベイズ式の解が存在する。それは x を観測した後の θ についての研究者の知識を表現する事後分布である。ベイズ統計学者の課題はできるだけ正確に事後分布を決めることである。このためには，ふつう，事前分布と尤度を決めてからベイズの定理を適用することになる。ベイズ統計学に出たとこ勝負の余地はない。"（O'Hagan & Forster, 2004, p. 19）

スクリプト `SIMPLE_1.txt` はこのグラフィカルモデルを WinBUGS に実装する。事後予測分布はやや詳細に計算され，正再生の事後予測確率である `pcpred` という変数に出力される。

```
# SIMPLEモデル
model{
        # 観測データと予測データ
        for (x in 1:dsets){
                for (i in 1:listlength[x]){
                        y[i, x] ~ dbin(theta[i, x], n[x])
                        predy[i, x] ~ dbin(theta[i, x], n[x])
                        predpc[i, x] <- predy[i, x]/n[x]
                }
        }
        # 類似度，弁別力，反応確率
        for (x in 1:dsets){
                for (i in 1:listlength[x]){
                        for (j in 1:listlength[x]){
                                # 類似度
                                sim[i, j, x] <-
                                        exp(-c[x]*abs(log(m[i, x])-log(m[j, x])))
                                # 弁別力
                                disc[i, j, x] <-
                                        sim[i, j, x]/sum(sim[i, 1:listlength[x], x])
                                # 反応確率
                                resp[i, j, x] <-
                                        1/(1+exp(-s[x]*(disc[i, j, x]-t[x])))
                        }
                        # 自由再生の全体の反応確率
                        theta[i, x] <- min(1, sum(resp[i, 1:listlength[x], x]))
                }
        }
        # 事前分布
        for (x in 1:dsets){
                c[x] ~ dunif(0, 100)
                s[x] ~ dunif(0, 100)
                t[x] ~ dbeta(1, 1)
        }
}
```

コード Simple_1.m または Simple_1.R は，このモデルを Murdock（1962）のデータに適用する。最初のほうの段階で整理したデータを取得してから WinBUGS に渡している。これらのコードは事後予測分布と同時事後パラメータ空間の分析も出力する。

6つのデータセットについての事後予測分布の分析を図 15.2 に示す。実線は各系列位置の項目が正しく再生された確率を示している。各系列位置について事後予測分布からの 20 のサンプルを灰色の点で示すことにより，データが存在する可能性が高いとモデルが予測する範囲を灰色の領域で表している。

事後分布の分析を示したのが図 15.3 である。各条件についての 20 の事後サンプルを違うマーカーで表すことで，同時事後パラメータ分布を三次元プロットで示してある。平面上に射影された実線の黒の点は，それぞれ第 3 のパラメータについて周辺化した，パラメータの可能な各組み合わせからなるペアワイズの同時分布からのサンプルを表している。最後に，

174　第十五章　記憶の SIMPLE モデル

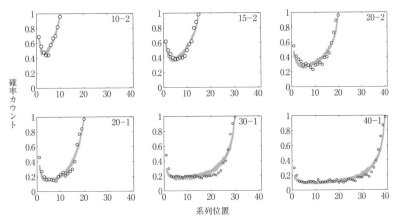

図 15.2 Murdock（1962）の直後自由再生データの6つの条件についての SIMPLE モデルの事後予測。円はデータを示し，灰色の線は事後予測分布を示す。

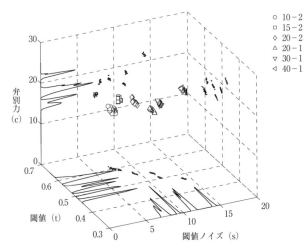

図 15.3 Murdock（1962）の直後自由再生データの6つの条件についての SIMPLE モデルの合同事後パラメータ空間。

各パラメータの周辺分布を3つの軸上に示した。

　図 15.3 が教えてくれるのは，弁別力，閾値，閾値ノイズのパラメータについての情報であり，これには実験条件を通してのパラメータのばらつきと共変関係についての情報が含まれる。この付加的な情報は，パラメータをどのように解釈すべきかを理解するのに，また，さらなるモデル発展を示唆するために重要である。たとえば，6つの条件について三次元の点が重ならないことは，異なる項目リスト長と提示ペースでモデルパラメータに重要な違いがあることを示唆する。特に，6つの条件をひとつの弁別力レベルと閾値関数を使って当てはめるといった他のアプローチは適切ではなさそうだとわかる。

　ここで二次元の同時事後分布から得られるもうひとつの直感は，閾値パラメータと閾値ノイズパラメータにはトレードオフがあるというものである。それは，同時分布（下の平面の実線の黒の点で示している）がすべての条件で高い負の相関を示すことからわかる。このことは，各条件のデータが比較的に高い閾値と比較的に低い閾値ノイズをもつか，比較的に低

い閾値と比較的に高い閾値ノイズをもつということで一貫していることを意味する。これは望ましいことではないだろう。一般にパラメータは互いに独立に働く場合に容易に解釈され理論的にも説得力をもつからである。このようにして，同時パラメータ事後分布の情報は，モデルのさらに発展させたり改良したりする必要のある部分を示唆してくれる。

　同時事後分布の中の情報の最後の例として，図15.3に示した閾値パラメータの周辺分布が項目リスト長との系統的な関係性を示しているようにみえることに触れておこう。特に，閾値は項目リスト長が10から40に増えるにつれて低下し，2つの条件が重なっているときに長さが最も近い（すなわち，10-2条件と15-2条件，20-2条件と20-1条件）。この種の系統的な関係性は，閾値を自由パラメータとして扱うのではなく，既知の項目リスト長を使ってモデル化できる可能性を示唆する。

練習問題

練習問題 15.1.1　グラフィカルモデルを修正してすべてのデータセットの説明に同じパラメータ値を使うようにしてみよう。グラフを出す Matlab や R のコードも修正する必要がある。

ボックス 15.2　SIMPLE モデルの修正

　Lee & Pooley（2013）は，SIMPLE モデルの自由再生率を生成する部分が誤っていることを指摘している。モデルのこの部分の目的は，ある項目が再生される確率を計算することである。自由再生では，単語は再生リストのどの位置で思い出しても再生したことになる。したがって，ある項目を再生する個々の場合の確率のすべてを組み合わせなければならない。SIMPLE モデルのオリジナルの定式化はこの加算性を実現するのに $\theta_i = \min(1, \Sigma_x r_{ix})$ と閾値を 1 に設定することで確率が生成されることを保証している。

　だが，Lee & Pooley（2013）が指摘するように，ある事象の確率が 0.7 である場合，その事象が 2 つの独立の試行について少なくとも一回起こる確率は 0.7 + 0.7 = 1.4 ではないし，1.4 を 1.0 の閾値で切ったものでもない。正しい確率を自然に計算するには，まず事象がいずれの試行でも起こらない確率を $(1 - 0.7) \times (1 - 0.7) = 0.09$ として計算し，ある項目については $1.0 - 0.09 = 0.91$ と補数をとる。そこで，Lee & Pooley（2013）は，$\theta_i = 1 - \Pi_x (1 - r_{ix})$ という代案を主張する。この修正を WinBUGS に実装するには，`theta[i, x] <- min(1, sum(resp[i, 1:listlength[x], x]))` を `theta[i, x] <- 1-prod(1-resp[i, 1:listlength[x], x])` に置き換えるだけでいい。

15.2　SIMPLE の階層的拡張

　今度は，リスト長と閾値の関係性をどうしたら SIMPLE モデルの階層的拡張版に実装できるか考えてみよう。拡張版のモデルを図 15.4 に示す。2 つの重要な変更点がある。第一に，弁別性パラメータ c と閾値ノイズパラメータ s は今回はすべての実験条件で同じ値になると仮定する。図 15.4 では，これらのパラメータは，実験条件間でくりかえされる枠の外側に

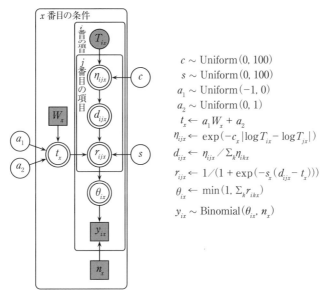

図 15.4 記憶の SIMPLE モデルの階層的拡張を実装するグラフィカルモデル。

あって，もう x の添え字はついていない[1]。

第二の変更点は，閾値 t_x の決定のしかたである。これらの閾値は独立であると仮定するのではなく，今回は項目リスト長に依存すると考え，x 番目の条件について W_x で表すことにする。この依存関係は，係数 a_1 と a_2 でパラメータ化した線形関数 $t_x = a_1 W_x + a_2$ としてモデル化する。図 15.3 から得られる直感に一致して，この線形関係では，項目リスト長が増すにつれて閾値が下がることを，事前分布 $a_1 \sim \text{Uniform}(-1, 0)$ を使うことで表現する。

階層的拡張の目的は，パラメータを，考えうるすべての再生課題について独立に変化する心理学的変数と考えるのをやめることにある。むしろ，ここでは，パラメータをそれ自体が説明を必要とする心理学的変数として考え，より一般的なパラメータによってどのように変化するかをモデル化しようと試みる。

このアプローチは，再生の過程はどのように進むかという新しい基礎的問題への取り組みを理論化したりモデル化することを迫るだけでなく，基礎的モデルの予測と一般化の能力の評価を促す（Ahn, Busemeyer, Wagenmakers, & Stout, 2008）。閾値パラメータを系統的なしかたで課題の特性——この場合はリスト中の単語数——に依存させることによって，また，他のパラメータを不変項として扱うことによって，この階層的拡張を行えば SIMPLE モデルによって他の課題についての予測もできるようになる。

スクリプト `SIMPLE_2.txt` は，このグラフィカルモデルを WinBUGS に実装する。

```
# 階層的SIMPLEモデル
model{
    # 観測データ
    for (x in 1:dsets){
```

---

[1] このことは，おそらく，理論的には現実的な仮定ではないが——実際，われわれが指摘するように，図 15.3 の同時事後分布はこれを反証する——，階層的拡張に集中しやすくしてくれる単純な仮定ではある。

```
                for (i in 1:listlength[x]){
                        y[i, x] ~ dbin(theta[i, x], n[x])
                }
        }
        # 類似度，弁別力，反応確率
        for (x in 1:gsets){
                t[x] <- max(0, min(1, a[1]*w[x]+a[2]))
                for (i in 1:listlength[x]){
                        for (j in 1:listlength[x]){
                                # 類似度
                                sim[i, j, x] <-
                                        exp(-c*abs(log(m[i, x])-log(m[j, x])))
                                # 弁別力
                                disc[i, j, x] <-
                                        sim[i, j, x]/sum(sim[i, 1:listlength[x], x])
                                # 反応確率
                                resp[i, j, x] <-
                                        1/(1+exp(-s*(disc[i, j, x]-t[x])))
                        }
                        # 自由再生全体反応確率
                        theta[i, x] <-
                                min(1, sum(resp[i, 1:listlength[x], x]))
                }
        }
        # 事前分布
        c ~ dunif(0, 100)
        s ~ dunif(0, 100)
        a[1] ~ dunif(-1, 0)
        a[2] ~ dunif(0, 1)
        # 予測データ
        for (x in 1:gsets){
                for (i in 1:listlength[x]){
                        predy[i, x] ~ dbin(theta[i, x], n[x])
                        predpc[i, x] <- predy[i, x]/n[x]
                }
        }
}
```

　コード Simple_2.m または Simple_2.R は，この階層モデルを Murdock（1962）の条件に適用し，データはないが組み合わせとしては可能な他の3つの条件にも適用する。これらの一般化条件はすべて一項目につき1秒の提示ペースだが，10，25，50項目と項目数は違っており，集めたデータに対する内挿と外挿に対応する。

　事後予測の結果を図 15.5 に示す。上の2行は Murdock（1962）の条件を示しており，下の行はモデルが一般化条件について行う予測を示している。このモデルは Murdock（1962）の条件にそれほどきれいには合致しないが，われわれが注目するのは一般化予測の可能性である。今回はモデルを階層的に拡張したので，データを利用できない実験条件についての系列再生曲線の予測が可能になる。

　図 15.6 の事後分析は，閾値ノイズ，弁別性，閾値パラメータについての推論を示している。

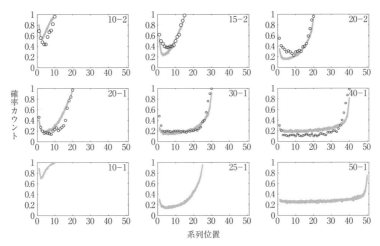

図 15.5 Murdock（1962）の直後自由再生データの6つの条件についての SIMPLE モデルの階層的拡張と3つの新たな条件への一般化の事後予測。円はデータを示し，灰色の線は事後予測分布を示す。

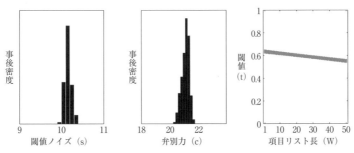

図 15.6 SIMPLE モデルとその階層的拡張形式におけるパラメータの事後分布。

このうち最初の2つについては，推論は単一の事後分布の形をとる。しかし，閾値パラメータについては，今回の事後推論は項目リスト長との関数関係についてのものになる。この関数についての事後分布を，可能なそれぞれの長さ $W=1,\ldots,50$ についてそれぞれ50の事後サンプルを示すことによって図 15.6 の右のパネルに表す。この事後サンプルは同時事後サンプル (a_1, a_2) を生成し，すべての W の値について $t=a_1W+a_2$ を求めることによって得られる。

練習問題

練習問題 15.2.1 一般化可能性を経験的に評価することは，なぜ既存のデータへの当てはめよりも強力で説得力のあるモデルの評価になりえるのだろうか？

第十六章

The BART model of risk taking

リスクテイキングの BART モデル

ドン・ヴァン・レーベンズワイと共同執筆

　リスクを伴う課題で人が行う判断やそのときの選好の個人差を調べた心理学の文献はたくさんある。こうした目的のために開発された，統制された実験室課題のひとつがバルーンアナログリスク課題（Balloon Analogue Risk Task, BART：Lejuez et al., 2002）である。この課題では，すべての試行は図 16.1 にあるような，少額の価値を表す風船が出てくることから始まる。実験参加者はお金を架空の銀行口座に送金するか，空気を入れる，つまりは，少量の空気を風船に加えて金額を増やすかを選べる。しかし，風船に空気を入れると破裂してすべてのお金が消える可能性がある。一回の試行は，実験参加者がお金を送金したときか，風船が破裂したときに終わる。

　オリジナルのバージョンの BART では，風船が破裂する確率は空気を入れるたびに増すが，ここではその確率が一定であり，空気を入れるというすべての意思決定における期待利得は 0 であるという単純化したバージョンを考える。BART の標準的な行動分析では，ある実験参加者のリスク傾向は，破裂していない風船に空気を入れた平均回数によって測定される。また，BART での意思決定についての認知モデルを使ってリスク傾向を測定することもできる（Rolison, Hanoch, & Wood, 2012; van Ravenzwaaij, Dutilh, & Wagenmakers, 2011; Wallsten, Pleskac, & Lejuez, 2005）。

16.1　BART モデル

　ここでは，van Ravenzwaaij et al. (2011) が用いた，2 つのパラメータだけを使った単純なモデルに注目しよう。一方のパラメータ γ^+ はリスクテイキングを制御し，他方のパラメータ β は行動の一貫性を制御する。実験参加者は空気を入れた際に風船が破裂するであろう一定の確率 p を知っていると仮定する。実験参加者が最適であると考える空気入れの回数 ω は，$\omega = -\gamma^+ / \log(1-p)$ というふうにこの確率とリスクテイキング傾向に依存する。γ^+ の値が

収益見込み：$0.10

バルーンナンバー：30個中の2個目

空気を入れた回数：2

総利益：$0.15

［バルーンに空気を入れる］　　［$$$送金］

図 16.1　バルーンアナログリスク課題（Balloon Analogue Risk Task, BART）。

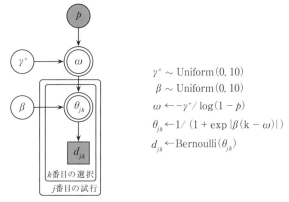

図 16.2 2パラメータ BART モデルのためのグラフィカルモデル。

大きいほど最適であると考えられる空気入れの回数は多くなるので，リスク選好も大きくなる。

ある実験参加者が j 番目の試行の中の k 回目の機会に空気を入れることを選ぶ確率は，最適であると考えられる空気入れの回数とその実験参加者の行動の一貫性に依存する。これら2つの要因は，ロジスティック関数 $\theta_{jk} = 1/(1+\exp|\beta(k-\omega)|)$ によって統合される。高い β の値は反応のばらつきが小さいことに対応する。$\beta = 0$，$\theta_{jk} = 0.5$ のときには，選択の際に空気入れも送金も常に同じくらい起こる。β が大きくなると，選択は k が実験参加者の最適と考える空気入れの回数を超えるか否かによって完全に決まる。最後に，j 番目の試行の中の k 回目の選択でなされた実際の意思決定は，単純にモデル化した選択にしたがって，$d_{jk} \sim \text{Bernoulli}(\theta_{jk})$ となる。

BART での意思決定についてのこのような理論を実装したグラフィカルモデルを図 16.2 に示した。確率 θ_{jk} は試行の中でなされた選択（すなわち，k）のみに依存し，試行そのもの（すなわち，j）には依存しないので，モデルは本来必要であるよりも一般的に表現されている。

スクリプト BART_1.txt はこのグラフィカルモデルを WinBUGS に実装する。

```
# リスキーな意思決定のBARTモデル
model{
    # 空気入れの最適回数
    omega <- -gplus/log(1-p)
# 選択データ
for (j in 1:ntrials){
    for (k in 1:options[j]){
        theta[j, k] <-
            1-(1/(1+max(-15, min(15, exp(beta*(k-omega))))))
        d[j, k] ~ dbern(theta[j, k])
    }
}
# 事前分布
gplus ~ dunif(0,10)
```

```
            beta ~ dunif(0, 10)
}
```

コード BART_1.m または BART_1.R はこのモデルをジョージというひとりの実験参加者からのデータに適用する。このデータは GeorgeSober.txt というファイルに入っている。図 16.3 は出てくる結果を示している。左のパネルは，すべての試行を通しての空気入れの意思決定の回数の経験分布を示している。中央のパネルは，ジョージのリスク傾向に当たる γ^+ の事後分布を示している。右のパネルは，ジョージの行動の一貫性に当たる β の事後分布を示している。

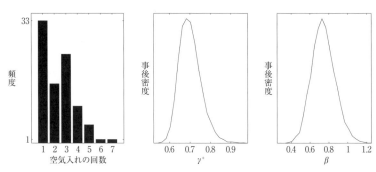

図 16.3 実験参加者ジョージの空気入れの意思決定の回数（左パネル），リスク傾向の事後分布 γ^+（中央パネル），行動一貫性 β の事後分布（右パネル）。

練習問題

練習問題 16.1.1 このモデルを別の実験参加者ビルのデータに適用してみよう。データは BillSober.txt というファイルに入っている。ジョージとビルについて推定したパラメータを比べてみよう。リスク傾向が大きいのはどちらだろうか？

練習問題 16.1.2 ジョージのデータの各試行に2回ずつ空気入れの回数を加えたら何が起こるだろうか？ Matlab または R の npumps という変数にこの変更を加えて，新しい結果を検討してみよう。2つのパラメータのいずれが最も大きく変化するだろうか？

練習問題 16.1.3 ジョージのデータを別のやり方で修正して行動一貫性のパラメータを変化させてみよう。

> **ボックス 16.1 応用における価値**
>
> "あらゆる統計手法の価値は具体的な問題に適用したときに得られる結果によって決まる。"（Jaynes, 1976, p. 178）

16.2 BART モデルの階層的拡張

アルコール濫用はリスクテイキング行動を刺激することがある。たとえば，アルコール濫用は運転中のリスクテイキングを増すこと（e.g., Burian, Liguori, & Robinson, 2002）や安

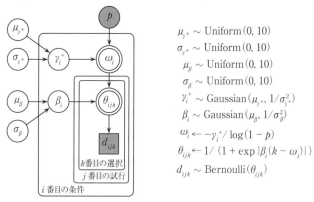

図 16.4 階層的 2 パラメータ BART モデルのためのグラフィカルモデル

全でない性行為への参加を増すこと（e.g., McEwan, McCallum, Bhopal, & Madhok, 1992；ただし，Leigh & Stall, 1993 も参照）が示されている。BART の性能を検討する際に Lejuez et al.（2002）が示したところによると，問題のある飲酒習慣がある人は風船を破裂させるリスクも多くとる。

アルコールがリスクテイキング行動に及ぼす効果をより系統的に検討するため，van Ravenzwaaij et al.（2011）は，実験参加者内操作を行い，各々の実験参加者が BART をしらふ，ほろ酔い，酩酊の状態で遂行するようにした。体重 70 kg の男性が"酩酊"の血中アルコール濃度になるには 180 ml のウオッカ消費が必要だった。ここでは，個人ごと 2 パラメータモデルの階層的拡張を使ってデータの一部を分析する。

階層的拡張は単純であり，リスクテイキングパラメータ γ^+ と行動一貫性パラメータ β についてのグループレベルの分布のみを必要とする。これらのパラメータはガウス分布から取り出されたものだが，正の値に制約されると仮定する。図 16.4 に示す今回のグラフィカルモデルには，酔いの水準もしくは条件の違いに対応する新たなプレートが加わっている。

スクリプト BART_2.txt はこのグラフィカルモデルを WinBUGS に実装する。

```
# リスキーな意思決定の階層的BARTモデル
model{
    # 選択データ
    for (i in 1:nconds){
        gplus[i] ~ dnorm(mug,lambdag)I(0,)
        beta[i] ~ dnorm(mub,lambdab)I(0,)
        omega[i] <- -gplus[i]/log(1-p)
        for (j in 1:ntrials){
            for (k in 1:options[i, j]){
                theta[i, j, k] <- 1-(1/(1+max(-15, min(15,
                    exp(beta[i]*(k-omega[i]))))))
                d[i, j, k] ~ dbern(theta[i, j, k])
            }
        }
    }
    # 事前分布
```

```
        mug ~ dunif(0, 10)
        sigmag ~ dunif(0, 10)
        mub ~ dunif(0, 10)
        sigmab ~ dunif(0, 10)
        lambdag <- 1/pow(sigmag, 2)
        lambdab <- 1/pow(sigmab, 2)
}
```

コード BART_2.m または BART_2.R は，このモデルを異なる酔いの水準のもとでのジョージのデータに適用する．データは GerogeSober.txt，GeorgeTipsy.txt，GeorgeDrunk.txt というファイルに入っている．コードは図 16.5 にあるような分析を行い，3 つすべての酔いの条件についての空気入れの回数の経験分布と 2 つのパラメータの事後分布を出力する．

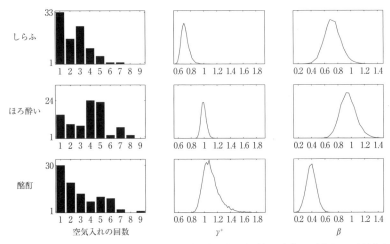

図 16.5 実験参加者ジョージのしらふ（上段），ほろ酔い（中段），酩酊（下段）の条件での空気入れの意思決定の回数（左パネル），リスク傾向の事後分布 $\gamma+$（中央パネル），行動一貫性 β の事後分布（右パネル）．

練習問題

練習問題 16.2.1 このモデルを他の実験参加者ビルのデータに適用してみよう．アルコールはビルにもジョージの場合と同じ効果をもたらすだろうか？

練習問題 16.2.2 図 16.2 の非階層モデルを 6 つのデータファイルのそれぞれに独立に適用してみよう．2 つのパラメータについての結果を階層モデルから得られた結果と比べ，違いを説明してみよう．

練習問題 16.2.3 図 16.4 の階層モデルは飲酒条件の間の構造化された関係性を示すが，まだそれぞれの実験参加者に独立に適用されていた．しかし，本書のケーススタディで考えた階層モデリングの応用の多くは，実験参加者間の構造化された関係性を取り入れ，個人差を捉えるものだった．図 16.4 を拡張して，飲酒条件と実験参加者の両方の階層構造を組み込んだグラフィカルモデルを開発してみよう．これら 2 つの要因の交互作用はどのようにしたらモデル化できるだろうか？

第十七章

The GCM model
of categorization

カテゴリー化の GCM モデル

ルード・ウェツォルズとの共同執筆

17.1 GCM モデル

　一般化文脈モデル（Generalized Context Model, GCM；Nosofsky, 1984, 1986）は，影響力が大きく，経験的に成功を収めたカテゴリー化のモデルである。このモデルは，一連の試行を通して刺激が一度にひとつずつ提示され，訂正フィードバック（corrective feedback）に基づいて少数のカテゴリー（ふつうは 2 つ）のいずれかに分類しなければならないような課題において人がどのようにカテゴリー化の判断を行うのかを説明することを目指している。

　GCM の仮定によると，刺激は背後にある刺激次元上の値（多次元的な心理空間における点に対応する）を使って事例（exemplar）として貯蔵される。そして，人は現在の刺激と事例との類似度の比較を行って，各カテゴリーとの全体的な類似度に基づいた意思決定をすると考える。

　GCM の鍵となる理論的な構成要素は選択的注意に関わるものである。基本的な発想は，あるカテゴリー構造を学習するために，人は刺激のカテゴリー弁別に関連する次元に選択的に注意を向けるというものである。Nosofsky（1984）は，選択的注意がかつてはよくわかっていなかった，様々なカテゴリー構造の学習のしやすさの経験的規則性を説明するのに役立てられることを示した（Shepard, Hovland, & Jenkins, 1961）。

　ここでは，Kruschke（1993）が報告した "凝集 B" 条件からのカテゴリー学習データについて考える[★1]。この条件を図 17.1 に示す。この条件には 8 つの刺激——高さの違う箱の線画と位置の違う内側の線から構成される——があり，これらは 4 つの刺激からなる 2 つのグループに分けられ，カテゴリー A 刺激とカテゴリー B 刺激になっている。Kruschke（1993）は，各刺激をランダムな順序で一度ずつ提示する試行から構成された，連続する 8 つのブロックによって 40 名の実験参加者からデータを集めた。これらのデータを要約するのが y_{ik}，すなわち，i 番目の刺激が提示された $t=8$ 試行のうち，k 番目の実験参加者によってカテゴリー A に属すると分類された回数である。個人差を考慮しない分析では，データは $y_i = \Sigma_k y_{ik}$，つまり，$t=40\times8$ の総提示回数のうち，すべての実験参加者が i 番目の刺激をカテゴリー A に分類した回数としてさらに要約できる。

[★1] Kruschke（1993）のカテゴリー学習実験では，すべての試行の後に訂正フィードバックがあった。ふつう GCM はこの種の課題ではなく，フィードバックを伴う訓練期間の後のフィードバックなしで行われるカテゴリー化判断に適用される。

グループデータに適用した場合のGCMのグラフィカルモデル表現を図17.2に示す。2つの刺激次元があるので，i番目の刺激は点(p_{i1}, p_{i2})で表される。第一の次元には$0 \leq w \leq 1$の範囲をとる注意の重みwがかかり，第二の次元は注意の重み$(1-w)$がかかる。これらの重みは注意を向けた次元を"引き延ばし"，注意を向けていない次元を"縮める"ように働くので，i番目の刺激とj番目の刺激の心理的距離は$d_{ij} = w|p_{i1} - p_{j1}| + (1-w)|p_{i2} - p_{j2}|$である。$i$番目の刺激と$j$番目の刺激の類似度は$s_{ij} = \exp(-cd_{ij})$であり，ここで$c$は一般化パラメータである。$i$番目の刺激が提示されたときのカテゴリーAとの全体的

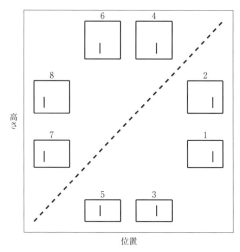

図17.1 Kruschke (1993) からの凝集カテゴリー構造"B"。対角線よりも上の刺激はカテゴリーBに属し，対角線よりも下の刺激はカテゴリーAに属する。

な類似度は，$s_{iA} = \Sigma_{j \in A} s_{ij}$である。グラフィカルモデルはこれらのパラメータをバイアスのない選択規則で使い，i番目の刺激がカテゴリーBではなくカテゴリーAに属すると分類される確率は，$r_i = bs_{iA}/(bs_{iA} + (1-b)s_{iB})$であり，$b = 0.5$であるというふうにする。そして，観測される判断そのものは$y_i \sim \text{Binomial}(r_i, t)$によって与えられる。

スクリプト GCM_1.txt は，このグラフィカルモデルをWinBUGSに実装する。このスクリプトは，判断データについての事後予測サンプルの変数 predy も含むことに注意しておこう。

```
# 一般化文脈モデル
model{
    # 判断データ
    for (i in 1:nstim){
        y[i] ~ dbin(r[i], t)
        predy[i] ~ dbin(r[i], t)
    }
    # 判断確率
    for (i in 1:nstim){
        r[i] <- sum(numerator[i,])/sum(denominator[i,])
        for (j in 1:nstim){
            tmp1[i, j, 1] <- b*s[i, j]
            tmp1[i, j, 2] <- 0
            tmp2[i, j, 1] <- 0
            tmp2[i, j, 2] <- (1-b)*s[i, j]
            numerator[i, j] <- tmp1[i, j, a[j]]
            denominator[i, j] <- tmp1[i, j, a[j]] + tmp2[i, j, a[j]]
        }
    }
    # 類似性
    for (i in 1:nstim){
```

```
            for (j in 1:nstim){
                s[i, j] <- exp(-c*(w*d1[i, j]+(1-w)*d2[i,j]))
            }
    }
    # 事前分布
    c ~ dunif(0, 5)
    w ~ dbeta(1, 1)
    b <- 0.5
}
```

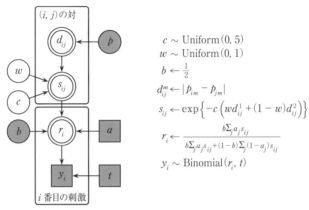

図 17.2 グラフィカルモデルによる GCM の実装

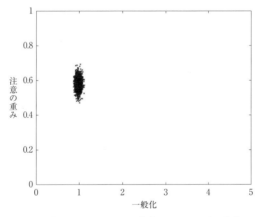

図 17.3 Kruschke の凝集データに適用したときの GCM の注意パラメータ w と一般化パラメータ c の同時事後分布。

コード GCM_1.m または GCM_1.R は，このモデルを Kruschke (1993) のデータに適用する。一般化パラメータ c と注意の重みパラメータ w の同時事後分布を図 17.3 の散布図に示す。カテゴリー学習と選択的注意の観点からみて重要な結果は，注意パラメータ w がおよそ 0.5 から 0.7 の間に位置することである。このことは，両方の次元に相当の注意が向けられているが，おそらく長方形の高さよりも線分の位置にやや多くの注意が向けられることを示すものと解釈できる。

このことは，カテゴリー構造の凝集課題デザインとも一致する。図 17.1 から，ある刺激がどちらの次元に属するのかを決める際に両方の次元が関係していることは明らかなので，共有された注意の結果であると考えるのが妥当だろう。

> **練習問題**

練習問題 17.1.1 同じ頻度で等しい回数提示される刺激に対して 2 つの選択肢があるので，$b = 0.5$ に設定しバイアスのない決定規則にすることは合理的であるように思われる。だが，この仮定は簡単に検証することができる。モデルを変更してバイアスパラメータ b が 0 から 1 の範囲の一様事前分布によって与えられ，データから推定されるものとしてみよう。このモデルからの知見をまとめ，オリジナルのモデルからの結果と比べてみよう。

練習問題 17.1.2 図 17.4 はモデリングの事後予測分析を示している。平均 y_i のカウントを 8 つの刺激のそれぞれについて示し，事後予測分布を示す灰色のバイオリンプロットに重ねてある。また，破線によって個々の実験参加者のデータも示してある。これらは 8 という個々のカウントから 320 というグループのカウントに線形に尺度化して，回数について見た目で比べられるようにしてある。この図から，GCM がグループデータを記述する能力について何が結論できるだろうか？ グループデータを人間のパフォーマンスの要約とすることの適切さについて何が結論できるだろうか？

17.2 GCM における個人差

図 17.4 は，カテゴリー化のデータに著しい個人差があることを示唆している。図 17.5 は各刺激についてのそれぞれの実験参加者の判断を別々のパネルに示すことで，よりはっきりと個人差を表したものである。

GCM を使ってこれらの個人差の検討にとりかかる最も単純な手段は，各実験参加者について独立にパラメータ値を推定することである。これを実行するグラフィカルモデルを図 17.6 に示す。このモデルは，単純に，k 番目の実験参加者が各自の一般化パラメータ c_k と注意パラメータ w_k を持つようにし，GCM のこれらのパラメータに依存する部分をくりかえすプレートを付け加えたものである。個人差への拡張は，ここでは要約データ y_i ではなく，

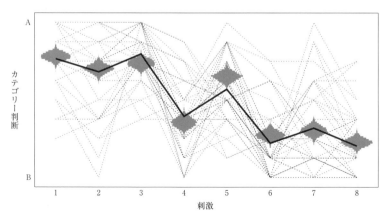

図 17.4 凝集データに適用した GCM の事後予測分析。

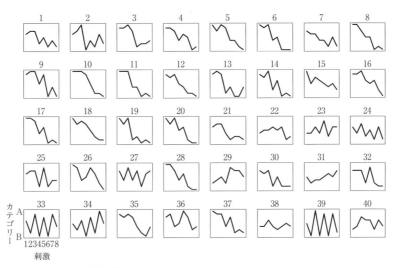

図 17.5 40名の実験参加者全員のカテゴリー判断データ。

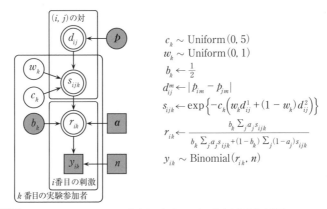

図 17.6 グラフィカルモデルによる注意と一般化における完全な個人差を認める GCM の実装。

i 番目の刺激と k 番目の実験参加者についての個々の実験参加者のデータ y_{ik} をモデル化することを意味することに注意しておいてほしい。

スクリプト GCM_2.txt はこのグラフィカルモデルを WinBUGS に実装する。

```
# 個人差を伴う一般化文脈モデル
model{
    # 判断データ
    for (i in 1:nstim){
        for (k in 1:nsubj){
            y[i, k] ~ dbin(r[i, k], n)
            predy[i, k] ~ dbin(r[i, k], n)
        }
    }
    # 判断確率
    for (i in 1:nstim){
        for (k in 1:nsubj){
```

17.2 GCM における個人差

```
                r[i, k] <-
                        sum(numerator[i, k, ])/sum(denominator[i, k, ])
        }
}
# ベースの判断確率
for (i in 1:nstim){
        for (j in 1:nstim){
                for (k in 1:nsubj){
                        numerator[i ,k, j] <-
                                equals(a[j], 1)*b*s[i, k, j]
                        denominator[i, k, j] <-
                                equals(a[j], 1)*b*s[i, k, j]
                                + equals(a[j],2)*(1-b)*s[i, k, j]
                }
        }
}
# 類似性
for (i in 1:nstim){
        for (j in 1:nstim){
                for (k in 1:nsubj){
                        s[i, k, j] <-
                                exp(-c[k]*(w[k]*d1[i, j]+(1-w[k])*
                                d2[i, j]))
                }
        }
}
# パラメータと事前分布
for (k in 1:nsubj){
        c[k] ~ dunif(0, 5)
        w[k] ~ dbeta(1, 1)
}
b <- 0.5
}
```

コード GCM_2.m または GCM_2.R はこのモデルを Kruschke（1993）のデータに適用する。全 40 名の実験参加者についての一般化パラメータ c と注意の重みパラメータ w の同時事後分布を図 17.7 に示す。黒丸はそれぞれの個々の実験参加者の事後平均を表し，これらの点から出ている線分はその実験参加者の同時事後分布からランダムに選ばれた少数のサンプルと平均を結んでいる。

練習問題

練習問題 17.2.1　図 17.7 の個々の実験参加者の分析に基づく注意パラメータについての推論を図 17.3 の個人差なしの分析に基づく推論と比べてみよう。これらの違いについて，実験参加者はどのように刺激次元に選択的に注意を向けたかという観点から心理学的な解釈を与えてみよう。

練習問題 17.2.2　図 17.7 の個々の実験参加者の同時事後分布のうちの 3 つ——実験参加者 3，31，33——にはラベルをつけてある。これら 3 名の実験参加者はパラメータ空間の異なる領域にいるので，おそらくは，カテゴリー化行動の種類も違っている。これら 3 名の実験参加者に

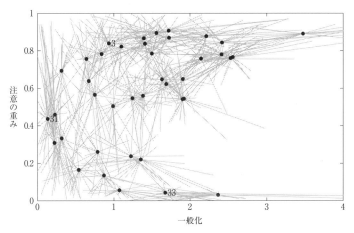

図 17.7 完全な個人差を認める GCM によって推測した注意パラメータ w と一般化パラメータ c についての各実験参加者の事後分布。

ついて図 17.5 の個々のデータに注目し，彼らのカテゴリー化判断の違いを簡単にまとめてみよう。

17.3 GCM における潜在グループ

図 17.5 の基本的なふるまいの観点から示した個人差と図 17.7 の GCM パラメータについての推論を通しての個人差は，このデータセットでのカテゴリー学習におけるばらつきについてのより制約されたモデルを作るのに役立てることのできる情報を提供する。これらの違いについての修正モデルがひとつだけということはなく，むしろ，あるモデルは他のモデルよりもばらつきをうまく記述できるとか，背後にある心理学理論にとってより有益な洞察をもたらすといったところである。

検討に値するモデルのひとつは，実験参加者に 3 つのグループがあると仮定するものである。これを図 17.8 にグラフィカルモデルとして示す。このモデルは，実験参加者 3, 31, 33 がよい例となっているように，三種類のふるまいが存在するという洞察に基づいている。最初のグループでは，実験参加者 31 のような参加者は各刺激をだいたい等しい頻度でそれぞれのカテゴリーに分類していると思われ，当て推量の行動に一致する。これらの実験参加者は課題をまじめにしようとしていない，〔データの〕汚染者であると解釈されるだろう。これらの実験参加者は，図 17.7 に見られるように，一般化の値が低く，注意の値について不確実性が大きい GCM パラメータ事後分布をもつ。こう考えることが妥当であるのは，一般化パラメータの値が低いとすべての刺激の間の類似度が高くなり，この課題でのどちらのカテゴリー反応の累積類似度もほぼ等しくなるからである。しかし，実験参加者 31 のような参加者のふるまいを説明するもっと簡単な手段は，彼らの行動を説明するのに GCM をまったく使わないことではなく，すべての刺激について反応確率を $r_{ik} = 1/2$ に設定するだけの，独立の汚染モデルを使うことである。

一方，実験参加者 3 や 33 によって代表される参加者のグループは，もっと思慮深い分類行動を見せるが，一部の刺激には違った反応パターンをとる。刺激 1, 2, 3, 5 はカテゴリー

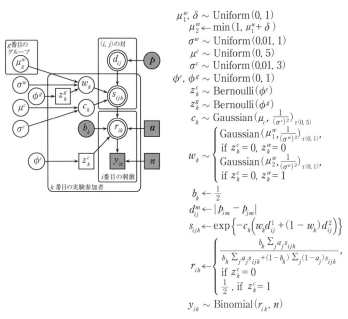

図 17.8 3つの潜在グループを認めるグラフィカルモデルによる GCM の実装。あるグループは汚染者群で，その他2つのグループは GCM を使うが，選択的注意について異なる。

A に属し，刺激 4，6，7，8 はカテゴリー B に属していた図 17.1 を思い出してほしい。実験参加者 3 のような参加者の間違いは，そのほとんどが刺激 4 と 5 についてである。これは位置次元に注目していること，すなわち大きな注意パラメータ w の値が割り当てられることと整合的であり，これによって 2 つの刺激が誤って割り当てられたのだと考えられる。一方，実験参加者 33 のような参加者は刺激 2 と 7 を間違って分類している。このことは高さ次元に注目していることと整合的であり，低い注意パラメータ w の値に対応する。

スクリプト GCM_3.txt は，このグラフィカルモデルを WinBUGS に実装する。事後予測分布がグループレベルで生成されること，3 つの値をとる分類変数 z はそれぞれの実験参加者がどのグループに属するのかを示すように作られることに注意してほしい。

```
# 汚染者と2つの注意グループを伴う一般化文脈モデル
model{
    # 判断データ
    for (i in 1:nstim){
        # 実験参加者
        for (k in 1:nsubj){
            y[i, k] ~ dbin(r[i, k], n)
        }
        # グループ
        for (g in 1:3){
            predyg[g, i] ~ dbin(rpredg[g, i], n)
        }
    }
    # 判断確率
    for (i in 1:nstim){
        for (k in 1:nsubj){
```

```
                r[i, k] <- equals(zc[k], 0)*
                        sum(numerator[i, k, ])/sum(denominator[i, k, ])
                        + equals(zc[k], 1)*0.5
        }
        for (g in 1:2){
                rpredg[g, i] <-
                        sum(numeratorpredg[g, i, ])/
                        sum(denominatorpredg[g, i, ])
        }
        rpredg[3, i] <- 0.5
}
# ベースの判断確率
for (i in 1:nstim){
        for (j in 1:nstim){
                for (k in 1:nsubj){
                        numerator[i, k, j] <-
                                equals(a[j], 1)*b*s[i, k, j]
                        denominator[i, k, j] <-
                                equals(a[j], 1)*b*s[i, k, j]
                                + equals(a[j], 2)*(1-b)*s[i, k, j]
                }
                for (g in 1:2){
                        numeratorpredg[g, i, j] <-
                                equals(a[j], 1)*b*spredg[g, i, j]
                        denominatorpredg[g, i, j] <-
                                equals(a[j], 1)*b*spredg[g, i, j]
                                + equals(a[j], 2)*(1-b)*spredg[g, i, j]
                }
        }
}
# 類似度
for (i in 1:nstim){
        for (j in 1:nstim) {
                for (k in 1:nsubj){
                        s[i, k, j] <- exp(-c[k]*(w[k]*d1[i, j]+
                                (1-w[k])*d2[i, j]))
                }
                for (g in 1:2){
                        spredg[g, i, j] <-
                                exp(-cpredg[g]*(wpredg[g]*d1[i, j]
                                +(1-wpredg[g])*d2[i, j]))
                }
        }
}
# 実験参加者パラメータ
for (k in 1:nsubj){
        c[k] ~ dnorm(muc, lambdac)I(0, )
        w[k] ~ dnorm(muw[zg1[k]], lambdaw)I(0, 1)
}
# 予測されるグループパラメータ
for (g in 1:2){
        wpredg[g] ~ dnorm(muw[g], lambdaw)I(0, 1)
        cpredg[g] ~ dnorm(muc, lambdac)I(0, )
```

```
        }
        # 事前分布
        b <- 0.5
        # 潜在混合分布
        phic ~ dbeta(1, 1)
        phig ~ dbeta(1, 1)
        for (k in 1:nsubj){
                zc[k] ~ dbern(phic)
                zg[k] ~ dbern(phig)
                zg1[k] <- zg[k]+1
                z[k] <- equals(zc[k], 0)*zg1[k] + 3*equals(zc[k], 1)
        }
        # 平均一般化
        muctmp ~ dbeta(1, 1)
        muc <- 5*muctmp
        # 平均注意
        muwtmp ~ dbeta(1, 1)
        muw[1] <- muwtmp
        delta ~ dbeta(1, 1)
        muw[2] <- min(1, delta+muw[1])
        # 標準偏差一般化
        sigmactmp ~ dbeta(1, 1)
        sigmac <- max(.01, 3*sigmactmp)
        # 標準偏差注意
        sigmawtmp ~ dbeta(1, 1)
        sigmaw <- max(.01, sigmawtmp)
        # 精度
        lambdac <- 1/pow(sigmac, 2)
        lambdaw <- 1/pow(sigmaw, 2)
}
```

　コード GCM_3.m または GCM_3.R はこのモデルを Kruschke（1993）のデータに適用し，重要な結果を分析した 2 つのグラフを出力する。このうち最初のグラフを図 17.9 に示す。このグラフは各実験参加者の 3 つのグループへの潜在的な割り当て確率を表している。ほぼすべての実験参加者が 3 つのグループのうちひとつに確実に分類されることがわかる。このことは，モデルの提案するグループが個々の実験参加者のレベルでデータをうまく特徴づけて

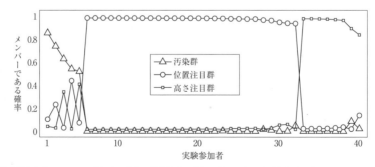

図 17.9　各実験参加者についての割り当て確率。情報を読み取りやすいように実験参加者を並べていることに注意してほしい。この順序は，図 17.5 に示した，ローデータにおける実験参加者の順序とは違っている。

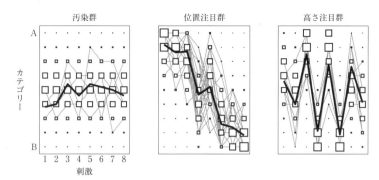

図 17.10 潜在的な位置注目群と高さ注目群の事後予測分布（四角形で示した）。また，各群に割り当てられた実験参加者の平均と個々のカテゴリー判断をそれぞれ太い線と細い線で示した。

いることを強く示唆する。ひとつのグループでは個々のデータをうまく説明できない場合には，ベイズ推論の自然な帰結として，異なるグループの混合によってデータを記述するモデル平均化による結果が得られる。このとき，2つ以上の割り当てについて十分に大きな事後確率が得られることになる。

図 17.10 は，3つのグループのそれぞれについての事後予測分析を示している。各パネルがひとつのグループに対応し，四角形はモデルの予測分布を表している。太い線はそのグループに属すると分類された（図17.9に示した事後のグループメンバーシップの最頻値から決定した）実験参加者の平均カテゴリー化行動を示している。細い線はこれらの実験参加者の個々のふるまいを示している。3つのグループのそれぞれについて，質的に異なる分類パターンは事後予測分布によってうまく記述されているように思われる。

ボックス 17.1　息の長い知識

"［認知科学における］最も実質的で息の長い進展は，経験的事実の蓄積やモデルの構築にあったのではなく，モデルと実験研究の実り多い相互作用を生み出したことにあった。ほとんどの実験的事実は継続的な再解釈を必要とし，ほとんどのモデルは秋の落ち葉のように路傍に散っているが，モデルと実験の相互作用の結果は一般化可能な知識の大部分を作り上げている"（Estes, 2002, p. 3）

練習問題

練習問題 17.3.1　今回の分析は推定したグループメンバーシップと各グループの事後予測分布に注目したものだった。これは最も重要な推論のうちの2つであるとはいえるだろうが，これだけが利用可能な，もしくは，有用なただひとつの推論というわけではない。分析を拡張し，推定される汚染実験参加者の割合 ϕ^c の事後分布と注意のグループ平均の違い δ を考え，これら両方について心理学的な解釈をしてみよう。

練習問題 17.3.2　ある実験参加者が高さ注意グループではなく位置注意グループに属する確率の事後分布を作ってみよう。これは単純に ϕ^g パラメータの事後分布ではないことに注意しておこう。

第十八章

Heuristic
decision-making

ヒューリスティック意思決定

18.1 最良取得

　意思決定の最良取得（take-the-best, TTB）モデル（Gigerenzer & Goldstein, 1996）は，ある基準で 2 つの刺激から選択する状況についての単純だが有力な説明であり，一般的なヒューリスティック意思決定モデル属のよい例である（e.g., Gigerenzer & Todd, 1999; Gigerenzer & Gaissmaier, 2011; Payne, Bettman, & Johnson, 1990）。TTB は "フランクフルトとミュンヘンのうち，人口が多いのはどちらか？" とか "ナマズとニシンのうち，より多くの子どもを産むのはどちらか？" とか "この 2 人の教授のうち，より給料が高いのはどちらか？" といった意思決定課題を扱う。

　TTB の仮定では，すべての刺激は共通の手がかり集合の有無の観点から表現される。よく研究されているドイツの都市のデータセットにこのやり方を当てはめると，都市は 9 つの手がかりの観点から表現される。この手がかりには，その都市に国際空港があるか否か，オリンピックを主催したことがあるか，ブンデスリーガ（訳註：ドイツのプロサッカーリーグ）のサッカーチームがあるかなどがある。TTB のそれぞれの手がかりと関係するのが "手がかり妥当性" である。この妥当性は，ある手がかりをもつ刺激ともたない刺激とのペアについて，その手がかりがより高い基準値を持つ刺激に属する比率の測度である。たとえば，"その都市は首都か？" という手がかりが高い妥当性を持つのは，首都ベルリンが最も人口の多い都市でもあるからだ。

　TTB モデルの仮定によれば，人は 2 つの都市のうちのどちらが大きいかを判断するとき，妥当性が最高の手がかりから最低の手がかりに向かって検索を行い，ある都市はもっているが他の都市はもっていない手がかりがわかった時点で停止する。TTB は単純に停止の時点で人は手がかりのある都市を選ぶと考えている。すべての手がかりを調べつくした場合には当て推量が行われると TTB は仮定する。

　ここで取り上げるデータは，同じ 30 個の質問について刺激のペア間での選択を行う 20 名の実験参加者についてのデータである[1]。各試行で，実験参加者は手がかりを検索して 2 つの刺激が手がかりをもっているか否かを調べることができる。この検索中の任意の時点で，実験参加者は利用できる情報に基づいて刺激の一方を選ぶことができる。したがって，この実験は人がどうやって情報を検索するか，いつその検索を停止しようと判断するか，どんな

---

[1]　このデータを共有させてくれたベン・ニューウェルに感謝する。

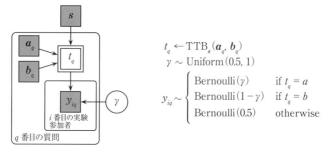

図 18.1 ヒューリスティック的な意思決定の最良取得モデルのためのグラフィカルモデル。

意思決定を下すかを測るものである。ここでは実験中に集めた判断データだけに注目し，行われた判断をモデル化することを目標として，それらの判断からどのように検索がなされたか，その検索がどのように終えられたかを推論しよう。

TTBを実装するグラフィカルモデルを図18.1に示す。q番目の質問についてi番目の実験参加者が行った判断を，最初の刺激（刺激'a'）が選ばれた場合には$y_{iq}=1$，二番目の刺激（刺激'b'）が選ばれた場合には$y_{iq}=0$と表す。j番目の質問での刺激についての手がかりはベクトル$\boldsymbol{a}_q$と$\boldsymbol{b}_q$によって与えられ，妥当性に基づく検索順序はsによって与えられる。

もともとは決定論的なTTBモデルを確率モデルにするために，"反応率"もしくは"執行の正確さ"を表すパラメータγを含め，TTBの意思決定が確率γで行われるようにする（Rieskamp, 2008）。このとき，q番目の問題に対するTTBの意思決定は，"a"か"b"の選択に対応する二値をとるt_qによって与えられる。このことは$t_q \leftarrow \mathrm{TTB}_s(\boldsymbol{a}_q, \boldsymbol{b}_q)$と書くことができる。観測されるヒトの意思決定は，

$$y_{iq} \sim \begin{cases} \mathrm{Bernoulli}(\gamma) & t_q = a \text{ の場合} \\ \mathrm{Bernoulli}(1-\gamma) & t_q = b \text{ の場合} \\ \mathrm{Bernoulli}(0.5) & \text{それ以外の場合} \end{cases}$$

と分布する。TTBにしたがう確率は高いと予想され，確実に0.5以下ではないはずである（0.5以下の場合，逆の意思決定になる）。そこで，事前分布$\gamma \sim \mathrm{Uniform}(0.5, 1)$を使う。

スクリプト`TTB.txt`は，このグラフィカルモデルをWinBUGSに実装する。

```
# 最良取得
model{
    # データ
    for (q in 1:nq){
        for (i in 1:ns){
            y[i, q] ~ dbern(ttb[t[q]])
            ypred[i, q] ~ dbern(ttb[t[q]])
        }
    }
    # 各問題に対するTTBモデル
    for (q in 1:nq){
        # TTBの意思決定をまねるために手がかりの寄与を加える
```

```
        for (j in 1:nc){
                tmp1[q, j] <-
                        (m[p[q, 1], j]-m[p[q, 2], j])*pow(2, s[j]-1)
        }
        # 手がかりが最初の刺激を選好するか，二番目の刺激を選好するか，
        # いずれも選好しないかを調べる
        tmp2[q] <- sum(tmp1[q, 1:nc])
        tmp3[q] <- -1*step(-tmp2[q])+step(tmp2[q])
        t[q] <- tmp3[q]+2
}
# 手がかり検索順序は妥当性にしたがう
for (j in 1:nc){
        s[j] <- rank(v[1:nc], j)
}
# 確率ガンマ，すなわち，ガウス分布でTTB意思決定を選ぶ
ttb[1] <- 1-gamma
ttb[2] <- 0.5
ttb[3] <- gamma
# 事前分布
gamma ~ dunif(0.5, 1)
}
```

このスクリプトは，すべての手がかりを比較することによって TTB モデルをシミュレート
するが，非補償的な重み（pow(2, s[j]-1) をかける）を適用することによって，最初の弁
別的な手がかりが判断を決めるようにする。このスクリプトは rank 関数を使って手がかり
から妥当性に基づく TTB の探索順序を決めることに注意してほしい。

コード TTB.m または TTB.R はこのモデルをシミュレーションデータに適用する。図 18.2
はその結果をまとめたものであり，複数の実験参加者の意思決定と，TTB モデルによる予
測との一致度を示している。x のマーカーはある実験参加者が刺激 "a" を選んだことを表し，
x のマーカーがないところは "b" を選んだことを表す。+ のマーカーを使ってモデルが刺
激 "a" を選んだ確率を表す。すなわち，フルサイズの + マーカーはモデルが確率 1 で "a"
を選ぶことを意味し，+ のマーカーがまったくないところはモデルが確率 1 で "b" を選ぶ
ことを意味する。これら 2 つの極端な場合の中間では，+ マーカーの大きさが "a" がモデ
ルによって選ばれる確率を表す。したがって，データとモデルとの一致度は，x マーカーと
+ マーカーを組み合わせた * マーカーによって見た目にわかる。* マーカーは実験参加者も
モデルも "a" を選んだことを表し，どのマーカーもない場合には実験参加者もモデルも "b"
を選んだことを表す。

図 18.2 では問題を順に並べてあり，最初の 24 個は TTB モデルとすべての手がかりを吟
味する，より悉皆的なモデルが同じ判断に至った問題になっている。しかし，最後の 6 つの
問題——最初の 24 の問題とは破線で分けてある——は，TTB が別の判断を下した刺激ペア
についてのものである。結果を提示するに際して，実験で参加者に提示したときとは違って，
選択肢 "a" がつねに TTB の選択に一致するように刺激ペアをコード化してある。

図 18.2 は，期待される通り，モデルがつねに TTB の選択肢を選好することを示している。
特に，最初の 24 の問題については，実験参加者もよく TTB の選択肢を選んでおり，このコー

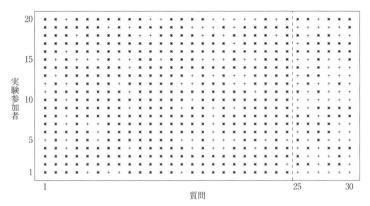

図 18.2 確率的 TTB モデルを判断データに適用した結果。

ドで計算するとすべての判断についてのモデルとデータの間の期待事後一致度は 63％になる。これはこのモデルの記述的な適切さの測度であり，判断や意思決定の文献ではよく"対応度（correspondence）"と呼ばれる（Dunwoody, 2009）。

練習問題

練習問題 18.1.1 γ の事後期待値はいくつになるだろうか？　また，その値はどう解釈できるだろうか？

18.2 停止

　TTB ヒューリスティックの強力な仮定は，ひとつの弁別手がかりがあれば意思決定を行うのに十分であるというものである。この停止規則には議論の余地があり，ひとつの理由に頼るヒューリスティックは，すべての手がかりを検索することを仮定する対立モデルとよく比較される（e.g., Gigerenzer & Goldstein, 1996; Katsikopoulos, Schooler, & Hertwig, 2010）。

　よく TTB と比較されるのは重み付き加算（Wighted ADDitive, WADD）モデルである（e.g., Bergert & Nosofsky, 2007; Lee & Cummins, 2004）。このモデルは，利用できるすべての手がかりに対する意思決定の代案についての証拠を加算し，最大の証拠をもつ案を選ぶ。弁別手がかりによって与えられる証拠の大きさはその妥当性から決定でき，$x_k = \log \frac{v_k}{1-v_k}$ として対数オッズ尺度で自然に測られる。したがって，WADD の意思決定ヒューリスティックは，それぞれの代案を支持する弁別手がかりについてすべての証拠の値を合計し，最大の証拠をもつ案を選ぶ。

　これらのデータから取り組むことが意図された基本的な問題は，実験参加者が一貫して TTB または WADD を使うかどうか，もしそうだとしたらどんな比率でそれぞれを使うかというものである。この問題には，各実験参加者が TTB と WADD のいずれかを使ってすべての問題に意思決定を行う潜在混合モデルを使うことによって自然に扱える。図 18.3 にこのアプローチを実装したグラフィカルモデルを示す。パラメータ z_i は指示変数として働

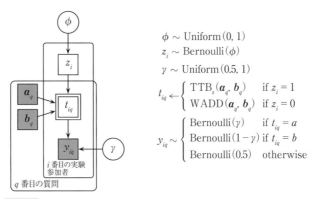

図 18.3 TTB と WADD 停止規則の潜在混合モデルのためのグラフィカルモデル

き，i 番目の実験参加者が TTB を使う場合には $z_i=1$，WADD を使う場合には $z_i=0$ になる。この指示変数は母集団における TTB 実験参加者のベース率に依存して，$z_i \sim \text{Bernoulli}(\phi)$ と分布する。i 番目の実験参加者についての決定的ノード t_{ij} は，

$$t_{iq} \leftarrow \begin{cases} \text{TTB}(\boldsymbol{a}_q, \boldsymbol{b}_q) & z_i=1 \text{ の場合} \\ \text{WADD}(\boldsymbol{a}_q, \boldsymbol{b}_q) & z_i=0 \text{ の場合} \end{cases}$$

によって与えられるので，以前と同じく，

$$y_{iq} \sim \begin{cases} \text{Bernoulli}(\gamma) & t_{iq}=a \text{ の場合} \\ \text{Bernoulli}(1-\gamma) & t_{iq}=b \text{ の場合} \\ \text{Bernoulli}(0.5) & \text{それ以外の場合} \end{cases}$$

である。

スクリプト Stop.txt はこのグラフィカルモデルを WinBUGS に実装する。基本的なアプローチは，各問題について TTB と WADD の両者が行う判断を見出し，指示変数 z[i] を使って i 番目の実験参加者がどんな判断を行うかを決めることである。

```
# 停止
model{
    # データ
    for (i in 1:ns){
        for (q in 1:nq){
            y[i, q] ~ dbern(dec[t[i, q, z1[i]]])
            ypred[i, q] ~ dbern(dec[t[i, q, z1[i]]])
        }
    }
    # TTB判断
    for (i in 1:ns){
        for (q in 1:nq){
            # TTB判断をまねるために手がかりの貢献を加える
```

```
                    for (j in 1:nc){
                            tmp1[i, q, j] <-
                                    (m[p[q, 1], j]-m[p[q, 2], j])*pow(2, s[j]-1)
                    }
                    # 手がかりが最初の刺激を選好するか，二番目の刺激を選好するか，
                    # いずれも選好しないかを調べる
                    tmp2[i, q] <- sum(tmp1[i, q, 1:nc])
                    tmp3[i, q] <-
                            -1*step(-tmp2[i, q])+step(tmp2[i, q])
                    t[i, q, 1] <- tmp3[i, q]+2
            }
    }
    # WADD判断
    for (i in 1:ns){
            for (q in 1:nq){
                    for (j in 1:nc){
                            tmp4[i, q, j] <-
                                    (m[p[q, 1], j]-m[p[q, 2], j])*x[j]
                    }
                    # 手がかりが最初の刺激を選好するか，二番目の刺激を選好するか，
                    # いずれも選好しないかを調べる
                    tmp5[i, q] <- sum(tmp4[i, q, 1:nc])
                    tmp6[i, q] <-
                            -1*step(-tmp5[i, q])+step(tmp5[i, q])
                    t[i, q, 2] <- tmp6[i, q]+2
            }
    }
    # 確率ガンマ，すなわち，ガウス分布による判断にしたがう
    dec[1] <- 1-gamma
    dec[2] <- 0.5
    dec[3] <- gamma
    # 手がかりの探索順序は妥当性にしたがう
    for (j in 1:nc){
            stmp[j] <- nc-j+1
            s[j] <- rank(v[1:nc], stmp[j])
    }
    # 潜在混合モデルにおけるTTBとWADDの実験参加者
    for (i in 1:ns){
            z[i] ~ dbern(phi)
            z1[i] <- z[i]+1
    }
    # 事前分布
    gamma ~ dunif(0.5, 1)
    phi ~ dbeta(1, 1)
}
```

コード Stop.m または Stop.R はこのモデルを前回と同一のシミュレーションデータに適用する。図 18.4 に結果をまとめてあり，計算すると人の判断との一致度は 68% に向上した。向上の大部分は，TTB と WADD が違う判断をした最後の 6 つの問題から生じた。これらの人々——実験参加者 17，18，19，20 のような人々——は，最後の 6 つの問題についてTTB に一致する判断をしなかったが，前よりもうまくモデル化されている。

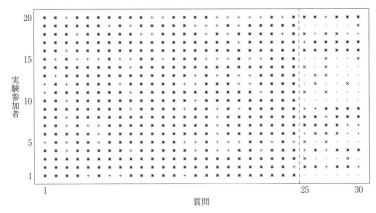

図 18.4　TTB と WADD の潜在混合モデルを判断データに適用した結果。

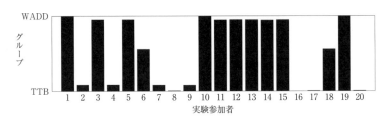

図 18.5　各実験参加者による TTB と WADD モデルの利用についての推論。

図 18.5 はこの点を強調するために各実験参加者の潜在混合指示変数についての事後期待値を示したものである。少なくとも半数の実験参加者——実験参加者 17，18，19，20 を含む——は，高い確信をもって WADD 群に属すると推論される。

練習問題

練習問題 18.2.1 ϕ の事後分布をプロットし解釈してみよう。$\mathcal{H}_0:\phi=0$ と $\mathcal{H}_1:\phi\neq 0$ を比較するベイズファクターを近似計算し解釈してみよう。

18.3 探索

意思決定データについてのはじめの TTB による説明を拡張するもうひとつのやり方は，ひとつの理由による停止規則は維持し，探索順序に柔軟性をもたせることである。もっとも簡単には，手がかり妥当性の順序にしたがわない探索順序を全員が使うモデルを考えることができるだろう。だが，データそのものに明らかな個人差があることを考えると，より興味深いモデルは人ごとに別の探索順序を認めるものである。

図 18.6 に示すグラフィカルモデルはこのアイデアを実装したものである。このモデルはそれぞれの実験参加者が自分の探索順序 s_i をもつことを認め，これらの順序をデータから推定すべき潜在パラメータとして扱う。探索順序はここではモデルパラメータになるので，事前分布を与えなければならない。グラフィカルモデルでは，$9!=362{,}880$ 通りの探索順序のそれぞれが等しく起こりそうだとしてある。つまり，すべての可能な探索順序パラメータ

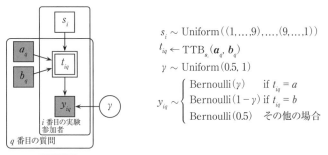

図 18.6 探索順序における個人差のためのグラフィカルモデル。

の値に対して一様分布を仮定する。

スクリプト Search.txt はこのグラフィカルモデルを WinBUGS に実装する。

```
# 個人ごとの探索順序
model{
    # データ
    for (i in 1:ns){
        for (q in 1:nq){
            y[i, q] ~ dbern(ttb[t[i, q]])
            ypred[i, q] ~ dbern(ttb[t[i, q]])
        }
    }
    # 実験参加者ごとに違う探索順序をもつ一理由モデル
    for (i in 1:ns){
        for (q in 1:nq){
            for (j in 1:nc){
                tmp1[i, q, j] <-
                    (m[p[q, 1], j]-m[p[q, 2], j])*pow(2, s[i,
                    j]-1)
            }
            # 手がかりが最初の刺激を選好するか，二番目の刺激を選好するか，
            # いずれも選好しないかを調べる
            tmp2[i, q] <- sum(tmp1[i, q, 1:nc])
            tmp3[i, q] <-
                -1*step(-tmp2[i, q])+step(tmp2[i, q])
            t[i, q] <- tmp3[i, q]+2
        }
        # stmpの順位による手がかり探索順序
        for (j in 1:nc){
            s[i, j] <- rank(stmp[i, 1:nc], j)
            stmp[i, j] ~ dnorm(0, 1)I(0, )
        }
    }
    ttb[1] <- 1-gamma
    ttb[2] <- 0.5
    ttb[3] <- gamma
    # 事前分布
    gamma ~ dunif(0.5, 1)
}
```

WinBUGSには順序に対して事前分布を設定するための標準的な分布がないため，探索順序の生成は低次なやり方で実装しなければならない．ひとつのアプローチは，探索順序に対応する9！個の値をとるカテゴリカル変数を考えることだろう．しかし，この変数に対する推論を行うには，値同士の関係性の構造が失われることが問題になる．2つの探索順序が似ている場合（たとえば，同じ順序だが，探索の順序が入れ替わるような2つの隣接する手がかりがある），それらの順序が似たような（すなわち，隣接する）カテゴリー数をとる場合にはうまくいくかもしれない．だが，順序間のすべての構造的関係性を数直線上に射影することは明らかに不可能である．

　もっと優れたアプローチは，背後に連続的な尺度を想定し，それぞれの手がかりがその尺度上の値をとるようにすることである．この場合，探索順序は単純にそれらの尺度上の値の順序によって与えられ，サンプリングに基づく推論の中で手がかりの値を変えるとこの順序は（変わるとするなら）少しだけ変わる．そこで，Search.txt スクリプトは，手がかりのそれぞれの背後に Gaussian(0, .001) の事前分布をもつ，連続的な正の値をとる変数を用いる．

　コード Search.m または Search.R はこのモデルを意思決定データに適用する．図18.7はこの新しい結果をまとめたもので，計算すると対応度は73%になる．結果が示すところによると，このモデルはTTBでもTTBとWADDの混合分布でも説明のつかないような個々の実験参加者のふるまいのパターンを当てはめることができる．問題17は，半数の実験参加者は一方の選択肢を選び，残り半数が他の選択肢を選んでいるので，よい例になるだろう．この問題には，手がかり2の存在によって特徴づけられる選択肢と，手がかり6の存在によって特徴づけられるもうひとつの選択肢のどちらかを選ぶ必要がある．つまり，どちらの選択肢にもひとつだけの手がかりがあり，一方の選択肢についてはそれは手がかり2であり，他方の選択肢については手がかり6である．これらの選択肢のうちの最初のものはTTBによって選ばれる（手がかり2は手がかり6よりも妥当性が高いので）．したがって，この問題に対する実験参加者間の明白な個人差についてのひとつの説明は，一部の実験参加者は手がかり6よりも前に手がかり2を探索したのに対して，他の実験参加者は手がかり2よりも前に手がかり6を探索したというものである．

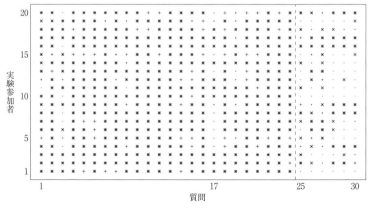

図18.7　個人ごとの探索順序モデルを判断データに適用した結果．

この推理は，モデルが推論した探索順序についての事後分布を考えることによって確認できる。概念的には，個々の実験参加者の探索順序についての事後分布は9！個の可能な順序に対する分布である。これを図示するひとつのやり方は，それぞれをサンプリングした回数から推定した量の降順に順序を並べ上げることである。コード Search.m または Search.R は，いくつの独自な順序がサンプリングされたかを図示し，最も高い事後の量の推定値をもつ10の具体的な順序を詳細に示す。

このことを具体的にするため，問題17について違う判断をした実験参加者12と13について推定した探索順序について考えてみよう。実験参加者12の探索パターンの事後分布を要約したものが以下の10の順序である。

```
Subject 12
There are 3709 search orders sampled in the posterior.
Order=(2 6 9 7 1 5 3 4 8), Estimated Mass=0.0013
Order=(2 6 5 9 7 1 8 3 4), Estimated Mass=0.0010
Order=(5 2 6 9 1 8 4 7 3), Estimated Mass=0.0010
Order=(2 6 5 9 1 8 7 3 4), Estimated Mass=0.0010
Order=(2 6 9 7 1 5 3 8 4), Estimated Mass=0.0010
Order=(2 6 9 5 1 3 4 7 8), Estimated Mass=0.0010
Order=(2 6 9 1 5 7 3 4 8), Estimated Mass=0.0010
Order=(2 6 5 1 3 9 7 4 8), Estimated Mass=0.0010
Order=(2 6 1 9 5 4 8 3 7), Estimated Mass=0.0010
Order=(2 1 6 9 7 5 4 8 3), Estimated Mass=0.0010
```

この事後分布によって表されるように，探索順序には不確実性があるものの，手がかり2が手がかり6の前に探索されたことは明らかである。実験参加者13の探索パターンの事後分布を要約すると以下の10の順序になる。

```
Subject 13
There are 3350 search orders sampled in the posterior.
Order=(5 6 7 1 8 4 3 2 9), Estimated Mass=0.0018
Order=(5 4 6 1 7 3 2 8 9), Estimated Mass=0.0015
Order=(5 6 4 3 2 7 1 8 9), Estimated Mass=0.0013
Order=(5 6 7 8 1 9 4 3 2), Estimated Mass=0.0013
Order=(5 6 7 9 1 3 4 8 2), Estimated Mass=0.0013
Order=(5 6 4 7 1 9 2 8 3), Estimated Mass=0.0013
Order=(5 4 6 1 3 7 8 9 2), Estimated Mass=0.0013
Order=(5 6 4 8 7 1 2 9 3), Estimated Mass=0.0010
Order=(5 6 4 8 9 1 2 3 7), Estimated Mass=0.0010
Order=(5 4 6 9 7 1 2 3 8), Estimated Mass=0.0010
```

この実験参加者では手がかり6が手がかり2の前に探索されたことは明らかであるように思われる。実験参加者12と13の違いは問題17についての彼らの判断の違いを説明する。

> **練習問題**

練習問題 18.3.1 すべての実験参加者について探索順序の事後分布の要約を眺めてみよう。それらが示す不確実性をどのように特徴づけられるだろうか？ いくつの探索順序がサンプリングされるか，いくつをサンプリングできるか，サンプリングした順序が互いにどのくらい似ているか考えてみよう。

練習問題 18.3.2 ある実験参加者が TTB のようにひとつの理由による停止規則を使っているとしたら完全な探索順序を推論できると思うだろうか？ この議論はどんな分析の結果をもたらすだろうか？

練習問題 18.3.3 実験参加者 12 と 13 だけでなく，すべての実験参加者について推論した探索順序は，問題 17 に対して観測された個人差と一致するだろうか？

18.4 探索と停止

　ここまでの 2 つのモデルはオリジナルの TTB モデルを 2 つのやり方で拡張し，判断の個人差を説明することを試みた。ひとつのモデルは個人差の源として停止規則の違いを組み込み，もうひとつのモデルは探索順序の違いを組み込んだ。停止規則と探索順序の両方の違いを認めるモデルについて考えるのは自然な理論的進展だろう。

　図 18.8 に探索と停止を組み込んだグラフィカルモデルを示す。ほとんど図 18.3 の停止グラフィカルモデルと図 18.6 の探索グラフィカルモデルを論理的に組み合わせただけだが，ひとつ小さな修正点がある。停止モデルは各実験参加者がすべての判断で TTB または WADD の停止規則を使うものとみなして，参加者を通してベース率を推論した。しかし，図 18.8 のモデルでは φ はすべての問題を通してのベース率であり，i 番目の実験参加者が TTB の停止規則ではなく WADD の停止規則を用いる確率を表す。したがって，i 番目の実験参加者が q 番目の問題に用いた停止規則に対応する指示変数 z_{iq} が存在する。もちろん，WADD 停止規則を使った場合，すべての手がかりが検討されるので探索順序は無関係になる。だが，TTB のひとつの理由による停止規則を用いたときには，i 番目の実験参加者についての探索順序 s_i は判断に影響する。

　スクリプト `SearchStop.txt` はこのグラフィカルモデルを WinBUGS に実装する。

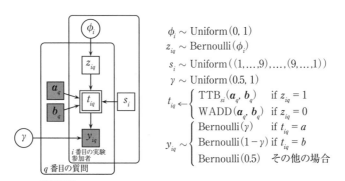

図 18.8 探索順序と停止規則を推測するためのグラフィカルモデル。

```
# 探索と停止
model{
      # データ
      for (i in 1:ns){
            for (q in 1:nq){
                  y[i, q] ~ dbern(dec[t[i, q, z1[i, q]]])
                  ypred[i, q] ~ dbern(dec[t[i, q, z1[i, q]]])
            }
      }
      # TTB判断
      for (i in 1:ns){
            for (q in 1:nq){
                  for (j in 1:nc){
                        tmp1[i, q, j] <-
                              (m[p[q, 1], j]-m[p[q, 2], j])*pow(2, s[i,
                              j]-1)
                  }
                  tmp2[i, q] <- sum(tmp1[i, q, 1:nc])
                  tmp3[i, q] <-
                        -1*step(-tmp2[i, q])+step(tmp2[i, q])
                  t[i, q, 1] <- tmp3[i, q]+2
            }
      }
      # WADD判断
      for (i in 1:ns){
            for (q in 1:nq){
                  for (j in 1:nc){
                        tmp4[i, q, j] <-
                              (m[p[q, 1], j]-m[p[q, 2], j])*x[j]
                  }
                  # 手がかりが最初の刺激を選好するか，二番目の刺激を選好するか，
                  # いずれも選好しないかを調べる
                  tmp5[i, q] <- sum(tmp4[i, q, 1:nc])
                  tmp6[i, q] <-
                        -1*step(-tmp5[i, q])+step(tmp5[i, q])
                  t[i, q, 2] <- tmp6[i, q]+2
            }
      }
      # 判断は確率ガンマ，すなわちガウス分布にしたがう
      dec[1] <- 1-gamma
      dec[2] <- 0.5
      dec[3] <- gamma
      # stmpの順位による手がかり探索順序
      for (i in 1:ns){
            for (j in 1:nc){
                  s[i, j] <- rank(stmp[i, 1:nc], j)
                  stmp[i, j] ~ dnorm(0, 1)I(0, )
            }
      }
      # 実験参加者ごとのTTBかWADDかの確率
      for (i in 1:ns){
```

18.4 探索と停止　207

```
                phi[i] ~ dbeta(1, 1)
                for (q in 1:nq){
                        z[i, q] ~ dbern(phi[i])
                        z1[i, q] <- z[i, q]+1
                }
        }
        gamma ~ dunif(0.5, 1)
}
```

コード SearchStop.m または SearchStop.R はこのモデルを判断データに適用する。図 18.9 に結果をまとめてあり，計算すると対応度は 74% になる。停止規則に個人差を組み込むことは，図 18.7 の探索モデルによって行った事後予測の判断にそれほど大きな影響を及ぼさないようにみえる。

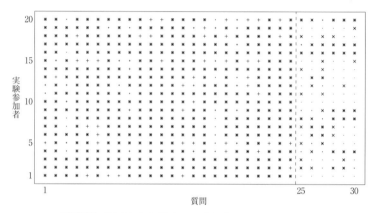

図 18.9 弾力的探索及び停止モデルを判断データに適用した結果。

練習問題

練習問題 18.4.1 図 18.8 の探索＋停止モデルのパラメータ ϕ_i の事後期待値は図 18.3 の停止モデルのパラメータ z_i の期待値とどのように比べられるだろうか？ 類似点と違いを解釈してみよう。

練習問題 18.4.2 今回のモデルに探索と停止についての構造的な個人差を組み込んだり組み込まなかったりすることにはどんな意味があるだろうか？ 図 18.8 のモデルに対する，探索と停止のパラメータの個人差に構造を加えることのできる階層的拡張を考えてみよう。

第十九章

数概念の発達

Number concept development

　ヒトの認知発達の理解における基礎的な難問のひとつは，子どもが数概念をどのように獲得するのかの理解である。Piaget（1952）の時代以来，数の概念はこの分野におけるもっとも活発な研究領域のひとつであり続けている。本章は，整数の概念の発生についての先進的な現代理論に注目する。それは"知る者レベル（knower-level）"理論と呼ばれている（Carey, 2001; Carey & Sarnecka, 2006; Wynn, 1990, 1992）。

　知る者レベル理論の主張によると，子どもは最初の3つか4つの数字の語についてはひとつずつ，順番に正確な基数の意味を学習する。つまり，子どもはまず"一"の意味を学習することからはじめて，次に"二"，それから"三"，そして（一部の子どもは）"四"を学習し，帰納法的な跳躍を行った時点で，自分の数え上げ用のリストにある残りの語の意味を推論する。この理論の用語でいえば，子どもは（"数以前（Pre-Number）"であることから）PNを知る者としてはじめ，いったん"一"を理解したら一を知る者となり，二を知る者，三を知る者，（一部の子どもは）四を知る者のレベルに進んでいき，最終的に（"基数の原則（Cardinal Principle）"から）CPを知る者になる。

　子どもの数の知識を評価するのに使われる少なくとも2つの一般的な行動課題がある。"N個ちょうだい（Give-N）"課題では，子どもにいくつかの数の物体（小さなおもちゃなど）を実験者またはパペットのような実験者の代理対象にくれるように言う（e.g., Frye, Braisby, Lowe, Maroudas, & Nicholls, 1989; Fuson, 1988; Schaeffer, Eggleston, & Scott, 1974; Wynn, 1990, 1992）。"スピードカード（Fast-Cards）"課題では，子どもに短い時間カードを見せていくつの物体（動物の写真など）が表示されていたかを尋ねる（e.g., Le Corre & Carey, 2007）。どちらの課題でも，行動データは単に質問−応答のペアであり，いくつの物体を求めたかもしくはいくつあったかと，子どもがいくつの物体をくれたか，もしくはいくつだと答えたかを記録したものである。

　子どもがN個ちょうだい課題とスピードカード課題で行った反応は，当然，彼らがいくつの数を理解したかに依存するが，課題そのものの特性にも依存する。たとえば，N個ちょうだい課題で15個のおもちゃが使える場合，子どもは理解していない数を求められたら15個すべてをくれるということがよくある。しかし，同じ子どもがスピードカード課題で同じ数を求められて15と答えることはまずありそうにない。課題設定が変わると15という答えに特別な意味がなくなるからである。したがって，優れたモデルは子ども特有の成分と課題特有の成分を組み合わせて行動データをとらえる必要がある。

　本章では，Lee & Sarnecka（2010）の開発した，課題特有の成分を組み込んだ知る者レベルモデルについて考える。Lee & Sarnecka（2010）が対象としたデータからの20名の子

どもの一部を使う。まず N 個ちょうだい課題のデータに取り組んでから，同じ子どものスピードカードのデータを取り上げ，その後，両方のデータを同時に扱う。

19.1　N 個ちょうだい課題についての知る者レベルモデル

　Lee & Sarnecka（2010）のモデルの背後にある基本的なアイデアは，行動課題には反応のためのベース率があるというものである。これは，単純に，問いかけがなされる以前に，可能なそれぞれの回答をしやすい傾向である。たとえば，N 個ちょうだい課題については，1 つのおもちゃ，2 つのおもちゃ，数個のおもちゃ，そこにあるおもちゃ全部などがベース率において比較的高い確率をもつ回答だと期待されるだろう。子どもの実際の反応は問題を出したときのベース率を更新することで得られる。ベース率は課題特有で，更新は問題と子どもの数の知識に依存する。

　このモデルにおける更新の性質は 2 つの事例の観点から説明できる。第一の事例では，子どもに自分が理解している数のおもちゃをくれるように求める。このことは，その数のおもちゃをくれる確率が増すことと，子どもが理解はしているが求められていない他の数のおもちゃをくれる確率はすべて減ることを意味する。ベース率において他の数を与える相対確率は変化しない（子どもはそれらの数を知らないので）。そこで，たとえば，三を知る者が 2 つくれるように求められた場合，2 個をくれる確率がベース率に比べて増し，1 個や 3 個をくれる確率は減る。だが，4 以上の数は相対確率において変化しない。

　第二の事例では，子どもにわからない数のおもちゃをくれるように求める。このことは，子どもがわかる数のおもちゃをくれる確率は減るが，他のすべての数は同じ相対確率にとどまることを意味している。そこで，たとえば，三を知る者に 5 つくれるよう求めた場合，子どもが 1, 2, 3 個をくれる確率はかなり低いが，4 つ以上をくれる見込みはいずれも同じくらいの高さになる。

　図 19.1 にこの知る者レベルモデルのためのグラフィカルモデルを示す。データは，j 番目の質問についての i 番目の子どもの q_{ij}^g 個の質問と a_{ij}^g 個の回答を観測したものである。課題特有のベース率の確率は，π_k を k と回答する確率として，ベクトル $\boldsymbol{\pi}$ で表す。ベース率は $\boldsymbol{\pi}'$ に更新される。更新は求められた数，子どもの知る者レベル z_i と更新の強さを測る証拠の値 v を使って行われる。先の 2 つの事例によって説明した更新のロジックは，

$$
\pi_{ijk}' \propto \begin{cases} \pi_k & k > z_i \text{の場合} \\ v \times \pi_{ijk} & k \leq z_i \text{ かつ } k = q_{ij}^g \text{の場合} \\ \frac{1}{v} \times \pi_{ijk} & k \leq z_i \text{ かつ } k \neq q_{ij}^g \text{の場合} \end{cases}
$$

と定式化できる。次に，子どもが生み出す実際の回答は，更新したベース率 $\boldsymbol{\pi}'$ におけるそれぞれの可能性についての確率に基づいてサンプリングされると仮定する。カテゴリカル分布（3 つ以上の選択肢がある場合へのベルヌーイ分布の拡張版と考えることができる）はこれを

第十九章　数概念の発達

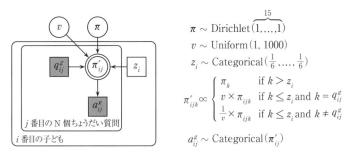

図 19.1 Lee & Sarnecka (2010) の知る者レベルモデルによる N 個ちょうだい課題での行動のためのグラフィカルモデル。

$$a_{ij}^g \sim \text{Categorical}(\pi')$$

と自然に表現できる。知る者レベルパラメータ z_i にはカテゴリカル事前分布が与えられ，6つの可能性——PN を知る者，一を知る者，二を知る者，三を知る者，四を知る者，CP を知る者——には等しい事前確率が与えられる。ベース率の事前分布は 15 個のおもちゃに対してすべての可能な分布が等しく起こりそうであるとするディリクレ分布によって与えられる。ディリクレ分布は，3 つ以上の選択肢がある場合へのベータ分布の拡張版と考えることができるので，Dirichlet(1, …, 1) は自然に一様分布 Beta(1, 1) の拡張版とみなせる。

スクリプト NumberConcept_1.txt は，WinBUGS にこのグラフィカルモデルを実装する。このスクリプトは個々の子どもそれぞれに加え，子どもの集団の知る者レベルについても事後予測分布からのサンプリングを行うことに注意しておいてほしい。

```
# N個ちょうだいデータに適用した知る者レベルモデル
model{
    # データ
    for (i in 1:ns){
        for (j in 1:gnq[i]){
            # z[i]を知る者が問題gq[i,j]にga[i,j]と答える確率は
            # 1:gn個のおもちゃについての分布からカテゴリカルにとり出す
            ga[i, j] ~ dcat(npiprime[z[i], gq[i, j], 1:gn])
        }
        # 事後予測分布
        for (j in 1:gn){
            predga[i, j] ~ dcat(npiprime[z[i], j, 1:gn])
        }
    }
    # モデル
    for (i in 1:nz){
        for (j in 1:gn){
            for (k in 1:gn){
                piprimetmp[i, j, k, 1] <- pi[k]
                piprimetmp[i, j, k, 2] <- 1/v*pi[k]
                piprimetmp[i, j, k, 3] <- v*pi[k]
                # 知る者レベル（i.e, i-1）が回答以上である場合には1になる
                ind1[i, j, k] <- step((i-1)-k)
                # 問題に合致した回答には1になる
```

```
                    ind2[i, j, k] <- equals(k, j)
                    # 0を知る者には1になる
                    ind3[i, j, k] <- equals(i, 1)
                    # HNを知る者には1になる
                    ind4[i, j, k] <- equals(i, nz)
                    ind5[i, j, k] <- ind3[i, j, k]
                            +ind4[i, j, k]*(2+ind2[i, j, k])
                            + (1-ind4[i, j, k])*(1-ind3[i, j, k])
                            * (ind1[i, j, k]
                            +ind1[i, j, k]*ind2[i, j, k]+1)
                    piprime[i, j, k] <-
                            piprimetmp[i, j, k, ind5[i, j, k]]
                    npiprime[i, j, k] <-
                            piprime[i, j, k]/sum(piprime[i, j, 1:gn])
                }
        }
}
# 知る者レベルについての事後予測分布
for (i in 1:nz){
        for (j in 1:gn){
                predz[i, j] ~ dcat(npiprime[i, j, 1:gn])
        }
}
# ベース率
for (i in 1:gn){
        pitmp[i] ~ dunif(0, 1)
        pi[i] <- pitmp[i]/sum(pitmp[1:gn])
}
predpi ~ dcat(pi[1:gn])
# 事前分布
v ~ dunif(1,1000)
for (i in 1:ns) {
        z[i] ~ dcat(priorz[])
}
for (i in 1:nz){
        priorz[i] <- 1/6
}
}
```

　コード NumberConcept_1.m または NumberConcept_1.R は，このモデルを Lee & Sarnecka (2011) の使った N 個ちょうだいデータに適用し，複数の分析を行う。

　図 19.2 は，15 個のおもちゃについて生成した事後分布を示すことによって，推論したベース率を表している。この図は，少数の個数のおもちゃと，おもちゃ全体である 15 個とに高い確率を与えており，直感的に納得のいく結果を示している。これはデータから推論された潜在的な 15 次元パラメータの値であり，データを説明するために仮定した何かではないことを理解しておくことが重要である。これはベイズアプローチを使った直接的で強力な推論であり，ベース率のような複雑な構成概念を観測データを規定する重要な構成要素として理論的に提示できるようにする。

　図 19.3 は，それぞれの子どもについての 6 つの知る者レベルの事後分布を示している。

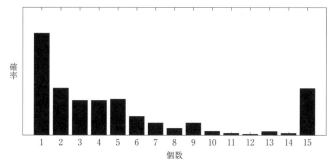

図 19.2 N個ちょうだいデータに知る者レベルモデルを適用することによって推測された，1, ..., 15個のおもちゃをくれる事後のベース率。

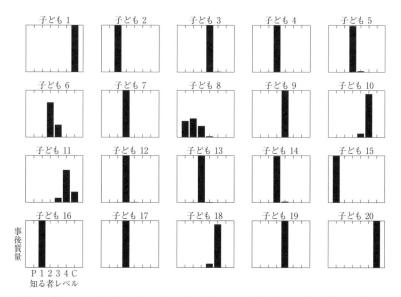

図 19.3 N個ちょうだいデータに基づく20名の子どもの知る者レベルの事後分布。P = "数以前を知る者"，C = "基数の原則を知る者"。

この結果について特筆すべきことは，ほとんどの子どもは高い確信をもってひとつの知る者レベルに分類されるということである。6, 8, 11番目の子どものような例外もいるが，大部分は確信をもってひとつのレベルに分類できる。クラスを表す離散的な潜在変数を推定するときには，このような高いピークのある事後分布は，モデルが有用であることのしるしである。モデルの指定が間違っているときには，ベイズ推論はおのずと複数の可能性を混ぜた"モデル平均化"によってデータを説明しようとして，解釈が難しくなってしまう。

図 19.4 は，モデルの事後予測分布と6名の子ども（知る者レベルの範囲にまたがるように選んだ）についての観測した行動の関係性を示している。各パネルが一名の子どもに対応し，x 軸は尋ねた質問，y 軸は与えられた答えを表している。各セルの影の濃さは，その子どもがその質問を尋ねられたときにその数のおもちゃをくれる事後確率に対応する。四角形は，その子どもについて観測された行動の分布を表している。

図 19.5 は，同じ類のそれぞれの知る者レベルについての事後予測分布の分析を表している。ここでは図 19.3 に示した知る者レベルの最大事後推定値に子どもを割り当て，観測デー

19.1 N個ちょうだい課題についての知る者レベルモデル

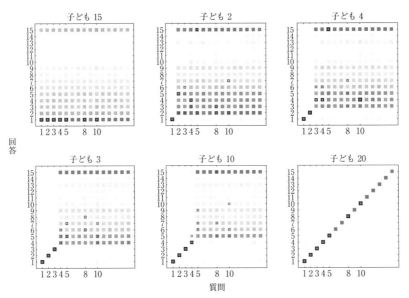

図 19.4 N個ちょうだいデータから選んだ6名の子どもの事後予測分布。それぞれの質問と回答の組み合わせの事後予測質量を影で示した。観測された子どものデータの分布を四角形で示した。

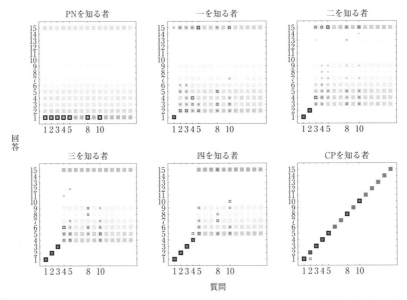

図 19.5 N個ちょうだいデータから選んだ6つの知る者レベルの事後予測分布。それぞれの質問と回答の組み合わせの事後予測質量を影で示した。当該の知る者レベルに属するものと分類されたすべての子どもについて集計した観測データの分布を四角形で示した。

タは推論したすべての子どもを含んでいる。

> [!NOTE] 練習問題

練習問題 19.1.1 証拠のパラメータ v についての事後分布を報告しよう。

練習問題 19.1.2 図 19.4のそれぞれの子どもについての特徴的な見た目の事後分布のパターンを解釈してみよう。知る者レベルの知識と課題のベース率がどんなふうに組み合わさった結果

なのかを説明しよう。

練習問題 19.1.3　知る者レベルについての事後の不確実性の MAP 推定値に頼って子どもを分類することをあなたはどう思うだろうか？　正当化できる代案は何だろうか？

練習問題 19.1.4　このモデルは，いまのところ，最終的な判断はすべての可能な反応についての分布からそれぞれの反応に結びついた量に比例してサンプリングされると仮定している。この確率照合方略は心理学的に適切だと思えるだろうか？　意思決定過程のこの部分についての別のモデルにはどんなものがありうるだろうか？

練習問題 19.1.5　なぜ図 19.2 に示した分布は正確にはベース率 π の事後分布ではないのかを説明しよう。この分布は何を示しているのか，π の事後確率とどう関係するのか，図 19.2 の分布を提示することの利点はどこにあるのか？

ボックス 19.1　ベイズ式の認知モデルについてのベイズ式の統計解析

　ベイズの手法のひとつのとらえ方は，まばらでノイズの多いデータから構造化されたモデル——階層モデル，混合モデルなど——について推論するという問題に対処する手法というものである。これは明らかにあらゆる統計的推論の手法にとっての基本的な問題である。しかしまた，心が直面する中心的な問題でもあるだろう。われわれは心的表象を構造化し，不完全で本質的に不確実な情報を取り扱わなければならない。このアナロジーにしたがえば，ベイズ統計学は認知科学のモデルとデータを分析する手法であるというだけでなく，まず認知のモデルを発展させるための理論的なメタファーにもなりうる。

　実際，"頭の中のベイズ"という理論的な立場は，心がベイズ推論を行うことを仮定する，認知科学において重要かつ論争的な立場である（e.g., Chater et al., 2006; Griffiths et al., 2008; Jones & Love, 2011; Tenenbaum et al., 2011）。このアプローチの中で発展したベイズ式の認知モデルは，ふつう，心理現象の"合理的"説明を与えることに注目する。このことは，それらのモデルがたいていは Marr（1982）の記述する三次元階層内の計算論のレベルに訴えるものであることを意味している（例外については Sanborn et al., 2010 を参照）。つまりは，行動を生み出すメカニズムやプロセス，アルゴリズムを説明しようとすることなく，また，それらのプロセスが神経ハードウェアにおいてどのように実装されるのかも説明することなく，なぜ人がそのようにふるまうのかの説明を与えようとする。

　数の発達のモデルは，おそらく，本書で取り上げたモデルの中でも認知のベイズモデルとして解釈できる唯一のものである。反応に対するベース率は自然に事前分布として解釈でき，提示された情報によって更新が起こり，子どもの知識は尤度関数を定義する。モデルのロジックはベイズの規則を適用して事後分布を作り出すことに対応し，観測した行動はこの事後分布からサンプリングされる。このことは，われわれが認知のベイズモデルについてベイズ推論を行っていることを意味している。おそらく驚くべきことだが，このことはめったに実行されない（批判については，Kruschke, 2010b; Lee, 2011b を参照）。認知モデルの分析についてベイズ推論が持つ利点のすべてはベイズ式の認知モデルに当てはまるというのに。たとえば，行動データからベイズの手法を使わずにベース率——つまり，子どもが課題にもたらす事前分布——の分布を推定することは困難だろう。

19.1　N個ちょうだい課題についての知る者レベルモデル

19.2 スピードカード課題での知る者レベルモデル

図 19.1 のグラフィカルモデルをスピードカードデータに適用するには，16 個以上の回答を許すようにベース率パラメータを変更するだけでいい。ここで取り上げるデータセットは，今回は j 番目の質問に対する i 番目の子どもについての q_{ij}^f 個の質問と a_{ij}^f 個の回答の観測から構成され，任意の子どもによって回答として与えられる最大の個数は 50 である。

改訂版のグラフィカルモデルを図 19.6 に示す。前のモデルとはベース率パラメータ π の次元性についてのみ異なっている。

スクリプト NumberConcept_2.txt はオリジナルのスクリプトにこの変更を加えたものである。コード NumberConcept_2.m または NumberConcept_2.R は，このモデルをスピードカードデータに適用する。データがまばらな〔疎である〕ことを考慮して，データで実際に観測された回答のみを取り上げることで，要素 50 個のベース率を近似的だが計算は効率的なやりかたで実装していることを断っておく。

図 19.7 は，推論したベース率を示している。ここでも，ほとんどの事後最頻値は子どもが高い頻度で経験する $1,\ldots,5$ の数となっており，ベース率は直感的にもっともな値である。残りの一桁の数字にも比較的に大きな事後確率が与えられ，その残りの大部分は 10，20，30，50 などのいわゆる "目立つ" 数のときである（Albers, 2001）。

図 19.8 は，それぞれの子どもの 6 つの知る者レベルについての事後分布を示している。

図 19.9 は，スピードカードデータに基づく，それぞれの知る者レベルについての事後予測分布の分析を示している。前と同じように，子どもは図 19.8 に示した事後のメンバーシッ

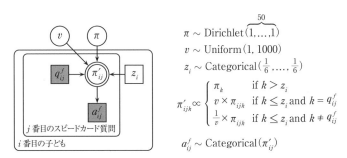

図 19.6 Lee & Sarnecka（2010）の知る者レベルモデルによるスピードカード課題での行動のためのグラフィカルモデル。

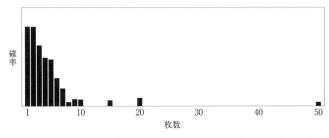

図 19.7 スピードカードデータに知る者レベルモデルを適用することによって推測された，$1,\ldots,50$ 個のおもちゃをくれる事後のベース率。

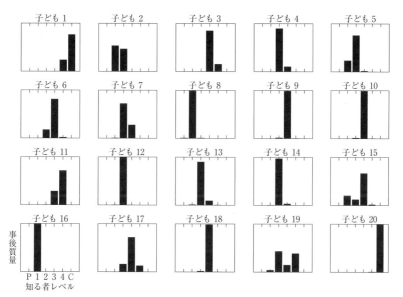

図19.8 スピードカードデータに基づく20名の子どもの知る者レベルの事後分布。P = "数以前を知る者", C = "基数の原則を知る者"。

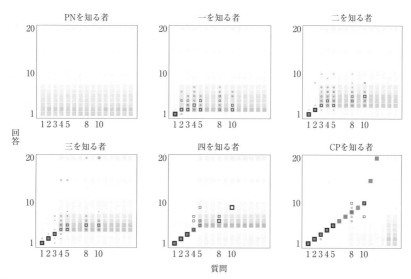

図19.9 スピードカードデータから選んだ6つの知る者レベルの事後予測分布。それぞれの質問と回答の組み合わせの事後予測質量を影で示した。当該の知る者レベルに属するものと分類されたすべての子どもについて集計した観測データの分布を四角形で示した。

プの最頻値に基づいて知る者レベルに分類される。この課題ではPNを知る者に分類された子どもは今回のデータセットにはいないが、モデルはそれでも自然にこの発達段階での子どものふるまいについての予測を行うことに注意しよう。

練習問題

練習問題 19.2.1 証拠のパラメータ ν についての事後分布を報告し,N個ちょうだい分析で得られた値と比べてみよう。

練習問題 19.2.2 図 19.8 に示した知る者レベルについての事後分布を図 19.3 の N 個ちょうだいデータで使って推定した分布と比べてみよう。

練習問題 19.2.3 図 19.8 の事後分布の不確実性は，隣り合う知る者レベルに関するものである（たとえば，2 番の子どもは一を知る者か二を知る者かが不確かである）。このことは，z を知る者レベルのパラメータの統計的な定義から必然的に出てくるものなのか？ もしそうだとしたら，どのようにして出てくるのか？ そうでないのなら，図 19.8 の不確実性のパターンはどのようにして生じるのか？

19.3　N 個ちょうだい課題とスピードカード課題についての知る者レベルモデル

　データが被験者内計画であった（それぞれの子どもが N 個ちょうだい課題とスピード課題の両方を行った）ので，両方の行動データを組み合わせて知る者レベルを推論しようと考えることは自然である。概念的にもこのことはわかりやすい。ひとつの内在的な知る者レベルが，それぞれの課題の具体的な特徴にしたがって，ある子どもについての両方の課題での行動データを生み出していると考えればよい。

　こうした形で 2 つの課題を統合したグラフィカルモデルを図 19.10 に示す。このモデルが図 19.1 と 19.6 のグラフィカルモデルをどのように組み合わせ，共通の知る者レベルパラメータである z_i を通して 2 つのモデルを結びつけているかは見た目にも明らかである。ベース率と証拠の値のパラメータは 2 つの課題間で異なることが可能になっていることに注意しよう。したがって，図 19.10 における 2 つの課題からのデータをモデル化するやり方は，数知識についての潜在的な心理状態はどちらの課題でも同じだが，ベース率の応答と異なる刺激がもたらす証拠のレベルは課題特有のしかたでばらつきうると仮定することに対応している。

　スクリプト `NumberConcept_3.txt` は，このグラフィカルモデルを実装する。コード `NumberConcept_3.m` または `NumberConcept_3.R` は，このモデルを N 個ちょうだいデータとスピードカードデータに適用する。

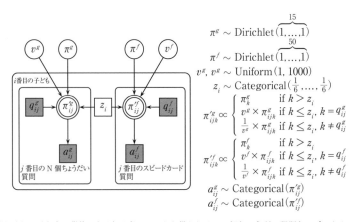

図 19.10 それぞれの子どもの背後にある知る者レベルから得られる，N 個ちょうだい課題とスピードカード課題での行動のためのグラフィカルモデル。

```
# 知る者レベルモデルをN個ちょうだいデータとスピードカードデータに適用
model{
      # N個ちょうだいパート
      # データ
      for (i in 1:ns){
            for (j in 1:gnq[i]){
                  ga[i, j] ~ dcat(npiprime[z[i], gq[i, j], 1:gn])
            }
            # 事後予測分布
            for (j in 1:gn){
                  predga[i, j] ~ dcat(npiprime[z[i], j, 1:gn])
            }
      }
      # モデル
      for (i in 1:nz){
            for (j in 1:gn){
                  for (k in 1:gn){
                        piprimetmp[i, j, k, 1] <- pi[k]
                        piprimetmp[i, j, k, 2] <- 1/gv*pi[k]
                        piprimetmp[i, j, k, 3] <- gv*pi[k]
                        ind1[i, j, k] <- step((i-1)-k)
                        ind2[i, j, k] <- equals(k, j)
                        ind3[i, j, k] <- equals(i, 1)
                        ind4[i, j, k] <- equals(i, nz)
                        ind5[i, j, k] <-
                           ind3[i, j, k]+ind4[i, j, k]*(2+ind2[i, j, k])
                           + (1-ind4[i, j, k])*(1-ind3[i, j, k])
                           * (ind1[i, j, k]+ind1[i, j, k]
                           *ind2[i, j, k]+1)
                        piprime[i, j, k] <-
                              piprimetmp[i, j, k, ind5[i, j, k]]
                        npiprime[i, j, k] <-
                              piprime[i, j, k]/sum(piprime[i, j, 1:gn])
                  }
            }
      }
      # スピードカードパート
      # データ
      for (i in 1:ns){
            for (j in 1:fnq[i]){
                  fa[i, j] ~ dcat(fnpiprime[z[i], fq[i, j], 1:fn])
            }
            # 事後予測分布
            for (j in 1:gn){
                  predfa[i, j] ~ dcat(fnpiprime[z[i], j, 1:fn])
            }
      }
      # モデル
      for (i in 1:nz){
            for (j in 1:gn){
                  for (k in 1:fn){
```

19.3　N個ちょうだい課題とスピードカード課題についての知る者レベルモデル　219

```
                        fpiprimetmp[i, j, k, 1] <- fpi[k]
                        fpiprimetmp[i, j, k, 2] <- 1/fv*fpi[k]
                        fpiprimetmp[i, j, k, 3] <- fv*fpi[k]
                        find1[i, j, k] <- step((i-1)-k)
                        find2[i, j, k] <- equals(k, j)
                        find3[i, j, k] <- equals(i, 1)
                        find4[i, j, k] <- equals(i, nz)
                        find5[i, j, k] <-
                           find3[i, j, k]+find4[i, j, k]*(2+find2[i, j, k])
                           + (1-find4[i, j, k])*(1-find3[i, j, k])
                           * (find1[i, j, k]+find1[i, j, k]
                           *find2[i, j, k]+1)
                        fpiprime[i, j, k] <-
                                fpiprimetmp[i, j, k, find5[i, j, k]]
                        fnpiprime[i, j, k] <-
                                fpiprime[i, j, k]/sum(fpiprime[i, j, 1:fn])
                }
        }
}
# 知る者レベルについての事後予測分布
for (i in 1:nz){
        for (j in 1:gn){
                predgaz[i, j] ~ dcat(npiprime[i, j, 1:gn])
                predfaz[i, j] ~ dcat(fnpiprime[i, j, 1:fn])
        }
}
# ベース率
for (i in 1:fn){
        fpitmp[i] ~ dunif(0, 1)
        fpi[i] <- fpitmp[i]/sum(fpitmp[1:fn])
}
for (i in 1:gn){
        pitmp[i] ~ dunif(0, 1)
        pi[i] <- pitmp[i]/sum(pitmp[1:gn])
}
predpi ~ dcat(pi[1:gn])
predfpi ~ dcat(fpi[1:fn])
# 事前分布
gv ~ dunif(1, 1000)
fv ~ dunif(1, 1000)
for (i in 1:ns) {
        z[i] ~ dcat(priorz[])
}
for (i in 1:nz){
        priorz[i] <- 1/6
}
}
```

　図19.11 は，それぞれの子どもに対して6つの知る者レベルについての事後分布を示した
ものである。ほとんどすべての子どもについて――6番の子どもは例外として――事後分布
に不確実性はなく，子どもたちは確信をもってひとつの知る者レベルに属すると推定され

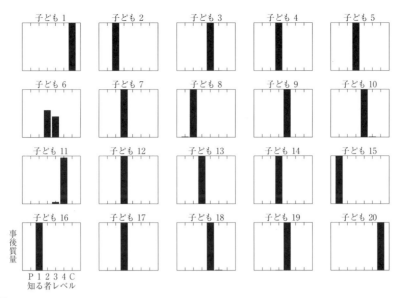

図 19.11 N個ちょうだい課題とスピードカード課題の両方のデータに基づく20名の子どもの知る者レベルの事後分布。P＝"数以前を知る者"，C＝"基数の原則を知る者"。

る。ここで重要なのは，両方の課題からの経験的証拠を同時に使うことによって，いずれか単独からできるよりも，より明確な推論ができるということである。

練習問題

練習問題 19.3.1 18番の子どもの行動データの詳細を表19.1に示す。ここには，両方の課題でのすべての質問に対する答えを示している。図19.3のN個ちょうだいデータだけに基づく推論は，四を知る者にほとんどの事後の量を当てているが，三を知る者の可能性も残すというように不確実なのはなぜなのかを説明しよう。図19.8のスピードカードデータだけに基づく推論はほぼ完全に三を知る者の可能性に事後の量を当てているのはなぜなのかを説明しよう。図19.11の両方のデータを組み合わせた推論はなぜ三を知る者を支持するのか，N個ちょうだいの分析における四を知る者の可能性が，発達的に関心があるその子どもの実際の数知識から生じたのではなく，課題そのものの性質から生じたものとみなせるのはなぜなのかを説明しよう。

表 19.1 N個ちょうだい課題とスピードカード課題での18番の子どもの行動

質問	N個ちょうだい課題での回答	スピードカード課題での回答
1	1, 1, 1	1, 1, 2
2	2, 2, 2	2, 2, 2
3	3, 3, 3	3, 3, 3
4	4, 5, 4	50, 15, 3
5	9, 7, 6	15, 4, 4
8	7, 15, 5	20, 50, 5
10	10, 6, 5	20, 20, 20

引用文献

Agresti, A. (1992). Modelling patterns of agreement and disagreement. *Statistical Methods in Medical Research, 1*, 201–218.

Ahn, W. Y., Busemeyer, J. R., Wagenmakers, E.-J., & Stout, J. C. (2008). Comparison of decision learning models using the generalization criterion method. *Cognitive Science, 32*, 1376–1402.

Albers, W. (2001). Prominence theory as a tool to model boundedly rational decisions. In G. Gigerenzer & R. Selten (Eds.), *Bounded Rtionality: The Adaptive Toolbox* (pp. 297–317). Cambridge, MA: MIT Press.

Andrich, D. (1988). *Rasch Models for Measurement*. London: Sage.

Andrieu, C., De Freitas, N., Doucet, A., & Jordan, M. I. (2003). An introduction to MCMC for machine learning. *Machine Learning, 50*, 5–43.

Angus, J. E. (1994). The probability integral transform and related results. *SIAM Review, 36*, 652–654.

Anscombe, F. J. (1963). Sequential medical trials. *Journal of the American Statistical Association, 58*, 365–383.

Banerjee, M., Capozzoli, M., McSweeney, L., & Sinha, D. (1999). Beyond kappa: A review of interrater agreement measures. *The Canadian Journal of Statistics, 27*, 3–23.

Bartlett, M. S. (1957). A comment on D. V. Lindley's statistical paradox. *Biometrika, 44*, 533–534.

Basu, S., Banerjee, M., & Sen, A. (2000). Bayesian inference for kappa from single and multiple studies. *Biometrics, 56*, 577–582.

Batchelder, W. H., & Riefer, D. M. (1980). Separation of storage and retrieval factors in free recall of clusterable pairs. *Psychological Review, 87*, 375–397.

Batchelder, W. H., & Riefer, D. M. (1986). The statistical analysis of a model for storage and retrieval processes in human memory. *British Journal of Mathematical and Statistical Psychology, 39*, 120–149.

Behseta, S., Berdyyeva, T., Olson, C. R., & Kass, R. E. (2009). Bayesian correction for attentuation of correlation in multi-trial spike count data. *Journal of Neurophysiology, 101*, 2186–2193.

Bem, D. J. (2011). Feeling the future: Experimental evidence for anomalous retroactive influences on cognition and affect. *Journal of Personality and Social Psychology, 100*, 407–425.

Berger, J. O. (1985). *Statistical Decision Theory and Bayesian Analysis* (2nd edn.). New York: Springer.

Berger, J. O., & Berry, D. A. (1988). The relevance of stopping rules in statistical inference. In S. S. Gupta & J. O. Berger (Eds.), *Statistical Decision Theory and Related Topics, Vol. 1* (pp. 29–72). New York: Springer Verlag.

Berger, J. O., & Delampady, M. (1987). Testing precise hypotheses. *Statistical Science, 2*, 317–352.

Berger, J. O., & Mortera, J. (1999). Default Bayes factors for nonnested hypothesis testing. *Journal of the American Statistical Association, 94*, 542–554.

Berger, J. O., & Pericchi, L. R. (1996). The intrinsic Bayes factor for model selection and prediction. *Journal of the American Statistical Association, 91*, 109–122.

Berger, J. O., & Wolpert, R. L. (1988). *The Likelihood Principle* (2nd edn.). Hayward, CA: Institute of Mathematical Statistics.

Bergert, F. B., & Nosofsky, R. M. (2007). A response-time approach to comparing generalized rational and take-the-best models of decision making. *Journal of Experimental Psychology: Learning, Memory, and Cognition, 33*, 107–129.

Besag, J. (1989). A candidate's formula: A curious result in Bayesian prediction. *Biometrika, 76*, 183.

Bowers, J. S., Vigliocco, G., & Haan, R. (1998). Orthographic, phonological, and articulatory contributions to masked letter and word priming. *Journal of Experimental Psychology: Human Perception and Performance, 24*, 1705–719.

Broemeling, L. D. (2009). *Bayesian Methods for Measures of Agreement*. Boca Raton, FL: CRC Press.

Brooks, S. P., & Gelman, A. (1998). General methods for monitoring convergence of iterative simulations. *Journal of Computational and Graphical Statistics, 7*, 434–455.

Brown, G. D. A., Neath, I., & Chater, N. (2007). A temporal ratio model of memory. *Psychological Review, 114*, 539–576.

Brückner, H., & Bearman, P. (2005). After the promise: The STD consequences of adolescent virginity pledges. *Journal of Adolescent Health, 36*, 271–278.

Burian, S. E., Liguori, A., & Robinson, J. H. (2002). Effects of alcohol on risk-taking during simulated driving. *Human Psychopharmacology, 17*, 141–150.

Carey, S. (2001). Cognitive foundations of arithmetic: Evolutionary and ontogenetic. *Mind and Language, 16*, 37–

55.

Carey, S., & Sarnecka, B. W. (2006). The development of human conceptual representations. In M. Johnson & Y. Munakata (Eds.), *Processes of Change in Brain and Cognitive Development: Attention and Performance XXI* (pp. 473–496). Oxford: Oxford University Press.

Carlin, B. P., & Chib, S. (1995). Bayesian model choice via Markov chain Monte Carlo methods. *Journal of the Royal Statistical Society, Series B, 57*, 473–484.

Chater, N., & Oaksford, M. (2000). The rational analysis of mind and behavior. *Synthese, 122*, 93–131.

Chater, N., Tenenbaum, J. B., & Yuille, A. (2006). Probabilistic models of cognition: Conceptual foundations. *Trends in Cognitive Sciences, 10*, 287–291.

Chechile, R. A. (1973). *The Relative Storage and Retrieval Losses in Short-Term Memory as a Function of the Similarity and Amount of Information Processing in the Interpolated Task*. Unpublished doctoral dissertation, University of Pittsburgh.

Chechile, R. A., & Meyer, D. L. (1976). A Bayesian procedure for separately estimating storage and retrieval components of forgetting. *Journal of Mathematical Psychology, 13*, 269–295.

Chen, M.-H. (2005). Computing marginal likelihoods from a single MCMC output. *Statistica Neerlandica, 59*, 16–29.

Chib, S. (1995). Marginal likelihood from the Gibbs output. *Journal of the American Statistical Association, 90*, 1313–1321.

Chib, S., & Jeliazkov, I. (2001). Marginal likelihood from the Metropolis–Hastings output. *Journal of the American Statistical Association, 96*, 270–281.

Cohen, J. (1960). A coefficient of agreement for nominal scales. *Educational and Psychological Measurement, 20*, 37–46.

Dawid, A. P. (2000). Comment on "The philosophy of statistics" by D. V. Lindley.*The Statistician, 49*, 325–326.

de Finetti, B. (1974). *Theory of Probability, Vol. 1 and 2*. New York: John Wiley. Dennis, S. J., & Humphreys, M. S. (2001). A context noise model of episodic word ecognition. *Psychological Review, 108*, 452–477.

Dennis, S. J., Lee, M. D., & Kinnell, A. (2008). Bayesian analysis of recognition memory: The case of the list-length effect. *Journal of Memory and Language, 59*, 361–376.

Dickey, J. M. (1971). The weighted likelihood ratio, linear hypotheses on normal ocation parameters. *The Annals of Mathematical Statistics, 42*, 204–223.

Dickey, J. M., & Lientz, B. P. (1970). The weighted likelihood ratio, sharp hypotheses about chances, the order of a Markov chain. *The Annals of Mathematical Statistics, 41*, 214–226.

Dienes, Z. (2011). Bayesian versus orthodox statistics: Which side are you on? *Perspectives on Psychological Science, 6*, 274–290.

Donner, A., & Wells, G. (1986). A comparison of confidence interval methods for the intraclass correlation coefficient. *Biometrics, 42*, 401–412.

Dunwoody, P. T. (2009). Introduction to the special issue: Coherence and orrespondencein judgment and decision making. *Judgment and Decision Making, 4*, 113–115.

Edwards, W., Lindman, H., & Savage, L. J. (1963). Bayesian statistical inference for psychological research. *Psychological Review, 70*, 193–242.

Ernst, M. O. (2005). A Bayesian view on multimodal cue integration. In G. Knoblich, I. M. Thornton, J. Grosjean, & M. Shiffrar (Eds.), *Human Body Perception From the Inside Out* (pp. 105–131). New York: Oxford University Press.

Estes, W. K. (2002). Traps in the route to models of memory and decision. *Psychonomic Bulletin & Review, 9*, 3–25.

Evans, A. N., & Rooney, B. J. (2011). *Methods in Psychological Research* (2nd edn.). London: Sage.

Fleiss, J. L., Levin, B., & Paik, M. C. (2003). *Statistical Methods for Rates and Proportions* (3rd edn.). New York: John Wiley.

Forster, K. I., Mohan, K., & Hector, J. (2003). The mechanics of masked priming. In S. Kinoshita & S. J. Lupker (Eds.), *Masked Priming: The State of the Art* (pp. 3–38). New York, NY: Psychology Press.

Frye, D., Braisby, N., Lowe, J., Maroudas, C., & Nicholls, J. (1989). Young children's understanding of counting and cardinality. *Child Development, 60*, 1158–1171.

Fuson, K. C. (1988). *Children's Counting and Concepts of Number*. New York: Springer-Verlag.

Gallistel, C. R. (2009). The importance of proving the null. *Psychological Review, 116*, 439–453.

Gamerman, D., & Lopes, H. F. (2006). *Markov Chain Monte Carlo: Stochastic Simulation for Bayesian Inference*. Boca Raton, FL: Chapman & Hall/CRC.

Gelman, A. (1996). Inference and monitoring convergence. In W. R. Gilks, S. Richardson, & D. J. Spiegelhalter

(Eds.), *Markov Chain Monte Carlo in Practice* (pp. 131–143). Boca Raton (FL): Chapman & Hall/CRC.

Gelman, A. (2004). Parameterization and Bayesian modeling. *Journal of the American Statistical Association, 99*, 537–545.

Gelman, A. (2006). Prior distributions for variance parameters in hierarchical models. *Bayesian Analysis, 1*, 515–534.

Gelman, A., & Hill, J. (2007). *Data Analysis Using Regression and Multilevel/ Hierarchical Models*. Cambridge: Cambridge University Press.

Gelman, A., & Rubin, D. B. (1992). Inference from iterative simulation using multiple sequences (with discussion). *Statistical Science, 7*, 457–472.

Geurts, H. M., Vert´e, S., Oosterlaan, J., Roeyers, H., & Sergeant, J. A. (2004). How specific are executive functioning deficits in attention deficit hyperactivity disorder and autism? *Journal of Child Psychology and Psychiatry, 45*, 836–854.

Gigerenzer, G., & Gaissmaier, W. (2011). Heuristic decision making. *Annual Review of Psychology, 62*, 451–482.

Gigerenzer, G., & Goldstein, D. G. (1996). Reasoning the fast and frugal way: Models of bounded rationality. *Psychological Review, 103*, 650–669.

Gigerenzer, G., & Todd, P. M. (1999). *Simple Heuristics That Make Us Smart*. New York: Oxford University Press.

Gilks, W. R., Richardson, S., & Spiegelhalter, D. J. (1996). *Markov Chain Monte Carlo in Practice*. Boca Raton, FL: Chapman & Hall/CRC.

Gill, J. (2002). *Bayesian Methods: A Social and Behavioral Sciences Approach*. Boca Raton, FL: CRC Press.

Gönen, M., Johnson, W. O., Lu, Y., & Westfall, P. H. (2005). The Bayesian two-sample *t* test. *The American Statistician, 59*, 252–257.

Grant, J. A. (1974). Evaluation of a screening program. *American Journal of Public Health, 64*, 66–71.

Green, D. M., & Swets, J. A. (1966). *Signal detection theory and psychophysics*. New York: John Wiley.

Green, P. J. (1995). Reversible jump Markov chain Monte Carlo computation and Bayesian model determination. *Biometrika, 82*, 711–732.

Griffiths, T. L., Kemp, C., & Tenenbaum, J. B. (2008). Bayesian models of cognition. In R. Sun (Ed.), *Cambridge Handbook of Computational Cognitive Modeling* (pp. 59–100). Cambridge, MA: Cambridge University Press.

Heit, E. (2000). Properties of inductive reasoning. *Psychonomic Bulletin & Review, 7*, 569–592.

Heit, E., & Rotello, C. (2005). Are there two kinds of reasoning? In B. G. Bara, L. W. Barsalou, & M. Bucciarelli (Eds.), *Proceedings of the 27th Annual Conference of the Cognitive Science Society* (pp. 923–928). Mahwah, NJ: Erlbaum.

Hoijtink, H., Klugkist, I., & Boelen, P. (2008). *Bayesian Evaluation of Informative Hypotheses*. New York: Springer.

Hu, X., & Batchelder, W. H. (1994). The statistical analysis of general processing tree models with the EM algorithm. *Psychometrika, 59*, 21–47.

Hyman, R. (1985). The Ganzfeld psi experiment: A critical appraisal. *Journal of Parapsychology, 49*, 3–49.

Ivry, R. B. (1996). The representation of temporal information in perception and motor control. *Current Opinion in Neurobiology, 14*, 225–232.

Jaynes, E. T. (1976). Confidence intervals vs Bayesian intervals. In W. L. Harper & C. A. Hooker (Eds.), *Foundations of Probability Theory, Statistical Inference, and Statistical Theories of Science, Vol. II* (pp. 175–257). Dordrecht, Holland: D. Reidel Publishing Company.

Jaynes, E. T. (2003). *Probability Theory: The Logic of Science*. Cambridge, UK: Cambridge University Press.

Jefferys, W. H., & Berger, J. O. (1992). Ockham's razor and Bayesian analysis. *American Scientist, 80*, 64–72.

Jeffreys, H. (1961). *Theory of Probability* (3rd edn.). Oxford, UK: Oxford University Press.

Jones, M., & Love, B. (2011). Bayesian fundamentalism or enlightenment? On the explanatory status and theoretical contributions of Bayesian models of cognition. *Behavioral and Brain Sciences, 34*, 169–231.

Kass, R. E., & Raftery, A. E. (1995). Bayes factors. *Journal of the American Statistical Association, 90*, 377–395.

Kass, R. E., & Wasserman, L. (1995). A reference Bayesian test for nested hypotheses and its relationship to the Schwarz criterion. *Journal of the American Statistical Association, 90*, 928–934.

Kass, R. E., & Wasserman, L. (1996). The selection of prior distributions by formal rules. *Journal of the American Statistical Association, 91*, 1343–1370.

Katsikopoulos, K. V., Schooler, L. J., & Hertwig, R. (2010). The robust beauty of ordinary information. *Psychological Review, 117*, 1259–1266.

Klauer, K. (2010). Hierarchical multinomial processing tree models: A latent-trait approach. *Psychometrika, 75*, 70–98.

Kraemer, H. C. (1992). Measurement of reliability for categorical data in medical research. *Statistical Methods in Medical Research, 1*, 183–199.

Kraemer, H. C., Periyakoil, V. S., & Noda, A. (2004). Kappa coefficients in medical research. In R. B. D'Agostino (Ed.), *Tutorials in Biostatistics, Vol. 1: Statistical Methods in Clinical Studies.* New York: John Wiley.

Kruschke, J. K. (1993). Human category learning: Implications for backpropagation models. *Connection Science, 5*, 3–36.

Kruschke, J. K. (2010a). *Doing Bayesian Data Analysis: A Tutorial Introduction with R and BUGS.* Burlington, MA: Academic Press.（クラスチケ，ジョン．K.（著）前田和寛・小杉考司（監訳）（2017）．ベイズ統計モデリング—R, JAGS, Stan によるチュートリアル—原著第 2 版 共立出版）

Kruschke, J. K. (2010b). What to believe: Bayesian methods for data analysis. *Trends in Cognitive Sciences, 14*, 293–300.

Kuss, M., J ̈akel, F., &Wichmann, F. A. (2005). Bayesian inference for psychometric functions. *Journal of Vision, 5*, 478–492.

Landis, J. R., & Koch, G. G. (1977). The measurement of observer agreement for categorical data. *Biometrics, 33*, 159–174.

Lasserre, J., Bishop, C. M., & Minka, T. (2006). Principled hybrids of generative and discriminative models. In *Proceedings 2006 IEEE Conference on Computer Vision and Pattern Recognition (CVPR)* (pp. 87–94). Washington, DC: IEEE Computer Society.

Le Corre, M., & Carey, S. (2007). One, two, three, four, nothing more: An investigation of the conceptual sources of the verbal counting principles. *Cognition, 105*, 395–438.

Lee, M. D. (2011a). How cognitive modeling can benefit from hierarchical Bayesian models. *Journal of Mathematical Psychology, 55*, 1–7.

Lee, M. D. (2011b). In praise of ecumenical Bayes. *Behavioral and Brain Sciences, 34*, 206–207.

Lee, M. D., & Cummins, T. D. R. (2004). Evidence accumulation in decision making: Unifying the "take the best" and "rational" models. *Psychonomic Bulletin & Review, 11*, 343–352.

Lee, M. D., & Pooley, J. P. (2013). Correcting the SIMPLE model of free recall. *Psychological Review, 120*, 293–296.

Lee, M. D., & Sarnecka, B. W. (2010). A model of knower-level behavior in number concept development. *Cognitive Science, 34*, 51–67.

Lee, M. D., & Sarnecka, B. W. (2011). Number knower-levels in young children: Insights from a Bayesian model. *Cognition, 120*, 391–402.

Lehrner, J. P., Kryspin-Exner, I., & Vetter, N. (1995). Higher olfactory threshold and decreased odor identification ability in HIV-infected persons. *Chemical Senses, 20*, 325–328.

Leigh, B. C., & Stall, R. (1993). Substance use and risky sexual behavior for exposure to HIV: Issues in methodology, interpretation, and prevention. *American Psychologist, 48*, 1035–1045.

Lejuez, C. W., Read, J. P., Kahler, C. W., Richards, J. B., Ramsey, S. E., Stuart, G. L., et al. (2002). Evaluation of a behavioral measure of risk taking: The balloon analogue risk task (BART). *Journal of Experimental Psychology: Applied, 8*, 75–84.

Leung, A. K.-Y., Kim, S., Polman, E., Ong, L. S., Qiu, L., Goncalo, J. A., et al. (2012). Embodied metaphors and creative "acts". *Psychological Science, 23*, 502–509.

Lewis, S. M., & Raftery, A. E. (1997). Estimating Bayes factors via posterior simulation with the Laplace–Metropolis estimator. *Journal of the American Statistical Association, 92*, 648–655.

Liang, F., Paulo, R., Molina, G., Clyde, M. A., & Berger, J. O. (2008). Mixtures of *g* priors for Bayesian variable selection. *Journal of the American Statistical Association, 103*, 410–423.

Lindley, D. V. (1972). *Bayesian Statistics, A Review.* Philadelphia, PA: SIAM. Lindley, D. V. (1986). Comment on "Why Isn't Everyone a Bayesian?" by Bradley Efron. *The American Statistician, 40*, 6–7.

Lindley, D. V. (1993). The analysis of experimental data: The appreciation of tea and wine. *Teaching Statistics, 15*, 22–25.

Lindley, D. V. (2000). The philosophy of statistics. *The Statistician, 49*, 293–337.

Liu, C. C., & Aitkin, M. (2008). Bayes factors: Prior sensitivity and model generalizability. *Journal of Mathematical Psychology, 52*, 362–375.

Liu, J., & Wu, Y. (1999). Parameter expansion for data augmentation. *Journal of the merican Statistical Association, 94*, 1264–1274.

Lodewyckx, T., Kim, W., Tuerlinckx, F., Kuppens, P., Lee, M. D., &Wagenmakers, E.-J. (2011). A tutorial on Bayes factor estimation with the product space method. *Journal of Mathematical Psychology, 55*, 331–347.

Lunn, D. J. (2003). WinBUGS development interface (WBDev). *ISBA Bulletin, 10*, 10–11.

Lunn, D. J., Spiegelhalter, D., Thomas, A., & Best, N. (2009). The BUGS project: Evolution, critique and future directions. *Statistics in Medicine, 28*, 3049–3067.

Lunn, D. J., Thomas, A., Best, N., & Spiegelhalter, D. (2000). WinBUGS – a Bayesian modelling framework: Concepts, structure, and extensibility. *Statistics and Computing, 10*, 325–337.

MacKay, D. J. C. (2003). *Information Theory, Inference, and Learning Algorithms*. Cambridge, MA: Cambridge University Press.

MacMillan, N., & Creelman, C. D. (2004). *Detection Theory: A User's Guide* (2nd edn.). Hillsdale, NJ: Erlbaum.

Marr, D. C. (1982). *Vision: A Computational Investigation into the Human epresentation and Processing of Visual Information*. San Francisco, CA: W. H. Freeman.

Masson, M. E. J. (2011). A tutorial on a practical Bayesian alternative to nullhypothesis significance testing. *Behavior Reseach Methods, 43*, 679–690.

McEwan, R. T., McCallum, A., Bhopal, R. S., & Madhok, R. (1992). Sex and the risk of HIV infection: The role of alcohol. *British Journal of Addiction, 87*, 577–584.

Merkle, E. C., Smithson, M., & Verkuilen, J. (2011). Hierarchical models of simple mechanisms underlying confidence in decision making. *Journal of Mathematical Psychology, 55*, 57–67.

Murdock, B. B., Jr. (1962). The serial position effect in free recall. *Journal of Experimental Psychology, 64*, 482–488.

Myung, I. J. (2003). Tutorial on maximum likelihood estimation. *Journal of Mathematical Psychology, 47*, 90–100.

Myung, I. J., & Pitt, M. A. (1997). Applying Occam's razor in modeling cognition: A Bayesian approach. *Psychonomic Bulletin & Review, 4*, 79–95.

Nosofsky, R. M. (1984). Choice, similarity, and the context theory of classification. *Journal of Experimental Psychology: Learning, Memory, and Cognition, 10*, 104–114.

Nosofsky, R. M. (1986). Attention, similarity, and the identification–categorization relationship. *Journal of Experimental Psychology: General, 115*, 39–57.

Ntzoufras, I. (2009). *Bayesian Modeling Using WinBUGS*. Hoboken, NJ: John Wiley.

O'Hagan, A. (1995). Fractional Bayes factors for model comparison. *Journal of the Royal Statistical Society, Series B, 57*, 99–138.

O'Hagan, A., & Forster, J. (2004). *Kendall's Advanced Theory of Statistics, Vol. 2B: Bayesian Inference* (2nd edn.). London: Arnold.

Ortega, A., Wagenmakers, E.-J., Lee, M. D., Markowitsch, H. J., & Piefke, M. (2012). A Bayesian latent group analysis for detecting poor effort in the assessment of malingering. *Archives of Clinical Neuropsychology, 27*, 453–465.

Parsons, L. M., & Osherson, D. (2001). New evidence for distinct right and left brain systems for deductive and probabilistic reasoning. *Cerebral Cortex, 11*, 954–965.

Payne, J. W., Bettman, J. R., & Johnson, E. J. (1990). *The Adaptive Decision Maker*. New York: Cambridge University Press.

Piaget, J. (1952). *The Child's Conception of Number*. New York: Norton. Plummer, M. (2003). JAGS: A program for analysis of Bayesian graphical models using Gibbs sampling. In K. Hornik, F. Leisch, & A. Zeileis (Eds.), *Proceedings of the 3rd International Workshop on Distributed Statistical Computing*. Vienna, Austria.

Poehling, K. A., Griffin, M. R., & Dittus, R. S. (2002). Bedside diagnosis of influenza virus infections in hospitalized children. *Pediatrics, 110*, 83–88.

Poirier, D. J. (2006). The growth of Bayesian methods in statistics and economics since 1970. *Bayesian Analysis, 1*, 969–980.

Ratcliff, R., & McKoon, G. (1997). A counter model for implicit priming in perceptual word identification. *Psychological Review, 104*, 319–343.

Riefer, D. M., Knapp, B. R., Batchelder, W. H., Bamber, D., & Manifold, V. (2002). Cognitive psychometrics: Assessing storage and retrieval deficits in special populations with multinomial processing tree models. *Psychological Assessment, 14*, 184–201.

Rieskamp, J. (2008). The probabilistic nature of preferential choice. *Journal of Experimental Psychology: Learning, Memory, and Cognition, 34*, 1446–1465.

Rips, L. J. (2001). Two kinds of reasoning. *Psychological Science, 12*, 129–134.

Rolison, J. J., Hanoch, Y., & Wood, S. (2012). Risky decision making in younger and older adults: The role of learning. *Psychology and Aging, 27*, 129–140.

Rouder, J. N., Speckman, P. L., Sun, D., Morey, R. D., & Iverson, G. (2009). Bayesian *t* tests for accepting and rejecting the null hypothesis. *Psychonomic Bulletin & Review, 16*, 225–237.

Rubin, D. C., Hinton, S., & Wenzel, A. (1999). The precise time course of retention. *Journal of Experimental*

Psychology: Learning, Memory, and Cognition, 25, 1161–1176.

Rubin, D. C., & Wenzel, A. E. (1996). One hundred years of forgetting: A quantitative description of retention. *Psychological Review, 103*, 734–760.

Sanborn, A. N., Griffiths, T. L., & Shiffrin, R. M. (2010). Uncovering mental representations with Markov chain Monte Carlo. *Cognitive Psychology, 60*, 63–106.

Schaeffer, B., Eggleston, V. H., & Scott, J. L. (1974). Number development in young children. *Cognitive Psychology, 6*, 357–379.

Scheibehenne, B., Rieskamp, J., & Wagenmakers, E.-J. (2013). Testing adaptive toolbox models: A Bayesian hierarchical approach. *Psychological Review, 120*, 39–64.

Schwarz, G. (1978). Estimating the dimension of a model. *Annals of Statistics, 6*, 461–464.

Sellke, T., Bayarri, M. J., & Berger, J. O. (2001). Calibration of p values for testing precise null hypotheses. *The American Statistician, 55*, 62–71.

Shepard, R. N., Hovland, C. I., & Jenkins, H. M. (1961). Learning and memorization of classifications. *Psychological Monographs, 75*, 1–42.

Sheu, C.-F., & O'Curry, S. L. (1998). Simulation-based Bayesian inference using BUGS. *Behavior Research Methods, Instruments, & Computers, 30*, 232–237.

Shrout, P. E. (1998). Measurement reliability and agreement in psychiatry. *Statistical Methods in Medical Research, 7*, 301–317.

Sisson, S. A. (2005). Transdimensional Markov chains: A decade of progress and future perspectives. *Journal of the American Statistical Association, 100*, 1077–1089.

Sloman, S. A. (1998). Categorical inference is not a tree: The myth of inheritance hierarchies. *Cognitive Psychology, 35*, 1–33.

Smith, A. F. M., & Spiegelhalter, D. J. (1980). Bayes factors and choice criteria for linear models. *Journal of the Royal Statistical Society, Series B, 42*, 213–220.

Smith, J. B., & Batchelder, W. H. (2010). Beta-MPT: Multinomial processing tree models for addressing individual differences. *Journal of Mathematical 261 References Psychology, 54*, 167–183.

Smithson, M. (2010). A review of six introductory texts on Bayesian methods. *Journal of Educational and Behavioral Statistics, 35*, 371–374.

Spiegelhalter, D. J., Best, N. G., Carlin, B. P., & Van Der Linde, A. (2002). Bayesian measures of model complexity and fit. *Journal of the Royal Statistical Society, Series B, 64*, 583–639.

Stan Development Team. (2013). *Stan: A C++ Library for Probability and Sampling, Version 1.3*.

Stone, C. J., Hansen, M. H., Kooperberg, C., & Truong, Y. K. (1997). Polynomial splines and their tensor products in extended linear modeling (with discussion). *The Annals of Statistics, 25*, 1371–1470.

Tenenbaum, J. B., Kemp, C., Griffiths, T. L., & Goodman, N. D. (2011). How to grow a mind: Statistics, structure, and abstraction. *Science, 331*, 1279–1285.

Townsend, J. T. (1975). The mind–body equation revisited. In C. Cheng (Ed.), *Philosophical Aspects of the Mind–Body Problem* (pp. 200–218). Honolulu, HI: Honolulu University Press.

Turing, A. M. (1950). Computing machinery and intelligence. *Mind, 59*, 433–460. Uebersax, J. S. (1987). Diversity of decision-making models and the measurement of interrater agreement. *Psychological Bulletin, 101*, 140–146.

van Ravenzwaaij, D., Dutilh, G., & Wagenmakers, E.-J. (2011). Cognitive model decomposition of the BART: Assessment and application. *Journal of Mathematical Psychology, 55*, 94–105.

Vandekerckhove, J., Tuerlinckx, F., & Lee, M. D. (2011). Hierarchical diffusion models for two-choice response time. *Psychological Methods, 16*, 44–62.

Vanpaemel, W. (2010). Prior sensitivity in theory testing: An apologia for the Bayes factor. *Journal of Mathematical Psychology, 54*, 491–498.

Verdinelli, I., & Wasserman, L. (1995). Computing Bayes factors using a generalization of the Savage–Dickey density ratio. *Journal of the American Statistical Association, 90*, 614–618.

Wagenmakers, E.-J. (2007). A practical solution to the pervasive problems of p values. *Psychonomic Bulletin & Review, 14*, 779–804.

Wagenmakers, E.-J., Lee, M. D., Lodewyckx, T., & Iverson, G. (2008). Bayesian versus frequentist inference. In H. Hoijtink, I. Klugkist, & P. A. Boelen (Eds.), *Bayesian Evaluation of Informative Hypotheses* (pp. 181–207). New York: Springer Verlag.

Wagenmakers, E.-J., & Morey, R. D. (2013). Simple relation between one-sided and two-sided Bayesian point-null hypothesis tests. *Manuscript submitted for publication*.

Wagenmakers, E.-J., Wetzels, R., Borsboom, D., & van der Maas, H. L. J. (2011). Why psychologists must change the way they analyze their data: The case of psi. *Journal of Personality and Social Psychology, 100*, 426–432.

Wagenmakers, E.-J., Wetzels, R., Borsboom, D., van der Maas, H. L. J., & Kievit, R. A. (2012). An agenda for purely confirmatory research. *Perspectives on Psychological Science, 7*, 627-633.

Wallsten, T. S., Pleskac, T. J., & Lejuez, C. W. (2005). Modeling behavior in a clinically diagnostic sequential risk-taking task. *Psychological Review, 112*, 862–880.

Wetzels, R., Grasman, R. P. P. P., & Wagenmakers, E.-J. (2010). An encompassing prior generalization of the Savage–Dickey density ratio test. *Computational Statistics & Data Analysis, 54*, 2094–2102.

Wetzels, R., Lee, M. D., & Wagenmakers, E.-J. (2010). Bayesian inference using WBDev: A tutorial for social scientists. *Behavior Research Methods, 42*, 884–897.

Wetzels, R., Vandekerckhove, J., Tuerlinckx, F., & Wagenmakers, E. (2010). Bayesian parameter estimation in the Expectancy Valence model of the Iowa

gambling task. *Journal of Mathematical Psychology, 54*, 14–27.

Wynn, K. (1990). Children's understanding of counting. *Cognition, 36*, 155–193.

Wynn, K. (1992). Children's acquisition of number words and the counting system. *Cognitive Psychology, 24*, 220–251.

Zeelenberg, R., Wagenmakers, E.-J., & Raaijmakers, J. G. W. (2002). Priming in implicit memory tasks: Prior study causes enhanced discriminability, not only bias. *Journal of Experimental Psychology: General, 131*, 38–47.

Zeigenfuse, M. D., & Lee, M. D. (2010). A general latent-assignment approach for modeling psychological contaminants. *Journal of Mathematical Psychology, 54*, 352–362.

Zellner, A., & Siow, A. (1980). Posterior odds ratios for selected regression hypotheses. In J. M. Bernardo, M. H. DeGroot, D. V. Lindley, & A. F. M. Smith (Eds.), *Bayesian Statistics* (pp. 585–603). Valencia: University Press.

解　説

ベイズ統計の「いま」

岡田謙介（専修大学人間科学部）

A.1 ベイズ統計学はなぜ注目されているのか

　ベイズ統計学への関心は高まる一方である。出版される論文や書籍，学会大会における研究発表，またビジネスの現場の方と交流する機会などにおいて，ひしひしとそのことを感じる。長い間あまり顧みられてこなかったベイズ統計学が，近年になって大きな注目を集めている背景には，ベイズ統計学の枠組みが実はシンプルでわかりやすい枠組みであることと，かつて障壁であった計算可能性の問題が技術的に解決されたことの，2つのおもな要因がある。この結果，本書で多くの実践的な応用例を通して示されているように，不確実性を考慮しつつ推論や予測を行うモデリングが可能になった。ベイズモデリングは，すでに心理学や認知科学，医学といった分野の多数の研究論文で活用されている。ここではまず，上記2つの要因について順に見ていきたい。

A.1.1 ベイズ統計学のわかりやすさ

　1点目の，ベイズ統計学が持つわかりやすさとは，ベイズ統計学の枠組みが，少数の原則をさまざまな応用場面へと適応していくという原則主義的（principled）な枠組みであることを指す。その原則とは，本書1.1節の冒頭で述べられているように，
　　・不確実性の度合いを確率によって表現する
　　・データに基づいてこの確率を更新する
という2点である。
　新たな情報に基づいて確率を更新するとき，数学的に「正しい」方法はベイズの定理（本書ではベイズの法則 Bayes' rule と呼ばれている）である。したがって，上記の2原則を認めるならば，とるべきアプローチはベイズ統計学の枠組みをおいてほかにないことになる。
　ベイズ統計学に触れる機会がこれまでなく，従来型の頻度論的統計学だけを学んできた読者には，最初は思考の枠組みにおける相違点に戸惑うこともあるかもしれない。しかし，実のところ，ベイズ統計学の枠組みはシンプルである。ひとたび上記の原則を理解すれば，研究者はどんな問題にも同じ手順で取り組んでいくことができる。すなわち，データ生成メカニズムを既定する統計モデルを確率の言葉を使って構築し，観測データの情報を用いてベイズの定理から事後分布を計算すればよいのである。個々の状況に対して別個に無数の分析法や検定法があるのではなく，少数の原則をあらゆる場面に適用していけばよい。ベイズ推論の結果は確率として得られるので，最終的にはそれに基づいて，不確実性の度合いを考慮し

ながら必要な意思決定をしたり，意味を考察すればよいのである。ちょうど，朝のニュースでその日の降水確率をきいて，傘を持っていくかどうかを判断するときのように。

推論や予測のみならず，モデル比較の問題もやはり，同じ枠組みの中で扱うことができる。7.2節で述べられているように，モデル比較で用いるベイズファクターは，周辺尤度，すなわち（パラメータ空間について積分消去した）当該モデルのもとでデータが得られる確率の比を，2つのモデル間でとったものである。不確実性を確率によって表現し，データに基づいて更新する，というベイズ統計学の原則は，パラメータの推論にも，将来のデータの予測にも，モデル間の比較においても一貫しているのである。

従来型の頻度論的な枠組みにおいては，応用研究者にとって，統計学的な概念の意味を正しく解釈することが必ずしも容易ではない場合があった。そうした例の代表は，「p値」と「信頼区間」であろう。この2つは大学初年次の統計学の講義において，学生が誤った理解をしてしまうことが多い用語の筆頭である。典型的な誤りは，あるデータ分析から得られたp値を「帰無仮説が正しい確率」，同じく信頼区間を「この範囲に95%の確率で真値が含まれる区間」，と解釈してしまうものである。これらはp値や信頼区間の解釈としては誤りであるが，それにもかかわらずこうした誤解はあとを絶たない。これは，こうした確率的な解釈のできる量を統計分析から得たいと，多くの人が感じているからではないだろうか。不確実性のある量について，データの情報を用いて確率を更新するベイズ統計学の枠組みであれば，原則にしたがった手続きによって，こうした自然な解釈ができる量を求めることができる。

A.1.2 MCMC法によるベイズ推論の実用性

一方，2点目の要因として挙げた計算上の問題の解決とは，1.4節で述べられているように，MCMC法による推定が可能になったことによるものである。MCMC法がベイズ推論に利用できることは，Gelfand & Smith（1990）の論文によって広く知られるようになった。そして90年代半ばに汎用ソフトウェアのWinBUGSが公開されて以降，研究現場にパーソナルコンピュータの導入が進んだ時代背景とも相まって，さまざまな分野の応用研究にMCMC法が利用されるようになった。

1980年代までのベイズ統計学は，モデルが複雑になってくると推論ができなくなってしまう，実用性を欠いた方法，絵に描いた餅と言われても仕方のない状態であった。しかし，汎用性の高いMCMC法の誕生が，この状況をがらりと変えた。統計モデル，すなわち尤度と事前分布とを研究者が指定すれば，MCMC法の規則にしたがってコンピュータで乱数を生成していくだけで，半ば自動的にベイズ推論を行うことができるようになったのである。MCMC法を実装したソフトウェアがあれば，さまざまな統計モデルを，同じ手順によって推定することができるのだ。2.3.4節で述べられるように，近年ではより優れたMCMC法のアルゴリズムを備えたJAGSやStanといったソフトウェアも登場し，応用上の利便性に拍車がかかった。

従来の統計分析法では，個別のモデルに合わせた統計的推論のためのアルゴリズムが存在していた。モデルごとにこうした推定法を新たに開発して論文を書くことが，統計学者の重要な仕事であった。しかし，MCMC法の登場はこの状況を大きく変えた。MCMC法を実装

したソフトウェアがあれば，幅広い状況下で同じ方法によって推論を行うことができてしまうため，わざわざ個々のモデルについて専用の推定アルゴリズムを開発する必要性はなくなってしまうのである。

単純労働が機械やロボットにとって代わられるように，統計学者の仕事も MCMC 法を実装したコンピュータに奪われてしまうのではないか。MCMC 法が強力なアルゴリズムであるあまり，一時期はそんな恐れ話がまことしやかに語られたこともあった。しかし，それは杞憂であった。実際にはむしろ，推定アルゴリズムをコンピュータに一任できるということは，人間がよりおもしろく，本質的な部分に注力できるということだったのだ。すなわち，現実のデータの生成メカニズムをよく反映した統計モデルの開発や評価に，また数理統計学的な理論研究に，統計学者はより力を注げるようになったのである。

ここまで見てきたように，シンプルで理論的に一貫した枠組みであるベイズ統計学が，MCMC 法とそれを実装したソフトウェアの誕生によって高い実用性を併せ持つ方法論となり，多くの応用研究で使われるようになってきた，というのが現在の状況である。

これを踏まえれば，大著『ベイズ統計分析ハンドブック』の前書きにおいて Dey & Rao (2005) が「…統計学の知識が必ずしも豊富でない科学者にとって，ベイズ統計学は，当面する問題の解決のための唯一の有効な方法とみなされつつある。多くの科学者にとって，統計学といえばベイズ統計学を指すようになっている」と述べるのも，決して言い過ぎとは言えないのではないか。ベイズ統計学者らしい主観的評価だ，と言われてしまうかもしれないが。

A.2 ベイズモデリングを実際の研究で活用するために

A.2.1 ベイズモデリングの柔軟性

それでは，こうした特長を持つベイズ統計学を，私たちは実際の心理学研究に，どのように活用していくことができるのだろうか。

ありうる1つのアプローチは，従来行われてきた典型的な統計分析の，ベイズ版を使うことである。たとえばデータから比率や平均を推論したり，群間の比率や平均を比較したり，といったことだ。頻度論に基づくこうした分析法はよく知られているが，ベイズ統計学の方法を用いても同様の問題に取り組むことができる。本書の3，4章および8，9章では実際にこうした例を扱っている。とくに，帰無仮説が正しいもとでの推論しか行わない帰無仮説検定と異なり，8，9章で扱われるベイズファクターを用いた仮説の評価法では2つの仮説を公平に扱うことができる。すなわち，差や効果がないという仮説をも，データから積極的に支持することが可能になる。この点だけでも，ベイズ的アプローチの利点は十分にあると言えるだろう。

しかし，実のところ，単に既存の方法のベイズ版を使う，というだけでは勿体ない。現代のベイズ統計学の方法論を用いれば，従来は考えられることがなかったような柔軟なモデリングと推論，予測が可能になるからだ。

解説　233

たとえば，4.2節の例を見てほしい。ここで考えるのは，一見，いくつかの観測データから正規分布の平均と分散を推論するという，ありふれた問題に見えるかもしれない。しかし，モデルをよく確認すると，測定の真値を反映する平均パラメータは全個体で共通で，個々人の測定技能を反映する分散パラメータは個人ごとに異なる，という設定になっていることがわかる。これは単純な設定ではあるが，既存の統計パッケージに組み込まれているような典型的なモデルとは明確に異なるものである。測定技能の異なる科学者たちが同じ量についての測定を行った，というカバーストーリーを考えれば，このモデルはデータがどのように得られたのかについての分析者の考えをよく反映したものと言える。また，実際の推論結果も，真値の推定ははずれ値の影響をさほど受けておらず，測定技能を表す分散は個人によって大きく異なる，というふうに現実的な解釈ができるものであり，興味深い。

　同様のことは，たとえば3.6節の例についてもいえる。これも一見，二項分布のパラメータの推論というありふれた問題に見えるかもしれない。しかしよく確認すると，典型的な二項分布の推論は比率パラメータ θ だけの推論を問題とするのに対し，ここでは二項分布の2つのパラメータ（比率 θ と試行数 n）の両方を同時に推論する問題となっている。しかし，同節における調査のカバーストーリーのもとではたしかにこの同時推論に必然性があり，また推論の結果もやはり現実的な解釈のできるものである。

　このような，従来の典型的な統計分析とは異なる状況においても，データに基づいた統計的推論を原則にしたがって行うことができ，また解釈可能性の高い結果を得られる，という例はベイズモデリングの高い柔軟性を示している。現代のベイズ統計学の応用においては，従来型の統計学でよく使われてきたモデルだけに縛られる必要はまったくないのだ。ただし，もちろん識別性の問題などにより，複雑なモデルでは推論が困難な場合もありうることには一定の注意が必要である。

A.2.2 データ生成モデルの重要性

　こうした考え方をさらに発展させた具体例は，本書で繰り返し示されている。とくに第四部に含まれる各章で示される各種モデリング例は，応用研究者にとって参考になる部分が多いのではないだろうか。

　従来の統計分析では，限られた種類の統計モデル（たとえば分散分析モデル）をデータに当てはめる，またそうした統計分析が使えるように研究デザインを組む，といったことが主流であった。言うなれば，「データ分析法」としての統計学的方法の使い方である。一方，これと対比されるのが，本書で示されているデータ生成モデル（data generating model）を用いたモデリングのアプローチである。ベイズモデリングでは，どのようにして現在のデータが得られたのか，ということについての理論に基づいた，観測データの生成メカニズム・生成過程を表現する統計モデルを構築し，それに基づいた推論や予測を行うところに特徴がある。

　たとえば，従来は5件法で測定される質問紙得点の群間差を調べるために，いわゆる t 検定が使われてきた。しかし，そこでデータがしたがうと仮定される正規分布は連続的な実数値をとる確率分布であるのに対し，5件法の質問紙得点は1から5までの離散的な整数値し

かとりえない。正規分布に基づくデータ生成モデルは，質問紙からは得られえない無数の値を生成してしまうだろう。したがって，質問紙データをそのまま正規分布で「モデリング」することはできないのである。同じことは因子分析や構造方程式モデリングの応用についても指摘できる。こうした問題に，もちろん研究者は気づいていたが，手軽に利用できる適切な代替案がなかったために無視もしくは軽視されてきたものと思われる。

これに対して，本書で扱うベイズモデリングの枠組みでは，その質問紙の回答を直接生成する確率的メカニズムを考える。たとえば 19 章で考えている知識レベルのモデルのような，心理学的理論を反映した順序潜在変数を導入すれば，このことは可能になる。15.2 節の例で示されるように，ベイズモデリングによれば，観測されていない条件における予測値も予測分布から直接生成することが可能になり，また同じモデルを用いて，現在のデータを生成するメカニズムについて理解することもできるのだ。データ生成モデルを考えることの有用性は，従来の統計応用において十分意識されているとはいえなかった点であり，これからの応用研究に資する大きな方向性であろう。

A.3 MCMC ソフトウェアが出力する結果の見方

本書は第四部だけでも 10 のケーススタディをデータとプログラムを含めて公開し，それぞれで複数の異なるモデルを提示している。洋学術書としては決して大部ではないが，その頁数以上に厚みのある内容を扱う一冊である。プログラムを実行したり，練習問題に取り組むような主体的な学習を通して，実践的な知識と技術を読者に身につけてもらうことが原著者らのねらいであるように思われる。

一方で，実際にプログラムを自身のコンピュータ環境において実行するにあたって，WinBUGS のような MCMC ソフトウェアにまったく触れたことがない読者は，2 章を一読しただけでは結果の見方がすぐにわからないかもしれない。プログラムを利用して MCMC 推定を用いた推定を実行することはできても，その結果のどこを見ればよく，どのように解釈を行えるのかについて，本文は読者の主体的学習に委ねている部分がある。そこで本節では，WinBUGS のような MCMC 推定を行うソフトウェアを用いた際の結果の見方について，補足の解説を行う。

なお，本書は MCMC 法を実装する汎用ソフトウェアの中でもっとも長い歴史を持ち，多くの応用研究で利用されてきた WinBUGS を念頭に書かれている。しかし，2.3.4 節で述べられているように JAGS や Stan といった，より改善された MCMC 推定のアルゴリズムを備える汎用ソフトウェアも現在では利用できる。JAGS のモデル記法は WinBUGS とほとんど変わらない。本書の公式サイト（www.bayesmodels.com）にあるプログラム集にはWinBUGS と JAGS のコードが共に含まれている。たとえば，"GettingStarted" フォルダの中の "Rate_1.R" が最初の比率の推定の例を WinBUGS を用いて推定する R スクリプトであるのに対し，"Rate_1_jags.R" は同じモデルの推定を JAGS を用いて行う場合の R プログラムであり，中身を見るとどちらの場合もモデルファイルとして指定されているのは "Rate_1.txt" という共通のファイルである。一方，Stan を用いる場合のプログラムは，公

解説　235

式サイトのリンクから飛べる GitHub のサイトで公開されている。今後の応用では JAGS や Stan を用いた推定も主流になると考えられ，本書で併せて学習することが望ましいだろう。Stan の記法はかなり異なるが，松浦（2016）や豊田（2015）といった和書，それに Kruschke（2015）の訳書が参考になるだろう。また本書では MCMC アルゴリズムの中身について詳細な解説は省かれているが，この和文解説としては久保（2012）は WinBUGS や R のコードも付随しており実践的に学習できる。

また，2章では WinBUGS 単体で推定を行う方法（2.2.2 節）と，R または Matlab から WinBUGS を呼んで推定を行う方法（2.2.3, 2.2.4 節）とが記されている。このうち，WinBUGS を単体で用いることはマウスを用いた手作業が多くなってしまう点や拡張性の点で難があり，また Matlab は有償のソフトウェアであるため，おそらく最も多くのユーザーにとって実用性が高いのはフリーの統計環境である R 経由で推定を行うことであると思われる。そこで，以下では 2.2.4 節の R2WinBUGS パッケージを用いた R からの分析を考える。

A.3.1 MCMC の収束判定

2.2.4 節のモデルの推定を，本文にしたがって実行した後のことを考えよう。そこでの R スクリプトでは，bugs() 関数によって MCMC 推定を実行した結果を R の変数 samples に格納している。

1.4 節で述べられているとおり，MCMC 法は事後分布からの乱数系列を取り出す（サンプリングする）ための方法である。しかし，得られる乱数値がはじめから事後分布からの乱数であるわけではない。アルゴリズムの特性上，最初の方の繰り返しでは初期値に依存した，事後分布からのものではない乱数値が得られてしまう。事後分布からの乱数が得られるようになるのは，MCMC アルゴリズムが収束に達して以降のことである。

そこで，MCMC 推定が終わったときに分析者がまず第一にするべきことは，生成された乱数を順に並べたものの図示，すなわちトレースプロットを目で見て収束の確認を行うことである。トレースプロットとは横軸にサンプリングの回数，縦軸に乱数の値をとって折れ線グラフのように示したグラフである。

R でトレースをプロットするためにはいくつかの方法がある。上記の状況でいえば，変数 samples にはすべての乱数値の情報が含まれているので，それを取り出してプロットすればよい。たとえば R の mcmcplots パッケージに含まれる関数 traplot() を用いると，これを行うことができる。

```
library(mcmcplots)
traplot(samples)
```

なお，一行目でパッケージはありませんというエラーがでる場合には，まず一度

```
install.packages("mcmcplots")
```

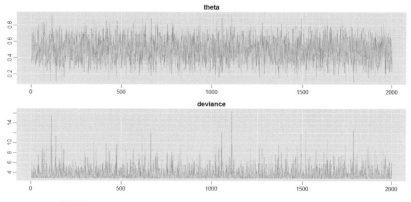

図 A.1 2.2.4 節の例におけるトレースプロット（最初の 2,000 回の繰り返し分）

を実行して mcmcplots パッケージをインストールする。

上記の操作により，図 A.1 のようなトレースプロットが得られる。異なる色は，異なる初期値から始めた独立な連鎖に対応している。R の traplot() 関数は推定に WinBUGS だけでなく JAGS を用いた場合でもまったく同じように利用できる。

このトレースプロットは，大きくサンプリングの傾向が変わる時点が見当たらず，また連鎖間の違い，すなわち異なる乱数の初期値から始めたことによる差異も見受けられない。したがって，どちらのトレースも，乱数生成がはじまってすぐの段階でアルゴリズムは収束し，単一の事後分布からの乱数値が得られるようになったと見なして問題なさそうであることがわかる。

一方，図 A.2 を見てみよう。これは 5.4 節の ChangeDetection_jags.R において，初期値を乱数発生させて（inits=NULL オプションをつけて）3 系列の乱数を発生させた場合のトレースである。

とくに deviance と tau のトレースにおいて顕著であるが，最初から 500 回をすぎるぐらいまでの乱数値は，初期値に依存してしまっていることがわかる。そして，500 回を少しすぎたあたりで，MCMC のアルゴリズムが定常に達し，事後分布からの乱数発生が行われるようになったことが見てとれる。したがって，定常に達する前の乱数値は捨てる必要がある。念のため，最初の 1,000 回ぶんの乱数値を捨て（バーンイン；1.3 節参照），その後の 2,000 回の乱数値を利用すれば安心であろう。これには，jags() 関数のオプションとして n.burnin=1000, n.iter=3000 と指定すればよい。こう変更した場合のプロット（図 A.3）を確認すると，図 A.2 のときのようなおかしな挙動は見られず，事後分布からのサンプリングが行われていると考えて問題なさそうなことがわかる。

モデルが複雑になってくると，このように MCMC アルゴリズムが収束に達するまでに必要なサンプリングの回数は増加しがちになる。ベイズモデリングでは実データの生成メカニズムを表現するために比較的複雑なモデルを構築することが多いので，トレースを図示してアルゴリズムの収束を調べることは重要である。

なお，はじめの（2.2.4 節の場合を例にとった図 A.1 の）例では，本文で n.chains=2 とオプションを指定しているため 2 系列の乱数が生成されているが，実際には収束を確実に確認

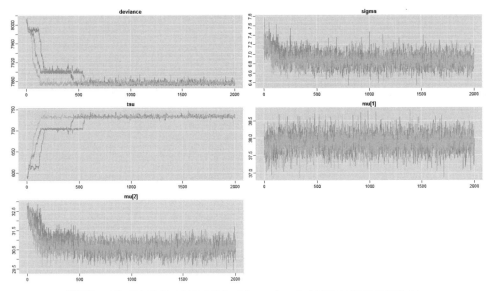

図 A.2 5.4 節の例を JAGS で実行した場合のトレースプロット（最初の 2,000 回の繰り返し分）

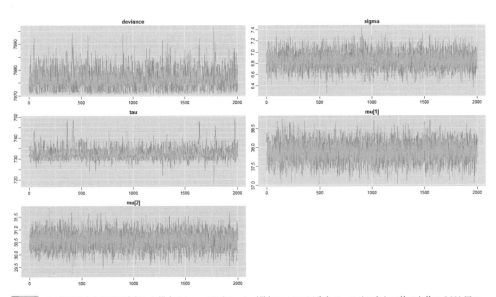

図 A.3 5.4 節の例を JAGS で実行した場合のトレースプロット（最初の 1,000 回分をバーンインとして捨てた後の 2,000 回の繰り返し分）

するため 3～4 系列を用いることが推奨される．また，トレースプロットですぐに収束したように見える場合でも，念のため数百～数千回ほどはバーンインをとることが推奨される．

また，各パラメータと並んで表示される deviance（逸脱度）とは対数尤度を -2 倍した量のことであり，したがって小さいほどデータへの当てはまりがよいことになる．A.2 で deviance が何段階かに分けて小さくなっていっていることは，収束にいたるまでに初期値から何段階かにわけて MCMC 推定が改善していき，事後分布にたどり着く過程を反映すると考えられる．

A.3.2 事後分布の表示と要約

　トレースを見て目視による収束検証を行ったあとは，事後分布の各種数値指標および事後分布自体を見ていくことになる。先にも述べたように，MCMC の結果は jags() 関数で出力される変数（ここでは samples）に入っており，単にこの変数名を R コンソールから入力するとその要約統計量をみることができる。もっとも，R の既定の設定では小数点以下 1 桁に丸めた値が表示されてしまう。これでは多くの応用目的上粗すぎるので，

```
print(sample, digits=3)
```

と，digits オプションをつけることで小数点以下 3 桁程度までに丸めた値を表示させるのがよいだろう。2.2.4 節の例に戻ってこれを実行すると，次のような結果が表示される。

```
> print (samples, digits=3)
Inference for Bugs model at "Rate_1.txt", fit using WinBUGS,
 2 chains, each with 2000 iterations (first 0 discarded)
 n.sims = 4000 iterations saved
                mean      sd    2.5%     25%     50%     75%   97.5%    Rhat   n.eff
theta          0.503   0.138   0.236   0.405   0.504   0.600   0.761   1.001    4000
deviance       3.661   1.201   2.805   2.889   3.189   3.972   6.981   1.001    3400

For each parameter, n.eff is a crude measure of effective sample size, and
Rhat is the potential scale reduction factor (at convergence, Rhat=1).

DIC info (using the rule, pD=Dbar-Dhat)
pD = 0.9 and DIC = 4.5
DIC is an estimate of expected predictive error (lower deviance is better).
```

　ここで，右側に表示されている Rhat とは，Box 6.4 で触れられている収束診断に使われる指標である。この値は，限りなくサンプリングの回数を増やしたときに，現在までの乱数から構成した事後分布の尺度が，何分の 1 に縮小するかを表す係数の推定値である。したがって Rhat は 1 よりも大きな値をとり，1 に近いほど収束に達している可能性が高いと判断される。応用上は 1.1 よりも小さければ十分であると解釈されるケースが多いようである（ただし，多くのこの種の「ゴールデンルール」と同様に，基準値に明確な根拠があるわけではない）。ここではパラメータ θ と deviance についてともに 1.001 と，1 に近い値をとっている。したがって，目視によりトレースを検討した場合の結論と同様に，事後分布へ収束していると考えて問題なさそうである。

　n.eff は実効サンプリング回数（effective number of simulation draws）または実効サンプルサイズ（effective sample size）と呼ばれ，MCMC で発生させた乱数のうち独立な寄与を与えているものの数の推定値である。ここでの「サンプル」とは観測データではなく，MCMC アルゴリズムからのサンプリングによって得られた乱数値を指すことに注意する。

n.eff の最大値は MCMC の系列数と繰り返し回数との積である。一般に，発生させた乱数の自己相関が小さいときほど，この最大値に近い値になる。ここでは 2,000 回のサンプリングを 2 系列行っているので，n.eff の最大値は 4,000 である。theta の n.eff はこの最大値 4,000 をとっており，効率のよいサンプリングが行われたことがわかる。一方，deviance の n.eff は 3400 となっており，こちらのサンプリング効率は非常に高くはなかったが，依然としてこれだけの独立な乱数の寄与があれば点推定や区間推定には問題ないと思われる。

モデルが複雑になるほど，同じ回数のサンプリングを行っても，実効サンプリング回数は小さくなることが多い。もしも n.eff が数十，数百程度といった小さめの値になってしまう場合には，事後分布からの独立な情報を十分とりだせていない可能性がある。したがって，サンプリング回数を増やし，より多くの情報を事後分布から取り出すことが推奨される。また，新しい MCMC ソフトウェアである Stan で用いられている推定アルゴリズムは，複雑なモデルであっても実効サンプリング回数を大きくしやすいことが利点である。

以上で Rhat と n.eff を用いて，収束の再確認をし，事後分布からの情報が十分得られていることを確認した。そこで，次に事後分布自体の情報を見ていく。

先の print() 関数の出力を読み取ると，推定されたパラメータ theta の事後平均 (mean) が 0.500，事後標準偏差 (sd) が 0.139，事後分布の下側 2.5%，25% 50%，75%，97.5% 点がそれぞれ 0.234，0.402，0.501，0.599，0.765 であることがわかる。区間推定値は事後分布からサンプリングされた乱数値を，小さい順に並べ替えることで単純に求めている。95% 信用区間を求めるには，このように 2.5% 点と 97.5% 点の間の区間をとるのが最も簡便な方法である。

また，事後分布の分布自体の方が，その要約統計量よりも含まれる情報量が大きいことは言うまでもない。（カーネル平滑化した）事後分布を表示させるには，denplot() という traplot() と対になった関数を用いることができる。

```
denplot(samples)
```

結果を図 A.4 に示す。traplot() 関数を使ったときと同様に各連鎖を異なる色に対応させて，平滑化された事後分布が示されている。

複数の連鎖の情報を 1 つに統合したい場合には

```
denplot(samples,collapse=T)
```

とすればよい（結果は図 A.5）。

直接関心のあるのはパラメータ theta であるが，0.5 を中心としてで左右対称の事後分布が得られたことがわかる。このようにして求めるパラメータの事後分布を得，結果の意味するところを解釈し，必要に応じてモデルの改善につなげ，…といったふうにモデリング研究は進んでいく。その具体的な例は本文の各章，とくに第四部をぜひ参照してほしい。

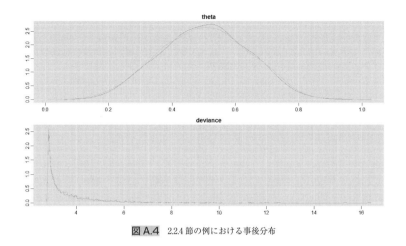

図 A.4 2.2.4 節の例における事後分布

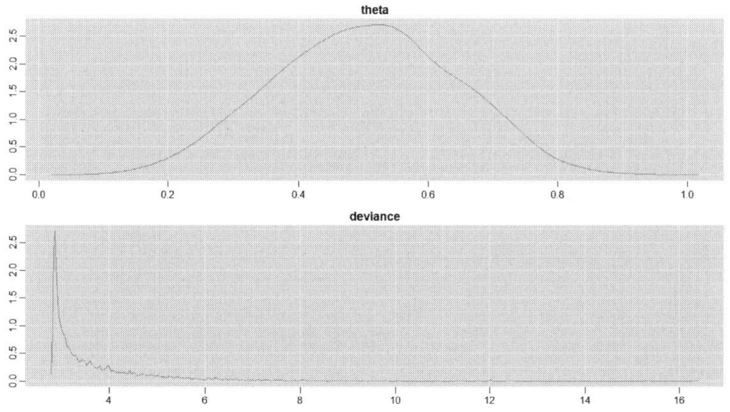

図 A.5 2.2.4 節の例における事後分布（各連鎖を1つに統合した場合）

A.4 解説のむすびに

本書ではさまざまなベイズモデリングの実例が示されている。しかしその一方で，心理学や認知科学の莫大な研究分野を考えれば，ベイズモデリングが貢献できる応用例がこれだけにとどまるはずはない。さらなる新しい応用例が，今後もますます提案されていくだろう。

読者のこれまでの研究では，その研究デザインが「有意な条件間の差を見出す」「有意な交互作用を見出す」ように組まれてはいなかっただろうか。もちろんこうした枠組みの貢献を否定するものではない。しかし，せっかく量的なデータを収集していながら，最終的に「差がある／ない」「交互作用がある／ない」といった質的な結果に落とし込んでしまっては，そのデータの情報を十分に活用したとは言えないのではないか。データ生成メカニズムを反映したベイズモデリングは，量的な観測データの量的情報をそのまま活用し，現象の説明・理解や，観測されていない条件での予測，不確実性の大きさなど，豊かな情報を我々に提供してくれる。本書が，そしてベイズモデリングによる研究が今後の心理学や認知科学の新しい時代を切り開いていくことを信じてやまない。

引用文献

Day, D. K. & Rao, C. R. (2005). *Handbook of statistics, vol.25 Bayesian Thinking: Modeling and Computation*. Amsterdam, The Netherlands: Elsevier. (デイ，D. K.・ラオ，C. R.（編）　繁桝算男・岸野洋久・大森裕浩（監訳）(2011). ベイズ統計分析ハンドブック 朝倉書店)

Gelfand, A. E. & Smith, M. (1990). Sampling-Based Approaches to Calculating Marginal Densities. *Journal of the American Statistical Association, 85*, 398-409.

Kruschke, J. K. (2015). *Doing Bayesian Data Analysis: A Tutorial with R, JAGS, and Stan (2nd Edition)*. New York: Elsevier. (クラスチケ，ジョン．K.（著）　前田和寛・小杉考司（監訳）(2017). ベイズ統計モデリング—R, JAGS, Stan によるチュートリアル—原著第2版　共立出版)

松浦健太郎 (2016). Stan と R でベイズ統計モデリング. 共立出版.

豊田秀樹 (2015). 基礎からのベイズ統計学：ハミルトニアンモンテカルロ法による実践的入門. 朝倉書店.

久保拓弥 (2012). データ解析のための統計モデリング入門：一般化線形モデル・階層ベイズモデル・MCMC. 岩波書店.

索引

●あ
$\hat{R}$ 統計量　25, 28

●い
一般性の評価　177
一般化文脈モデル　185

●う
WinBUGS　6
WBDev　66
打ち切りデータ　61

●え
N 個ちょうだい課題　209
MCMC　5
エラーメッセージ　21, 83

●お
汚染　191
オッカムの剃刀　90

●か
確定変数　16
確率質量関数　34
確率照合　215
確率変数　16
確率密度関数　34
仮説検定　94
片側仮説　107
カッパ係数　56
カテゴリー学習　185
関数形の複雑性　90
観測変数　16

●き
記述的な適切さ　41
共役　5, 33
局外パラメータ　101

●く
グラフィカルモデル　16

●け
欠測データ　73

●こ
効果量　118
交互作用　184
候補の公式　98
効用　84
合理的モデル　215
コーシー分布　105
個人差　69, 131, 168, 188, 202

●さ
最大事後推定値　36, 214
最適停止　95
最尤推定値　3, 36
最良取得　196
サベージ＝ディッキー法　99
サンプラー　23
サンプリング　21

●し
時系列データ　59
事後最頻値　36
自己相関　7, 46
事後の予測のチェック　40
事後分布の期待値　36
自由再生　172
収束　7
周辺尤度　3, 88
主観的等価点（PSE）　147
順序制約つき仮説　107
証拠　88
情報量のわずかな事前分布　47
"知る者レベル（knower level）" 理論　209
信号検出理論　137
尋常でない主張　94（→ p.154 参照）
信用区間　3, 8, 36
信頼区間　3
心理物理学　147

●す
スティーブンスの法則　90

スピードカード課題　209

●せ

生成的モデル　84
精度　50
ゼロトリック　65
全確率の法則　89
線形損失　36
潜在混合モデル　68
潜在特性モデリング　167
選択的注意　185

●そ

相関　52, 155

●た

多項過程ツリー　164

●ち

逐次的更新　5
中央値　36
丁度識別差異（JND）　147

●て

手がかり妥当性　196

●に

二次損失　36
二値損失　36

●ね

ネストした（nested）モデル　99

●は

BART　180
バーンイン　7, 70, 143
バイアス　138
パラメータ拡張法　144, 168

●ひ

p 値　95
非観測変数　16
非正則分布　50

●ふ

フェヒナーの法則　90
部分的に観測された変数　62
プレート　16, 37
プロビット変換　118, 151, 168
分布
　一様〜　2, 32
　ガウス〜　47
　カテゴリカル〜　44, 210
　ガンマ〜　49
　事後〜　2, 39
　事後予測〜　4, 39
　事前〜　2, 38
　事前予測〜　38
　周辺〜　44
　多項〜　57
　多変量ガウス〜　52, 168
　単位情報事前〜　119
　超幾何〜　64
　ディリクレ〜　211
　同時〜　42, 44, 48, 130, 142, 175
　同時事前〜　74
　二項〜　15
　ベータ〜　5, 32, 33
　ベータ-二項〜　79
　ベルヌーイ〜　65, 72
　ポアソン〜　65

●へ

ベイズ式の認知モデル　215
ベイズの法則　3
ベイズファクター　91, 105
変化検出　59
弁別手法　84
弁別力　138

●ま

Marr の 3 つのレベル　215
交じり合って　7
間引く（thinning）　7, 46, 70

●み

未知の確率密度　22
未知の論理関数　21
未定義の実数　83

●め

"目立つ" 数　216

●も

モデル比較　88
モデル不定性　76, 78
モデル平均化　213

●ゆ

尤度　3

●よ

予測　4

●ら

ラッシュモデル　74
ラベルスイッチング　76, 78

●り

離散値　16
離散変数　34
リスクテイキング　180

●れ

連鎖　7
連続値　16
連続変数　34

●ろ

ロジスティック関数　148
ロジット変換（→ p.149 参照）　79

●わ

ワントリック　65

訳者あとがき

本書は Michael D. Lee と Eric-Jan Wagenmakers による *Bayesian Cognitive Modeling*: *A Practical Course*（Cambridge University Press, 2013 年）の全訳である。ベイズ統計学に関心のある方からは，そのカバーデザインから“コワい本”として知られている本でもある。

昨今の心理学界隈では，ベイズ統計学が話題に上ることが多くなり，関係書籍が相次いで刊行され，ベイズが今後の統計手法のスタンダードになるのではないかとも言われている。その一方で，認知心理学や認知科学などの基礎的な領域の研究者には，ベイズが重要であることは理解できても，自分たちが行っている研究の中でどのように生きるものであるかがつかみきれていない方も少なくないように思う。そのような中で，認知研究を主な題材とし，数多くのケーススタディを通してベイズモデリングの具体例を示す本書は，この領域に関心のある研究者や学生にとって有用な手がかりとなるだろう。

本書のもうひとつの特徴は，原題に“A Practical Course”とあるように，実習に軸を置くところにある。読者は本書の多数のモデルについて Matlab または R を使って WinBUGS（あるいは，JAGS や Stan）による推定を実際に行うことができる。このような趣向をこらした本を読むとき，つい億劫になり，紙の上で手順を追って結果を確認するだけですませてしまうこともあるかもしれない。しかし，実際にコードを走らせてみることには，単に文章を読んで理解することを超えた価値がある。第一章を読んで何だか難しいなと感じた方には，第一章はそこそこに読み流して第二章に進み，PC で作業しながら読み進めていただくのがよいと思う。ベイズがわからないと思う方ほど，一部のモデルについてだけでも，ぜひ実際にコードを走らせてみてほしい。

なお，訳文中の〔〕は訳者による補足もしくはかっこ外の語の言い換え（別の解釈）である。[] は原書にもともとあったもので，引用部分に対する原著者による補いなどを表すために用いられている。ただし，訳文の都合により，すべての [] を正確に再現しているわけではないことを述べておく。

WinBUGS に関しては，Windows 10 でも基本的に Windows 7 と同様に動作することを複数の PC で確認した（Windows 10 バージョン 1607）。第二章での解説のとおりに進めていけば，WinBUGS を導入し，推定を行うことができるはずである。また，R2WinBUGS パッケージを通して Windows 版の R から利用できることも Windows 10 で確認してある。ただし，R や依存パッケージのバージョンの変化によるものか，各章で紹介されているコードの中には必ずしも本文の説明通りに動作しないものもある。www.bayesmodels.com からダウンロードできる R のコードは debug=T に設定されているものが少なくない。この設定ではサンプリング後に WinBUGS を手動で閉じる必要があるが，サンプリングがいつ終わったのかわからず，閉じてよいか判断がつかないことがある。そのようなときには，debug=F に書き換えてから走らせるとよいかもしれない。場合によっては，RStudio からではうまく動作しないが，Rgui（Windows 版の R のデフォルトのインターフェイス）でコードを走らせるとうまくいくこともある。読者の方々には，労を惜しまず，さまざまに試し，書き換えながら

コードを走らせてみてほしい。そうすることで，否応なくコードを読み，その意味を考え，どのように書き換えたらよいのかを模索することになり，結果的に大きく理解が進むことになる。コードの動作に関する情報は，本書のサポートサイト（www.kitaohji.com）にも掲載する予定である。

　本書の刊行にあたり，専修大学の岡田謙介先生には解説をお引き受けいただき，また，本書全体を通して訳文・用語について入念なチェックをいただいた。このことは，統計学の専門家でない訳者にとってこの上なく大きな助けとなった。おりしも，岡田先生が原著者のMichael D. Lee 先生の研究室を在外研究で訪れているさなかに大部分の作業をお願いすることになってしまい，ご苦労をおかけしたことと思う。また帰国後もくり返しご確認いただき，監修に近いお仕事をしていただいたと感じている。ここに記して，改めてお礼申し上げます。

　北大路書房の方々にはさまざまな面でお世話になった。特に，安井理紗さんには，“コワい本”を再現するために，原書と同じ Nathan Sawaya さんの作品をカバーに使えるように尽力いただいた。皆様に心より感謝申し上げます。

2017 年 7 月
井関龍太

【訳者紹介】

井関龍太（いせき・りゅうた）

1977 年　香川県に生まれる
2005 年　筑波大学大学院博士課程心理学研究科修了
　　　　　博士（心理学）取得
現　　在　大正大学心理社会学部専任講師

【主著・論文】

最新認知心理学への招待［改訂版］（共著）　サイエンス社　2016 年
心理学のためのサンプルサイズ設計入門（共著）　講談社　2017 年
ベイズ統計モデリング：R, JAGS, Stan によるチュートリアル（共訳）　共立出版　2017 年
Effects of source information on learning and integration of information on genetically modified foods.（共著）*Psychologia* 第 58 巻, 127-144. 2015 年

【解説者紹介】

岡田謙介（おかだ・けんすけ）

1981 年　北海道に生まれる
2009 年　東京大学大学院総合文化研究科修了
　　　　　博士（学術）取得
現　　在　専修大学人間科学部准教授

【主著・論文】

伝えるための心理統計：効果量・信頼区間・検定力（共著）　勁草書房　2012 年
A Bayesian approach to modeling group and individual differences in multidimensional scaling.（共著）*Journal of Mathematical Psychology* 第 70 巻, 35-44. 2016 年
Researchers' choice of the number and range of levels in experiments affects the resultant variance-accounted-for effect size.（共著）*Psychonomic Bulletin & Review* 第 24 巻, 607-616. 2017 年
Post-processing of Markov chain Monte Carlo output in Bayesian latent variable models with application to multidimensional scaling.（共著）*Computational Statistics* 印刷中

ベイズ統計で実践モデリング
― 認知モデルのトレーニング ―

2017 年 9 月 10 日　初版第 1 刷印刷	定価はカバーに表示
2017 年 9 月 20 日　初版第 1 刷発行	してあります。

著　者　　M. D. リー

E. -J. ワーゲンメイカーズ

訳　者　　井関龍太

解　説　　岡田謙介

発行所　　（株）北大路書房

〒 603-8303　京都市北区紫野十二坊町 12-8
電話（075）431-0361（代）
FAX（075）431-9393
振替　01050-4-2083

©2017　　　　　　　　　　印刷・製本／亜細亜印刷（株）
検印省略　落丁・乱丁本はお取り替えいたします。
ISBN978-4-7628-2997-0　Printed in Japan
・ JCOPY 〈(社)出版者著作権管理機構 委託出版物〉
本書の無断複写は著作権法上での例外を除き禁じられています。
複写される場合は，そのつど事前に，(社)出版者著作権管理機構
（電話 03-3513-6969,FAX 03-3513-6979,e-mail: info@jcopy.or.jp)
の許諾を得てください。